年輕人為何憤怒

暴力組織的危險誘惑以及我們能做什麼

Why Young Men

the dangerous allure of violent movements and what we can do about it

賈米爾·吉瓦尼 著

莊安祺 譯

潘姆、茉莉和珍寧——
你們永遠不會獨行

目次 *Content*

專文導讀

政治極端主義的微觀起源：評《年輕人為何憤怒》

何明修／臺灣大學社會學系教授

近年來世界各地出現了各種訴求暴力的政治極端主義，從美國的白人至上主義、歐洲反移民的新納粹、到中東與非洲的政治伊斯蘭主義，無論其所採取的手段是孤狼式攻擊、有組織的恐怖主義行為，亦或是武裝起義，在世界各地都造成了各種傷亡悲劇。既有的解答通常採取鉅觀的結構觀點，從晚近社會變遷來剖析政治極端主義的起源。常見的說法包括：經濟不平等的加劇使得窮人翻身無望，他們不再相信遊戲規則是公平的；新自由主義帶來福利、醫療與教育支出的縮減，弱勢群體面臨更嚴苛的生存挑戰；移民與難民浪潮引發了排外的情緒反彈，也加深了接受國對於新住民的歧視；宗教基本教義鼓吹某種傳統而封閉的世界觀，將現代化所帶來多元生活方式視為某種需要根除的病態；網際網路與社群媒體的出現，使得各種極端意見獲得宣傳管道，得以招募更多的偏激分子。

上述的結構式解釋或多或少都點出了**政治極端主義的根源**，但是卻無法說明為何有些人願意接受偏執而扭曲的意識型態，並投身於暴力行為？就以伊斯蘭國為例，其主張是要重建中世紀政教合一的哈里發國，徹底執行伊斯蘭律法。這樣的激進訴求在長期受到西方列強支配的中東地區獲得共鳴或許不令人意外，但是為何伊斯蘭國能吸引到身處西方的第二代移民？他們不是虔誠信徒、從小浸染於商業化的流行文化，並且享受開放與自由的生活。當他們的父母為了逃避貧窮與戰亂，冒著生命危險才在美國與歐洲找到得以安身立命的家園時，為何他們卻急切地想要用暴力摧毀這一切？

＊　＊　＊

本書作者吉瓦尼（Jamil Jivani）是一位加拿大籍的改革倡議者，他試圖解決長期在少數族群貧民窟與移民社區悶燒的憤怒，避免青少年從憎恨學校、仇視警察，進一步演變成為更嚴重的**反社會心態**。從吉瓦尼的角度來看，政治極端主義的誘惑非常類似黑幫，都是訴諸於**家庭破碎、學校適應不良、前途黯淡的男性青年**。青少年時期，他們從饒舌音樂、不良幫派找到心靈認同，因而認為世界上最酷炫的行為莫過於販毒賺錢、打架逞凶、到處把妹，等到他們脫離青少年的階段，極端的政治意識形態提供了一套更完整的世界觀，將其自身不幸的遭遇解釋為某種迫害的後果（例如「白人文明」），而其所宣稱的陰謀論（例如「九一一事件是美國政府編造出來的謊言」），更使得他們深信自己是看穿一切的少數菁英。一旦源於貧窮與被歧視的憤怒被引導到這種全面敵視主流社會的極端主義，西方國家本土自製的恐怖分子已經登場，問題只是在於他們**何時會採取極端的攻擊手段**。

這本書帶有濃厚的自傳書寫風格，作者分享自己跌跌撞撞的成長歷程，讓讀者能更深刻體會移民後代的艱辛旅程。吉瓦尼的母親是白人，父親則來自肯亞，父母不幸福的婚姻生活使他從小就處於沒有父親陪伴的環境。他生長於移民聚集的多倫多郊區，對於**警察的歧視性執法**有深刻的印象。也由於朋友的引介，他曾參與伊斯蘭民族（Nation of Islam）的活動，這個極端組織仇恨白人與猶太人，主張黑人優越論。

儘管吉瓦尼的成長過程充滿各種挫折與誘惑，他後來仍從耶魯大學法學院畢業，並在取得學位之後投身於各種社會改革事業，拯救與他背景相似的年輕人。本書的後半部記錄了他參與紐澤西州紐華克市（Newark）的就業計畫、多倫多的警政改革，以及在比利時與埃及的各種青年輔導措施。這本書講述的並不是浪子回頭的故事，吉瓦尼有艱困的童年，但是他從來沒有作姦犯科、誤入歧途，反而是由於其成長背景，他對於處境相似背景的少數族群與移民下一代，多了更深入的同情性理解，而這也是本書最精彩的部分。讀者也會暖心地發現，吉瓦尼寫這本書或多或少是為了與母親和解，彌補過去一段曾經留下彼此心靈創傷的往事。

＊＊＊

要如何避免成長受挫的青少年走上政治極端主義的不歸路？宣導多元包容的價值、根除制度性的歧視、提供弱勢群體更多的資源與機會，都是需要公部門積極投入的必要政策。除此之外，吉瓦尼的個人故事也揭示了其他面向。

首先，誠如心理學家艾瑞克森（Erik Erikson）所指出，尋找**個人認同（identity）**已經成為當代人最艱鉅的挑戰。艾瑞克森指出，過去的悲劇是來自於個人追求的目標十分明確，但其處境卻剝奪了其追求的可能；相對於此，現代人往往對於其追求的目標感到徬徨，因此出現了**認同危機**。對於吉瓦尼的父親而言，或許能從飽受戰火摧殘的肯亞移民到安全的加拿大就算是人生圓滿，但對於吉瓦尼而言，如何在加拿大找到真正歸屬感並不是一件理所當然的事情。因此，安全與富裕並不是充份條件，任何民主國家需要確保未來一代能有機會實現自己的夢想、尋找有意義的生活，才能免除政治極端主義的威脅。

其次，**男子氣概（masculinity）的追求往往是男性青少年尋求自我認同的重要管道**。吉瓦尼的故事指出，在家庭破碎、學業不順、社會歧視種種不利情境下，男子氣概的期待有可能引發各種偏差行為，包括犯罪組織與政治極端主義。問題在於，男子氣概必然得建立在凶狠的暴力鬥毆以及對女性的歧視之上嗎？為什麼男子氣概的表現不是複數與多元，同時讓不同的男性青少年都能感受安心自在？二〇二一年舉行的東京奧運，或許已經宣告了一個重新定義男子氣概的新年代已經到來。英國男子雙人十米跳水金牌得主戴利（Tom Daley）在場邊打毛線的鏡頭傳遍全世界，他本人也不否認自己的同志身分。臺灣的王齊麟、李洋在羽球男雙摘金，即便他們兩人場上與場下的默契與互動有如情侶般親密，但是兩人卻不是同志，這也打破了既有的刻板印象。換言之，如果不順遂的男性青少年不需要假借暴力攻擊正當化自己存在的價值，也不需承受他人異樣的眼光，這個世界肯定會更為和平。

推薦序

以寬容和同情心面對這個異常困難的課題

傑德・凡斯（J. D. Vance）／
《絕望者之歌：一個美國白人家族的悲劇與重生》（*The Hillbilly Elegy*）作者

初進耶魯大學法學院時，我對兩個人印象深刻。第一位是後來成為我妻子的女孩，第二位就是賈米爾・吉瓦尼，你手上這本書的作者。

賈米爾和我顯然沒有太多共同之處。他是來自加拿大的黑人；我是美國白人。他在大都市長大，我則在小城成長。他不明白我為什麼會喜歡槍枝，而我不明白為什麼他在說about的時候，發音是「aboot」。

然而外表可能會騙人，賈米爾和我很快就發現了我們的相似之處。我們都有愛國心，儘管我們倆的祖國都不完美，但我們還是熱愛和歌誦它們。我們人生中的許多機會都要歸功於女性——我的祖母、他的母親，在別人讓我們失望之時，她們挺身而出。置身耶魯的菁英環境裡，我們都感到某種程度的不自在，且我們倆都與自己家鄉的社區有牢固的連繫。我們倆家境都不富裕，而且也都非常了解在沒有父親陪伴的情況下成長所體驗到的失落感和羞辱。

剛到法學院時，賈米爾和我曾和一大群人一起到一家平價餐廳吃消夜。大夥兒離開後，賈米爾和我注意到我們留下可怕的爛攤子，因此留下來收拾善後。我說：「我們可能是這裡歷來僅有會清理別人爛攤子的人。」賈米爾點頭同意。

賈米爾後來成了我最好的朋友。多年後在我的婚禮上，我請賈米爾朗誦我最喜愛的一段聖經經文，聖保羅寫給腓立比人書信中的一句：「最後，弟兄們，凡是真實的、莊重的、公義的、純潔的、可羨慕的、高尚的，如果有什麼美德，如果有什麼可稱讚的，這些事你們就當思想。」

我為賈米爾感到驕傲，為他所成為且每天努力要成為的男性而感到驕傲，為他對信仰的奉獻感到驕傲，為他寫的這本書，也為它在我的國家首次出版感到驕傲。賈米爾提出了一個問題，正如英文書名所示：「為什麼是年輕男人？」為什麼年輕男人在我們現代社會中苦苦掙扎？為什麼年輕男性移民較難融入西方國度的新家園？為什麼都市貧窮社區的這麼多年輕男性會參與幫派活動？為什麼我們社會中存在和來自年輕人的暴力、社會功能障礙和苦難不成比例地高？

他的回答是，在當今的世界，年輕人面臨的陷阱和誘惑比以往任何時候都要多，但能讓身陷溝渠的他們爬出困境的梯子比以往都更少。對家人、鄰居、社區甚至國家，年輕男性發現自己比以往任何時候都更加孤立無援，而且正當和有生產性意義的資源更少。因此他們面臨以簡單或尋樂方式擺脫困境的誘惑。當然不幸的是，擺脫危機最簡單的方法往往破壞力也最強。

賈米爾回答這個問題的方式深具遠見而且吸引人。儘管我們不能用簡短的序言評斷一本書——或一個人的人生，但賈米爾為這項任務提供了三個最重要的特質：聰明的才智、豐富的經驗和見識，以及真正的道德勇氣。賈米爾不迴避棘手的問題，也不提出在意識形態或在政治上最方便的論點。他接受世界原本的面貌，讓經驗和資料來告知和引導他。他以寬容和同情心面對這個異常困難的課題。當然，我有失偏頗，但是我相信這是一本重要的書。

這位朋友最讓我欣賞的一點，是他並沒有因為致力於自己關心的事物而失去熱情。我們從法學院畢業幾年後，由於我的家鄉俄亥俄州鴉片類藥物氾濫，所以我想要創立一個非營利組織協助面對這個問題。我致電賈米爾。他先前曾創立自己的非營利組織，我希望能聽聽他對於該如何進行的建議。他主動提出要從多倫多的教職休假一年，協助我籌辦。

我們一起創辦的組織預算低且精簡。我們起先把重點放在幾個公共政策問題上，尤其是在增加與親屬監護人的接觸方面。在俄亥俄，有太多為人父母者因毒癮而喪失工作能力（或更糟），以至於整整一代的孩子都沒有穩定的住房。而且想要照顧那些孩子的祖父母、阿姨、叔叔和其他親戚也因為各種法律和財務上的障礙而無法做到。我們的組織推動了一些立法來改善這個問題。（雖然仍在進行中，但至少獲得了許多人贊助。）

我們還請了一位舉世聞名的成癮專家到疫情最嚴重的俄亥俄州東南部，並贊助她在治療患者和研究這個流行病的工作。賈米爾在每一步中都仔細考慮如何解決問題，爭取資源和執行我們的計畫。他不只是寫或思索我們社會最令人困擾的問題而已，而且親力親為。

大約一年前，我注意到賈米爾經常感到不適。當時是秋天，他又換了新的環境，所以我以為他是不敵感冒和流感季節。但有一天他來電，告訴我他已經回到多倫多接受治療，他的醫師認為他可能罹患晚期淋巴癌。

一位朋友——一位年輕而健康的朋友，竟被診斷出患有癌症，實在出人意料。賈米爾和我談到他的治療計畫和進展，數週的治療變成了數月。我知道他對自己可以戰勝疾病十分樂觀，我也知道他由多倫多的社群——尤其是他的教會裡獲得了很大的力量。在賈米爾的治療過程中，他從未屈服於悲觀或失敗主義。雖然免不了有艱難的時日，而且疾病和治療對他的身體都造成了很大的傷害，但賈米爾堅持下來。他總是主動監督我們的組織，即使在病情最嚴重之時亦然。

在我撰寫本文時，賈米爾已經完成了癌症治療，希望在接下來的幾週內能接獲痊癒的報告。他的健康狀況讓本書的分量更為沉重，我無法把這本書與他的疾病切割。但是本書就像賈米爾一樣，比任何健康問題都重要。

我向妻子求婚後，我最敬愛的教授蔡美兒（Amy Chua，《虎媽的戰歌》作者）為我們辦了一場訂婚聚會。她請賈米爾和其他一些人敬酒。我和賈米爾非常親近，因此他的敬酒詞自然就集中在我身上。他告訴我（以及在座上百人）：「我們是無父的一代。在我們的這一生中，一直都必須獨力了解如何當個男人。」

在加拿大和美國，這話無疑是正確的。這裡有很多無父之輩，我們有義務了解他們為什麼會這麼掙扎。賈米爾的書和他所經歷的人生幫助我們開始這樣的探討。

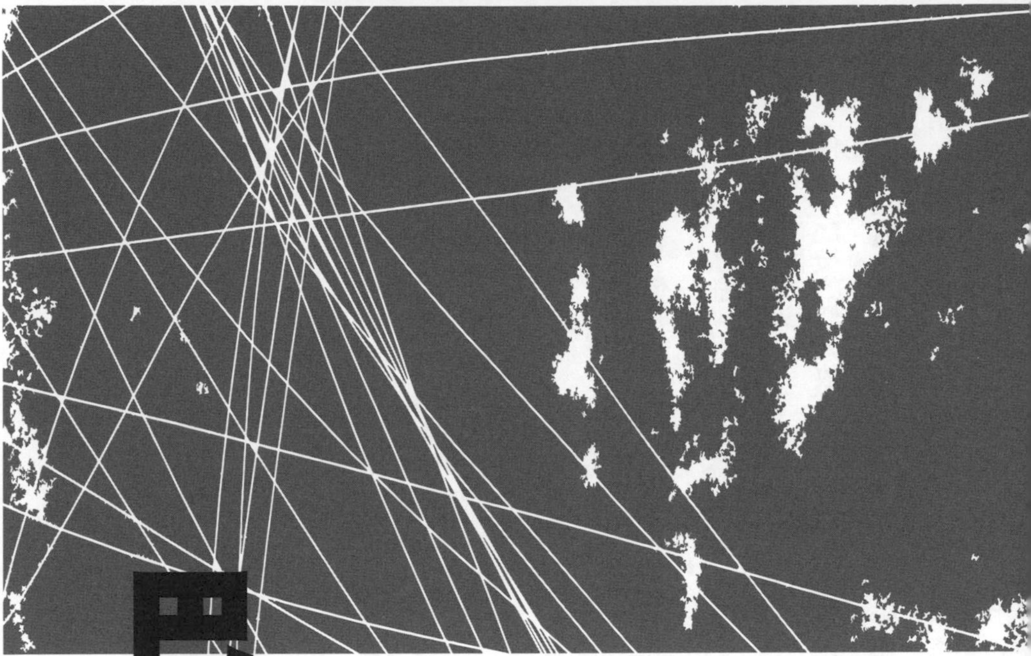

巴黎恐襲

Introduction

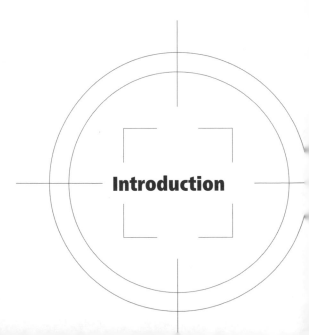

二〇一五年十一月十三日，法國巴黎及近郊發生了一連串自殺爆炸和大規模槍擊事件，造成近五百人死傷。這些暴行是由恐怖組織伊斯蘭國（ＩＳＩＳ）的九名男子所執行。法國總統稱巴黎襲擊是針對法國的「戰爭行動」。

在接下來的幾天，新聞名嘴和在社群中帶風向的網友迅速聚集在他們的意識形態陣營中，把攻擊者視為某個宗教或種族的無名代表。一方把殺戮歸咎於宗教和文化，而另一方則認為恐怖行動肇因於種族主義。可想而知，這些辯論與前一年另一次恐攻後，在ＨＢＯ《馬赫脫口秀》（*Real Time with Bill Maher*）節目中，演員班．艾佛列克（Ben Affleck）和哲學家山姆．哈里斯（Sam Harris）與比爾．馬赫（Bill Maher）之間的著名對談相同。代表「非難宗教和文化」一方的哈里斯認為，在舉世十億以上的穆斯林中，有很多人持極端信仰，也有聖戰分子想要對非信徒發動戰爭。而相對的，代表「恐懼種族主義」一方的艾佛列克則激烈捍衛，並把哈里斯比為因幫派暴力而對黑人抱持成見，汙衊黑人的人。

這些討論所缺乏的是讓人們看到躲在這些怪物背後的人，看到掩蓋在標題之下以及在瘋傳影片之後的個人故事。他們往往忽略巴黎襲擊者真實的生活，以及同樣重要的周遭社群，或只是對他們作表面的檢討。但隨著辯論的進行，我明白了策劃這些悲劇的年輕人並不像我最初想像的那樣陌生，也不像艾佛列克和哈里斯的對談所呈現的那樣單純。

巴黎恐攻的兩名主謀阿布德哈米．阿布阿烏德（Abdelhamid Abaaoud）和薩拉赫．阿布德斯蘭（Salah Abdeslam）在宣誓效忠ＩＳＩＳ之前，雖然生活和一般人並不一樣，但卻未必顯示他們日後會成為殺手。兩人均於一九八〇年代後期在比利時出生，父母是第一代摩洛哥移民。他們在布魯塞爾的莫倫貝克區一起長大。兩人都犯過一些輕罪：二〇一〇年，他們倆因擅闖一個停車場而同時被捕。阿布阿烏德至少入獄三次；而阿布德斯蘭則嘗試創業，他在莫倫貝克和人合開酒吧，也兼任經理。兩個人的背景都並沒有顯示他們對伊斯蘭教信仰特別虔誠或傳統。父母親的宗教和文化在他們的生活中，似乎遙不可及。

令我驚訝的是，巴黎恐襲者與我在多倫多郊區長大時相處的一些年輕人有相似之處：他們都是移民的孩子，生活在弱勢社區，犯過一些小罪，並且雄心勃勃。當然，我的同輩中並沒有人由輕罪演變為恐怖主義極端分子，但這並不表示他們不同樣容易受到破壞性的影響。在成長期間，他們經常禁不起身邊的人遊說，進而做出壞事。他們惹上諸如打架之類的麻煩，都是因為周遭有人鼓勵他們犯罪的結果。

我想了解ＩＳＩＳ在歐洲成功招募年輕人是否是我在自己和朋友生活中所見到這種情況

更極端的例子。如果是，為什麼我的朋友是出現在針對小規模犯罪的「打擊犯罪」報告中，而不是在CNN或BBC的恐怖主義報導上？歐洲這些年輕人怎麼會和他們的國家脫節到這樣的地步，讓敵人得以招募他們加入？我們能由其中學到一些有價值的教訓嗎？為了尋找這些問題的答案，我在二〇一六年二月前往布魯塞爾，進行和本書有關的研究。

我花了十多年的時間在美加研究接觸暴力犯罪分子、鼓勵衝突的意識形態，和其他反社會影響力的年輕人。巴黎恐襲事件後，我在比利時的這段時間也正是我擴展我的行動之時。具體說來，我努力改善塑造年輕人生活的公共組織，以協助年輕人獲得正面的影響，比如學校、兒童福利機構和警察局，並讓男性以為人父母，導師和青年工作者的身分，更積極參與社群。這種行動的根源，是我由自認為這輩子擺脫不了犯罪人生的文盲高中生到耶魯大學法學院畢業生和屢獲殊榮律師的歷程。

表面上，人們總認為吸引年輕人的各種暴力團體——幫派、恐怖分子、極端主義者網路、組織更鬆散的罪犯——是截然不同的類別；但有一件事可以肯定：如果人們認為種族、宗教、階級或鄰里之間的差異無法協調時，這些暴力團體便會蓬勃發展。我在工作中也發現，為追求歸屬感和兄弟情誼而轉向暴力的年輕人之間，有著驚人的相似之處。自我毀滅的年輕人（面對上癮問題或打算自殺的年輕人）和孤立的年輕人也表現出許多這些特徵，他們的舉止並不極端，因此不至於上新聞報導，但他們卻由外界退縮。能夠協助某一群邊緣化年輕男性的技巧和策略，也可以用於其他群組。

本書的動力是我頭一次離開多倫多前往比利時時，加拿大記者納拉．艾耶德（Nahlah Ayed）對我的採訪。我很緊張，因為納拉是世界知名的記者，而我對上電視上還感到陌生。我對大多數問題都回答得相當好——直到她提出最後一個教我措手不及的問題：為什麼是年輕男人？

納拉想了解為什麼像她這樣的記者會如此頻繁地報導像我這樣的年輕男性。的確，我們經常出現在新聞頭條上，而且往往都不是因為好的理由。不過訪問那一天，我承受不住這個可能朝許多方向發展的問題，最後我把重點放在年輕人面臨的經濟壓力，並解釋說，如果他們認為自己不能夠養活自己或家人，就可能會遭受創傷，導致極端的思想和行為。

這答案並不妥當——太短，又太簡單，而且我答得結結巴巴。離開電視錄影棚時，我覺得自己很失敗。身為年輕人，我知道年輕人的掙扎和勝利。我在學生時代就以此為主題作了研究。我現在的工作目的是要減輕這些掙扎，並複製這些勝利。我的答案應該要反映這些個人和專業的見解。

但是採訪已結束，所以我只好把這個問題放在腦海裡。我寫下這本書，給世人更好的答案。

西方年輕人為什麼這麼容易落在自認為歸屬的國家的主流道德觀念之外？以下的篇幅包括我在試圖了解這個問題時所學得的一切。對於如何保護年輕人避開負面影響，我也提出一些想法。最重要的是，我想開發言詞和參考點，協助年輕人的家庭和年輕人溝通他們人生中所發生的事物。

我所講述故事中的年輕人有好有壞，有受害者和行凶犯罪者，英雄和反派人物。我更改了一些個人的資料，也用了綜合的角色。

我大部分的寫作背景都是在黑人和穆斯林社群，因為那是我生活和工作的環境，但是我希望超越種族和宗教的差異，強調塑造年輕人生命的共同經歷。我努力著重在代表性不足和經常受忽視的聲音，以及越來越需要我們集體關注的人。我無意取代或放棄討論年輕女性和聲音必須被他人聽到的人。在這方面，我遵循的是歐巴馬總統「守護兄弟」（My Brother's Keeper）計畫所樹立的榜樣，著重於年輕人的生命，但也不破壞實現正義與平等的其他努力。

本書還概述了有效對抗世界各地各種青年激進化的社群組織和行動主義方法。如果社群組織者和維權人士能夠更進一步互相學習，共享資源，並交流最佳做法，我們就更能夠保護年輕人免受有害影響。家長、老師和其他指導年輕人的人也可以由了解如何在危機中吸引年輕人的方法而獲益。

最後，許多重要的書籍幫助身為年輕人的我有所成長。在我人生不同的時刻，在適當時機閱讀適當的書籍提升了我的世界觀，並改變了我對自己和他人的看法。我希望本書也能對處於相似地位的其他人做出同樣的貢獻。

男性角色模範

Chapter 1

在我的家族中，成長的階段沒有男性榜樣是一種傳統。我父親伊斯瑪特（Ismat）大部分的童年時光都看不到他父親的身影，而他也讓我處於相同的處境。我們倆都屬於無父世代的循環，缺乏父親使得年輕男性容易受到擺出男子氣概姿態的權威人物所影響。

伊斯瑪特一九六三年在肯亞奈洛比阿迦汗（Aga Khan）大學醫院出生。不知道為什麼，他的親生父母在他出世後並沒有帶他回家，所以一直由醫院照顧他，直到他一歲時才被人收養。養父母似乎很疼愛他，但人們告訴我，到他十四歲時，養父母分別因故不幸去世。之後他基本上只能自力更生，養父母的親戚並不支持他。因此在他成長最重要的那幾年歲月中，完全沒有父母親作榜樣。

伊斯瑪特只能依賴忙碌的工作和才智。少年的他運用養父母的遺產，進入烹飪學校學習廚藝。他在奈洛比的希爾頓飯店當學徒，後來爭取調往倫敦的希爾頓。他當上了廚師，並且在各大旅館展開成功的工作生涯。

到這裡為止，他的人生經歷是鼓舞人心的故事，讓你知道辛勤工作可以獲得什麼回報。在我向人們敘述我父親艱苦的人生開頭，以及他還不到二十歲就攀上什麼樣的高峰時，總感到非常自豪。但是當我開始談論他成年後的生活時，這種自豪感很快就消失了。他邂逅我母親後，人生中缺乏男性榜樣的問題就開始發揮影響。

伊斯瑪特二十二歲時遇見了我母親潘姆（Pam）。當時他赴多倫多參加養父母家族一位表親的婚禮，這位表親正好是我母親的同事。我的雙親在婚禮上認識之後，很快就結了婚，父親由倫敦遷到多倫多。他們生了三個孩子，我是老大。伊斯瑪特很快就感受到為人夫為人父的壓力，這意味著他們夫妻之間的關係並沒有真正良好的開始。等到他們的第二個孩子出生時，伊斯瑪特已經開始逃避他的責任。在媽媽生我妹妹茉莉時，他在家裡睡覺。

伊斯瑪特擔任廚師倒比他作丈夫或父親成功得多。他在多倫多一家消費昂貴的餐廳工作，頗有聲譽。他甚至還上了幾次電視，為他所工作的餐廳作宣傳。但同時，在丈夫和父親的角色中他卻缺席。他經常不在家，大部分夜晚，我上床時都看不到他的身影，也沒辦法和他談話。媽媽說這是因為他得工作到很晚。等到最後我懂事了，才明白他故意不回家，是因為他有其他去處。

廚師伊斯瑪特和丈夫或父親伊斯瑪特之間的重要區別在於，他有角色模範幫助他學習烹飪，他上烹飪學校就是為了這個目的。在廚師的指導下，他擔任學徒多年，他們教他如何洗碗、切菜、油炸、使用爐子，煮義大利麵、燒烤牛排和烤蛋糕。但在做丈夫或父親方面，他卻沒得到這樣的教育。

身為他的長子，我一直努力要保持對伊斯瑪特的同理心。當然，我因他的缺席而受到傷害——甚至因為他在我身邊時的可怕行為而受到更大的傷害。他在家時總是大喊大叫，好像希望我們在他離開時感到慶幸一樣。即使成年後，我依舊怨恨他，因為我看到他的做法對我母親和妹妹的影響。但我也學會了回顧他作為丈夫和父親的模樣，並提醒自己：他也曾是沒有父親的年輕人。

我們家有一捲一九八九年拍的老VHS家庭錄影帶，這是伊斯瑪特的朋友為紀念茱莉出生而送的禮物。影片中有茱莉出生的醫院和她回家後那幾天的場景。小時候我很喜歡看它，因為我們看上去就像我在電視上看到的家庭一樣，有我父母在一起的影像，我父親坐在沙發上，我在彈奏玩具吉他，嬰兒茱莉則表現得就像一般嬰兒一樣。

我已經好多年沒看那捲錄影帶了，但在最後幾次觀賞時，我開始看到自己小時候沒看出的東西。我可以看到伊斯瑪特的掙扎：他在他的妻兒身旁時冷淡的眼神，在表達情感時的不自在，毫無表情的臉孔。我們家僅有的幾張全家福照片也訴說類似的情況，一個不知道自己在做什麼的男人的故事。有一張我們倆一起坐在沙發上的照片，他看起來好像每一個細胞都不想待在那裡。他的手臂摟住我媽媽的照片，則捕捉了他勉強和不自在的肢體語言。他在為希望不要拍的照片擺姿勢。

伊斯瑪特對他在家中角色的忽視也表現在我們父子的少數幾次互動中，例如父親節，那是一年中我最不喜歡的日子之一。我念三年級時，有一次放學回家，帶了我把伊斯瑪特畫成超級英雄的圖畫，有點像電玩《快打旋風》（*Street Fighter*）中的拳擊手巴洛克（Balrog）。那天我在學校裡花了幾個小時來畫它，試著讓父親看起來很酷，我知道他真的很喜歡拳擊。我在圖畫紙上端寫了「父親節快樂」。我很高興他在家，因為我很少看到他。我把圖畫遞給他，對他的反應充滿了期待。他把畫拿起來，似乎很困惑。他不屑地說：「這是什麼意思？」然後把它丟在一旁，眼神並沒有和我接觸。一次都沒有。

整件事有點虛假。我父親不值得擁有向他表達敬意的日子——也不值得他孩子送他的禮物。我想那個該死的老師根本是陷害我，她強迫我送他禮物，讓他把它當作毫無價值的廢物一樣扔到一邊，害我看起來像個白痴。我以兒子的身分想與父親建立關係，但卻再一次遭到拒絕。

媽媽可以由我的眼神中看出我的沮喪。為了鼓舞我，她拿起那張圖畫，說我畫得很好。

她把它貼在冰箱上，彷彿它很有價值。每當我對父親不滿時，媽媽都會設法化解，她正面地勉勵我，以彌補他負面的行為。有時她能把那些負面的時刻變成了正面，有時則不行。

如果我能夠回到過去，我想要問他：「男人應該像這樣嗎？如果是，為什麼？如果不是，那麼我長大後會是什麼樣子？」不過我們倆並沒有討論這些，只是噤口不提。日子繼續過下去，好像什麼都沒發生一樣，但這些時刻卻困擾著我們倆。曾有一陣子——我大約七、八歲，而伊斯瑪特那時已經三十了，我記得他很晚才下班回家。至少有兩次，他把我叫醒，和我說話。我很高興見到他。我記得有一個晚上，他告訴我他上班時一種新的握手方式，有點像威爾·史密斯（Will Smith）在情境喜劇《新鮮王子妙事多》（*The Fresh Prince of Bel-Air*）裡握手的方式。我至今仍然記得那個方法，只是從來沒有做過。

另一個晚上的情況比較嚴重。他走進我的房間，坐在我床邊哭泣。他告訴我說他不知道還能繼續「這樣」多久。我很害怕，因為我不知道「這樣」是什麼意思。是指作我的父親嗎？還是工作？還是晚回家？他告訴我，他為了家庭工作得如此辛苦，總是很疲憊又傷害別人。沉默了幾分鐘後，他停止了哭泣，說了晚安，離開了我的房間。

伊斯瑪特孩提時代缺乏角色模範可供借鑑，即使長大成人，顯然也沒有這些資源。他不僅在掙扎著為人父為人夫，而且也在掙扎著做一個完整的人。他的人生嚴重地壓抑情感，因此他覺得少數可以敞開胸懷的人之一就是他的兒子，兒子不會評斷或批判他。在伊斯瑪特為人夫為人父的旅程中，沒有可以支持他的社群，他只能憑自己的力量努力解決所有問題。

我父母的婚姻逐漸破裂。我記得早在一九九〇年代中期，也就是他們的第三個孩子，我妹妹珍寧出生幾年後，他們倆就都對我提到分居的事，但是有很長一段時間，他們之間的關係到底如何，我都不太清楚。伊斯瑪特越來越常不在家，而且他離開的時間也更長，到最後我根本就不指望會見到他。似乎每隔一段時間，媽媽就會再度努力想挽回這段婚姻——讓我們做一家人常做的事，比如一起上館子，吸引父親更常回家，可是到我十幾歲時，她放棄了，並且向我表明：他們的關係已經結束。

我經常想到父親缺席對我有什麼影響。我聆聽描述成長時沒有父親可以當榜樣的歌曲。我最喜歡的是饒舌歌手傑斯（Jay-Z）的兩首歌，分別是〈見見父母〉（Meet the Parents）和〈你到哪裡去了〉（Where Have You Been）。我常思索自己長大後是否也會使我的孩子失望。也許那是命運，或者是因為我的DNA。

父親不在時，媽媽也有很多事情要考慮。她沒有想到自己會面對自己婚姻和家庭中發生的功能障礙。她出身於健全的家庭——她的蘇格蘭父親是學校的管理員，而她的愛爾蘭母親則把家務和孩子都主持得井井有條。她有三個兄弟姊妹，包括一個雙胞胎姊姊，他們四個手足小時候經常上教堂。就我所知，他們的童年相當穩定而單純。

或許媽媽很難開口和我談我的父親，是因為這會使她想到自己的情況與她成長時的平穩相差多遠。她還得要面對父親為她人生帶來的傷心，那以我永遠不會明白的方式，對她造成極大的影響。我所知道的是，在妹妹和我問到父親到哪裡去了時，我可以看到她眼中的痛苦。媽媽逐漸不再參加社交活動，她似乎接受了孤單。她花了很多時間為父親與她在一起時的惡劣行為辯解，使她或許以為男人就應該是這個模樣。她放棄了結識其他男人的可能，即使他們或許會與我父親不同。她和我都在默默掙扎，我們從未談過我父親的行為對我們有什麼樣的影響。

正如伊斯瑪特因為缺乏生父和養父而走上他的道路一樣，我走的路也是因為他缺席而有類似挑戰的相似道路，他沒有陪在身旁讓我遠離成長過程中所遇到的負面影響。這是破碎家庭的週期性質。我繼承了他的掙扎，在家裡沒有角色典範的情況下學習做一個男子漢。我也很擔心這對於我將來作丈夫和父親的能力會有什麼意義。我想像我父親並不是抱著要做壞父親的打算，我敢打賭他一定告訴自己，他會以他希望他父親對待他的方式，去對待他的孩子。說不定他還告訴自己：他要做個好男人，以他妻子值得的方式愛她。我就是這樣告訴自己的，但我擔心光是這些善意的念頭不會有用。

回顧我的人生，我可以看出在哪些地方父親的干預或正面的榜樣可能阻止我做出錯誤的選擇。比如我高中時經常打架，主要是因為我認為男子氣概就是要衝突。我以為要做男人，就要打鬥。十一年級時，我因為在學校餐廳打了一架而被停學。先前有些高年級的學生想要證明自己是我們學校的硬漢，因此在那週向我挑戰，要打上一架。那天午餐前，我在學校餐廳裡看到那群人其中的一個，就問他是否仍然想一決高下。正當我們互相叫陣時，同學圍了過來，有人向副校長通風報信，副校長趕到時大家一哄而散，餐廳裡只剩下我和想和我打架的一群人。副校長指我是問題人物，我懶得搭理他，所以他處罰我停學。

媽媽接獲通知，到學校去見那個副校長。之後她竭盡所能要和我談發生的事，但她只由學校的角度來看問題。在她看來，我錯是因為準備打架，而且無視權威人物。我無法讓她了解我的觀點——我必須堅強，而且看起來也要堅強。我不能拒絕戰鬥，也不能聽從副校長的話。在我看來，被停學並不比上學時被人看扁糟。

父親可能會理解我的想法和感受——我聽說過他年輕時打架的故事。但他不在我身邊，所以媽媽不得不嘗試自己解決所有問題。要是我眼前有個榜樣，告訴我男子漢未必要像我在電視上看到的饒舌歌手，應該能有幫助。沒有這樣的角色模範，像學校餐廳裡的那種事件就把我更進一步推向我原本就已經很著迷的好萊塢黑幫次文化——後來又轉向對男人是什麼有另一種憧憬的團體。

承認父親的重要並不是否認母親在年輕男性的人生中不重要，而是承認男性的角色模範攸關緊要，如果他們缺席會造成重大的後果。非營利組織全美父職推動協會（Natinoal Fatherhood Initiative，NFI）致力於終結父親缺席的情況，它宣稱：「今天美國面臨的種種弊病，幾乎都有父親因素。」[1]這個大膽的說法得到了研究的支持：研究顯示，沒有父親的孩子較容易出現行為問題，過貧困的生活，遭受虐待或忽視，嗑藥或酗酒，在學校常會留級，未成年生子，以及去坐牢。NFI的研究還顯示，父親缺席的青春期男孩特別容易犯罪，或做出其他違法行為。

普林斯頓大學、康乃爾大學和柏克萊加大的研究人員在二〇一三年做的文獻探討也發現，缺乏父親的情況對孩子會造成嚴重的影響。這些研究人員探討了四十七份來自西方和非西方國家的研究，結論是：「我們發現有力的證據，顯示父親缺席會對孩子的社交情感發展產生負面的影響，尤其會讓他們增加外在化行為（例如攻擊挑釁和尋求注意）。如果父親缺席的情況發生在童年初期，這些影響可能會比發生在童年中期更明顯，而且對男孩比對女孩更明顯。」[2]

擔任《性別與父母身分：生物和社會科學觀點》（*Gender and Parenthood:Biological and Social Scientific Perspectives*）共同主編的維吉尼亞大學布萊福德．威爾考克斯教授（W. Bradford Wilcox）概述了父親為孩子的生活做出貢獻的四種獨特方式：(1)在與孩子玩耍時，示範如何適當運用身體而非暴力；(2)鼓勵兒童冒險和獨立；(3)提供身體保護或身體保護的外觀；以及(4)提供嚴格的紀律。[3]威爾考克斯認為，如果沒有父親提供這些貢獻，兒子「更容易在青春期和成年初期被襲捲入狂飆動盪之中。」[4]

父親缺席所帶來的挑戰在整個西方社會日益增長。在歐洲和北美，離婚率和單親家庭的數量數十年來一直在上升，美國就是這種變化最明顯的例子，高達五十%的第一次婚姻以離婚收場，再婚後婚姻破裂的比例甚至更高。[5]二〇一四年出生的美國兒童中，有四十%是非婚生子女。[6]三分之一的美國孩子沒有親生父親參與他們的生活。[7]加拿大統計局

（Statistics Canada）報告說，加拿大有十二．八％的兒童在沒有父親的家庭中成長。[8]在英國，有未成年子女的家庭中，五分之一沒有父親同住。[9]在整個歐盟，有十六％的兒童是由單親媽媽撫養長大。[10]

Jay-Z曾談到在成長期間沒有父親，會十分容易受到外來的影響：「我們是沒有父親的孩子，所以我們在蠟像、街頭和歷史上找到我們的父親。」他描述這樣的搜索是「恩賜」，因為他和同伴「得以選擇會啟發我們想要為自己打造世界的人。」[11]搜尋父親的形象——用Jay-Z一張專輯的標題來解釋，既是恩賜，也是詛咒。如果你選擇的啟發人物鼓舞你對世界做出正面的貢獻，那就是恩賜；如果他促使你做出負面的事物，那就是詛咒。

Jay-Z本人就是這種天賦和詛咒的例子。我認識一些年輕人，他們崇拜在饒舌歌中宣揚販毒和不惜一切代價賺錢的Jay-Z；我也認識另外一些人，他們崇拜以慈善家的身分回饋社區的偉大創業家Jay-Z。某些版本的Jay-Z對與我一起成長的青年產生負面影響，他對他們的黑幫幻想火上加油，美化犯罪和暴力的生活。但其他版本的Jay-Z對同屬這群人的另一些青年產生了正面的影響，向他們示範如何作專業的打扮，或者鼓勵他們成為實業家。

在所有這些沒有父親的家庭統計數字背後，是越來越多的年輕男子在選擇由誰向他們示範成為男人時，體驗到恩賜或詛咒。這表示在男孩成長為男人的方向上，我們面對了更多的不確定和更少的控制，他們更有可能會偏離主流道德觀念。對於這種情況下的年輕男性，範圍較廣的社群作為正面角色典範的來源就更加重要，可以樹立榜樣，教導他們如何成為男人，並且在年輕男性接受破壞性的男子氣概形式時，做出干預。

傳統上，在家庭之外，兩個提供男性角色典範最重要的機構是學校和如教堂、清真寺、廟宇和猶太教會堂等禮拜場所。這些機構正式或非正式地把年輕人與年紀較長的男人連繫在一起，讓長者提供如何過健全生活的示範。但如今，這些機構引不起年輕人的興趣，它們的影響力已喪失。

在歐洲和北美，數十年來，宗教的影響力持續衰退。英國廣播公司（BBC）報導，在這些地區，基督徒的宗教活動大幅減少，有些研究人員發現這種情況在年輕成人族群中尤其明顯。比如，英國的英國國教徒人數比例由一九八三年占總人口的四十%，下降到二〇一四年的十七%。[12]皮尤研究中心（Pew Research Center）報告說，由二〇一〇至二〇一五年，歐洲的基督徒減少了五六〇萬人。[13]由二〇〇七至二〇一四年，美國的基督徒人口比例下降了八・二%。[14]一些歐洲朋友告訴我，他們唯一上教堂的時候是參加婚禮和葬禮，對於我所認識的北美基督徒而言，情況也大致相同。

通常移民社區奉行宗教的比例較高，因為在世界的其他地區，宗教扮演更重要的角色。但在沒有適當的宗教機構時，年輕人脫離禮拜場所的趨勢就會擴及西方世界的少數族裔社區。

兩位比利時的穆斯林父母親伊利亞斯・瑪拉哈（Ilias Marraha）和伊布提桑・范德瑞許（Ibtisam Van Driessche）就發現：由於語言障礙，使清真寺難以接觸歐洲的穆斯林。[15] 許多清真寺的宗教領袖不說當地語言，聚會時是用阿拉伯語，但在歐洲出生的年輕人可能無法流利地使用這種語言。宗教領袖往往是在歐洲以外的地方受教育，他們使用的也是在如沙烏地阿拉伯或土耳其等非西方地區創作的伊斯蘭文學作品。這種對非西方國家的依賴部分原因是歐洲對本地宗教教育的投資不足。

瑪拉哈和范德瑞許為解決這個問題，使用比利時所用的語言（三種官方語言：荷、法、德語）來創作兒童讀物，從歐洲穆斯林作家的角度，向年輕人介紹伊斯蘭教。投資和發展當地宗教教育的類似努力可能是對抗極端主義的關鍵步驟。麻省理工學院教授理查・亞歷山大・尼爾森（Richard Alexander Nielsen），分析了一百位遜尼派穆斯林神職人員所用的經文，發現強大的本地教育網和有前途的工作機會，能使神職人員減少鼓吹極端的想法。[16]尼爾森發現，沙烏地阿拉伯和埃及迫切需要信眾的神職人員有時會採激進的想法，好使自己的訊息與主流的權威區分。

透過信仰網絡建立的社群在許多人的生活中都不再那麼重要，尤其是年輕人。隨著這些潛在角色典範的消失，他們留下的空白可以由其他影響填補，這些影響有時是正面的，有時是負面的。英國猶太教拉比（Rabbi）喬納森・薩克斯（Jonathan Sacks）認為，這些空缺鼓勵了激進分子，他們往往是由宗教角度接觸年輕人「最敏銳，最清晰的聲音」。[17]

由於家庭和信仰是私領域，因此社會很難解決角色典範從家庭和宗教機構中消失的問題。然而在西方，我們確實希望能在某種程度上規範公共教育，以便為所有的年輕人提供最低限度的支持。學校是政府贊助的場所，我們把子女送到這裡來接受教育、培養和鼓勵。我們期待學校裡的老師、輔導員、同伴和其他人為我們的年輕人樹立好榜樣。可悲的是，整個西方世界的學校也未能與年輕人建立連繫，減弱了它們作為榜樣來源的力量。

儘管在美國高中生中，男性的比例略多於一半，但在大專以上的教育中，他們的人數僅占四十三％。[18]根據賓州理海（Lehigh）大學用美國教育部資料所做的分析，男生占停學者的比例達七十一％，占特殊教育學生的六十七％；他們被標記為過重的機率是女生的五倍，退學或輟學的可能也比女生高三十％。[19]在英格蘭，男生上大學的比例比女生少三十六％；在英國的其他地區，這個數字甚至更低。[20]

男性疏離（disengagement）的跡象反映了整個歐洲和北美的廣泛趨勢。跨政府的「經濟合作暨發展組織」（OECD）描述會員國（包括西歐和北美大多數國家）當前的教育狀況為「性別差距的逆轉」。在經合組織國家裡，男生僅占高中畢業生的四十五％，大學畢業生的四十二％。[21]

經合組織所描述的性別差距逆轉在各個社群中各有不同。比如在美國，黑人男性在教育程度上遠遠落後於黑人女性，差距比白人社群更明顯。[22]這種性別鴻溝的逆轉現象在美國黑人中已經出現了數十年，比經合組織其他更廣泛的趨勢出現更早。但在歐洲的穆斯林社群，性別差距的逆轉是最近才出現的現象。老一輩的男性在學校的表現要比女性優異，但在年輕世代中，情況恰恰相反——歐洲的穆斯林社區現在正在反映更廣泛社會中的性別差距。[23]

由史丹福、布朗和哈佛大學教授共同推出的「機會均等計畫」（Equality of Opportunity Project），研究人員也在美國就業率上，發現了性別差距逆轉的證據。這些研究人員在二〇一六年發表的論文中，檢視了一九八〇年代出生人口的稅務紀錄，指出：「有強烈的證據顯示，在高度分離社區（即貧困集中的環境）貧窮家庭中長大的男孩，就業率比在同一環境下長大的女孩要低得多。」[24]報告指出，這種差異有個可能的解釋，就是男孩以犯罪取代正式的就業。

重要的是，這種逆轉的性別差異僅限於歐洲和北美的特定問題和特定世代。世界其他地區仍然存在著傳統的性別差距，在這些地方，許多女性依舊被剝奪了接受平等教育的機會。而在有逆轉性別差距的國家中（例如美國），女性畢業後在薪酬方面仍然處於不利的地位。[25]此外，逆轉性別差異並不適用於所有的學校科目和專業領域。在數學和科學等領域，女性人數依舊不足。[26]

如果主流機構無法提供角色模範和男子氣概的例子，那麼年輕男性就會轉往其他來源尋求榜樣。這些年輕男性既不上課也不做作業，而是在街頭、網路上，或與同輩（他們也更有可能離開學校）廝混。確實有男性榜樣（例如父親在家）的年輕男性也和沒有男性榜樣的同伴一起成長，他們的同儕團體會受到這些趨勢的影響，使這個問題的影響力遠遠超過任何統計數據所能捕捉到的表象。

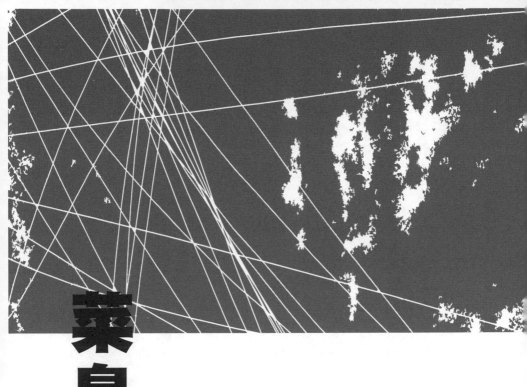

菜鳥新移民

Chapter 2

我在加拿大安大略省賓頓（Brampton）市毗鄰一個小購物商場的移民社區長大。賓頓最先是多倫多西北的郊區小城，後來在一九九〇年代初至二〇一〇年代初之間，人口由大約二十萬增長到近六十萬。這些人口增長最初是由潮水般的移民和新加拿大人帶動的，他們住不起多倫多市區內的生活，而被吸引到像賓頓這樣的地方，經濟能力較差的家庭比較負擔得起這裡的房屋。

我的鄰居大多屬於加拿大兩個最大的少數族裔群體：加拿大黑人（二〇一一年占全加人口的二・九%）和加拿大錫克教徒（占一・四%）。[1]加拿大的錫克教徒和黑人社群在對抗排斥的奮鬥上，有類似的歷史。在全加拿大有關平等問題最重要的法院判決中，錫克教活動分子一直是重要關鍵，而黑人社運人士也一直參與許多政治和文化的鬥爭。

一九八九年，我的家人剛遷入這個地區時，黑人、錫克教徒和白人家庭都在此居住。而隨著我年齡增長，白人家庭搬走了，他們房子大半都由錫克教徒買下，因為他們希望住在附近的錫克教謁師所（gurdwara，錫克教徒的禮拜場所）附近。到一九九〇年代後期，大約在我們搬到賓頓十年後，我所念學校同年級的白人學生不到五人。大多數學生都是錫克教徒或是加勒比海族裔。

在我們的社區，所有的人都必須了解自己在這個快速變化的新環境中有什麼樣的身分。我們在這方面的歷程以及找到歸屬感的地方，形形色色，各有差別。

我的好友大半都是牙買加或千里達裔的黑人。在我們的父母還沒移民到加拿大之前，就已有一種黑人身分在等待我們。這個身分透過美國媒體傳達給我們，提供了黑人在西方國家中的涵義。我們由饒舌歌曲和音樂錄影帶（ＭＶ）接收到的訊息向我們介紹了迷人的好萊塢黑幫次文化。

哈佛大學社會學者奧蘭多．帕特森（Orlando Patterson）把這種次文化稱為「年輕黑人男性的狄奧尼索斯陷阱（Dionysian trap，狄奧尼索斯為希臘神話中的酒神）」，這個陷阱包括「放學後在街上閒逛、購物和漂亮打扮、性征服、派對嗑藥、嘻哈音樂和文化，以及幾乎所有的超級運動員和許多全美最出色的演藝人員都是黑人。」[2]我會落入這個陷阱，不是因為我很窮或住在暴力社區，而是因為它原本就在那裡，而我也想與在陷阱裡的朋友打成一片。

一九九〇年代後期，我一進中學，這種次文化就在我的同儕團體中成了主流。有一天放學，我們一群人走路回家，談起ＤＭＸ專輯《我骨中的骨，肉中的肉》（*Flesh of My Blood,*

Blood of My Blood）中的一段新音樂錄影帶。學校裡最受歡迎的同學瑞奇談到了它多麼出色，DMX如何成為「最真實」的饒舌歌手，因為他的音樂錄影帶和跳舞無關。我們大部分人都看過這段新錄影帶，也同意這位受歡迎的同學所說的一切。有些人假裝看過它，因為我們想看起來很酷。在瑞奇的大力推薦之下，DMX成了吸引我們的嘻哈音樂類型標準。形形色色的饒舌歌手都被推到一旁，只剩下一個非常狹窄的群體——黑幫、毒販、硬漢和槍手。

很難說為什麼我們會在各種類型的饒舌音樂中，選擇特別具有侵略性和暴力的黑幫饒舌（gangster rap）。我認為我們喜歡它，一部分的原因在於：它反映了我們內心的某種憤怒。我們憤怒，因為我們身邊沒有父親，因為我們的家庭沒有我們想要的錢，因為家裡的生活不穩定和不愉快。我因為這些原因而感到憤怒。黑幫饒舌也是我們聽過最有動感、最有趣的音樂。它利用了年輕人叛逆、反權威的傾向，而我們也沒有任何角色模範引領我們遠離它。

經濟因素也使我們更可能消費好萊塢黑幫次文化，因而被它吞噬。在我的童年時代，DMX是舉世最受歡迎的饒舌歌手，他的音樂正是針對像我這樣的人做行銷。整個嘻哈音樂變得越來越以犯罪、毒品、暴力和其他黑幫活動為中心。長島霍夫斯特拉（Hofstra）大學法學教授阿姬拉・佛拉米（Akilah Folami）把這種廣泛的轉變歸因於美國電信法的變化。她寫道：「一九九六年的電信法造成了廣播業大企業媒體集團的發展，它們控制了廣播頻道及其內容。這個法案使廣播節目中幾乎無法聽到其他的饒舌音樂聲音，因為企業集團並不關心觀念的多樣性，而只在意要滿足市場所創造對此類歌詞的消費者需求。」[3]

我的朋友和我不僅僅是模仿廣播中任何流行內容的消極消費者，也因為我們還是孩子，只能接受我們所能得到的文化產品。由於決定要推廣哪種饒舌歌曲的人較少，因此朋友和我聽到的饒舌音樂逐漸縮小到少數的風格和訊息。對我而言，DMX代表了這樣的趨勢，但它也可能與其他樂手聯結在一起。加拿大年輕人消費大量的美國電視和網路內容，以及在美國製作音樂的加拿大樂手，例如德雷克（Drake），賈斯汀·比伯（Justin Bieber）和威肯（the Weeknd）。因為美國文化的廣泛影響，美國音樂的變化影響了加拿大人，就像它們也影響許多更遙遠的地方一樣。

我們消費饒舌音樂的強度和我同齡團體成員的行為改變，兩者之間有明顯的關聯——甚至該說有因果關係。在我的學校，打架事件變得更加頻繁。我們在各個層面都模仿幫派文化，包括代表不同幫派的方巾（Bandana），和以饒舌歌手為靈感的綽號。我們甚至為朋友團體取了幫派名字。我們經常用西岸嘻哈的俚語談論大麻。有些人開始吸食大麻，並談到如何向毒販購買。我們遊手好閒，無所事事，只是大談黑幫的童話故事。用不尊重的言語談論女性，並以與女同學發生性關係為樂成了司空見慣的現象。我們雖沒有多少錢，卻對昂貴的服飾很著迷，尤其是穿在饒舌歌手和籃球運動員身上的服飾。

瑞奇在我們都經歷的變化中處於領頭地位。他比我們大一歲，因為從牙買加移居加拿大後，他重讀了一年。瑞奇的體格也比較高大強壯。我和他很熟，雖然因為他很會打架，所以大家怕他，但他是我最優秀、最懂事的朋友之一，私底下他就像其他愛玩電動或運動的孩子一樣。他喜歡來我家，在我們家後院用充氣游泳池泡水。瑞奇對我媽媽也很友善和尊重，但在學校裡，他似乎因為人們認為他是硬漢的期望所困。他一直在努力模仿我們從饒舌歌手那裡看到的一切，也為我們其他人定調，讓我們仿效。他每一次打架而且獲勝後，名氣就越大，大家就更想要學他。到八年級，瑞奇常常逃學，他在附近的一家雜貨店找了一份兼差，他在賺錢的時候，我們這些沒用的傢伙還整天坐在教室裡。

每個年輕人都經歷過學習自己社交圈裡被認為是酷的事，並努力適應，不然就要冒著被排斥的風險，我的朋友圈亦然。只可惜我們認為很酷的事都有害，使我們往往會傷害自己或他人。

我剛上初中的好友帕文有與我不同卻又類似的經歷。他家離我家只有幾條街，我們經常一起從學校走回家。他來自虔誠的錫克教徒家庭，總是自豪地戴著頭巾（turban）和鐵手鐲（kara），作為他信仰的象徵。起初我沒有注意到我們之間的文化差異，但逐漸地，我發現他與班上某些錫克教徒同學有一種我無法參與的關係。我們週五離開學校後，到週一，帕文就會有很多他週末與我們同學一起玩的故事。我發現他和班上其他錫克教徒同學經常藉著謁師所或其他活動，認識彼此的父母和手足。除了分享共同的宗教和語言外，我的錫克教同學也互相尊重和欣賞。我們像孩子一樣取笑彼此時，帕文和他謁師所的朋友互相嘲笑的程度總是比對我們其他人更輕微。

我沒有像帕文那樣的信仰社群或家庭網絡——本地許多黑人少年也一樣沒有。附近沒有任何教派的教堂讓我們前去，這表示我們沒有共同的機構或共有的傳統讓我們繫在一起。我們之中許多人也與父親缺乏親密的關係。我們的家庭網絡較小，表示我們沒有提供指導和引領的角色模範。我們獨自受困，尤其年輕男性更經常如此，因為我們家庭中缺失的聯繫往往是年長的男子。

帕文和我不同的情況意味著我們在加拿大塑造自己的身分時，面臨不同的挑戰。帕文必須想出如何結合自己的新環境與父母親傳下來的生活方式。很多人認為他來自另一個國家，因為他明顯地帶著來自其他地區的傳統，例如他的頭巾。他必須在一個不太了解他的國家裡，為自己創造空間。

帕文一家人很少在北美的電視節目上看到像他們一樣的人，因此他們買了衛星天線，在印度頻道上找到他們覺得相關的娛樂節目。在極少數情況下，帕文確實在北美電視台上看到印度人，但多以負面或刻板印象出現——例如計程車司機，或者像《辛普森家庭》（*The Simpsons*）裡的雜貨店老闆柯阿三。更糟的是，加拿大媒體經常把錫克教徒社群與恐怖主義連在一起。在我們成長的時代，錫克教徒的恐怖主義在加拿大成為討論的話題，因為一九八五年印度航空爆炸案造成三二九人喪生，包括二六八名加拿大人。這是九一一事件之前在飛機上或用飛機所做最致命的恐怖攻擊。

多倫多暴龍（Raptors）籃球隊著名的「超級粉絲」納夫．巴蒂亞（Nav Bhatia）曾公開談及錫克教徒在北美媒體上的一維表現對他有什麼樣的影響，即使他是非常成功的企業家亦然。他告訴《多倫多星報》（*Toronto Star*）：「我去（商店）修理手機，我聽到店裡的白人店員說：『親愛的，我得掛了，計程車來了。』我猜他以為我是計程車司機，因為我戴著頭巾，而且還留著鬍子。」[4]另一個著名的加拿大錫克教徒，前業餘拳擊冠軍帕迪普．辛格．納格拉（Pardeep Singh Nagra）則對自己要在加拿大尋覓位置的持續努力憤憤不平，他說：「到什麼時候我才能真正自由，被視為加拿大人？……只要人們不把我當成加拿大人，我在這裡的存在就會因為我選擇的穿戴而冒犯其他人。」[5]

對於我和附近的其他黑人青年來說，我們的挑戰不是要在西方世界為自己創造一個空間，而是與在我們到來時吸收我們的黑人身分相關的政治和鬥爭奮鬥。

要了解帕文和我追尋身分之間的區別，不妨先看看貶義詞「fob」（fresh off the boat，菜鳥新移民）的用法。「fob」有很多種用法，但在多倫多地區，最常指的是剛到加拿大的新移民。我的錫克教徒朋友用這個詞來形容來自印度的新生，也用這個詞互開玩笑，描述他們做出不像加拿大人的事，比如帶有濃重印度腔的發音一樣（如把v發成w的音）。我也聽過多倫多地區的亞洲社區用這個詞，例如在士嘉堡的華人社區。

我不記得曾經聽過我的黑人朋友用「fob」一詞，我們甚至也從沒有因為人們剛由另一個國家來到加拿大，而認為他們比較不加拿大。例如瑞奇影響了我們之中許多人的觀念，認為加拿大黑人應該是這樣，但他是最近才由牙買加來到賓頓市。如果某人是黑人，並且在我們這個社區，那麼他就像我們所有人一樣是黑人。

儘管我們之間有差異，但許多錫克教同學還是受饒舌音樂吸引。流行文化中缺少印度人或錫克教徒，讓我的錫克教朋友尋覓他們可以認同的人。我想他們比較認同饒舌歌手而非搖滾歌手，是因為大多數饒舌歌手的皮膚也都是棕色，並且他們談的是少數群裔的掙扎。我們全都著迷於同樣的媒體，欣賞同樣的音樂，穿著類似的衣服。饒舌音樂影響了我們所有人都認為酷的事物。

我們之中，有些人能夠區分自己的生活和在音樂錄影帶中所看到生活的不同，但有的人不能。比如帕文，我能感覺到嘻哈是他的一部分，但並非全部。他穿著寬鬆的牛仔褲，表面上崇拜黑幫，但他還是受到家庭網絡、謁師所和印度文化的影響，他並不是全力投入。但包括我在內的許多其他人卻是。我們看不出我們和我們所崇拜的饒舌歌手之間有什麼差別，嘻哈文化就是我們的全部。我們不做功課，成績大多很差，那是因為我們專心要成為饒舌歌手或籃球球員，而非學生。

美國作家托馬斯・查特頓・威廉斯（Thomas Chatterton Williams）由自己的生活中觀察到，有些同輩能夠區分自己與饒舌歌手，有些則不能。在他的學校，這種區分符合種族界限。他解釋說：「我們（黑人青年）往往以認真熱忱的態度對待嘻哈音樂，努力『保持真實狀態』，並把嘻哈價值觀主導的生活方式視為真正黑人身分的前提。非黑人則能以健全的諷刺感接納嘻哈音樂。」[6]

然而，在賓頓，它和種族的關係不如和信仰與家庭的關係來得大。例如在我家附近，不參與信仰團體也不與家人互動的錫克教徒較有可能落入好萊塢的黑幫陷阱，這樣的陷阱也吸引了許多本地的黑人青年。在加拿大其他地區也是如此，例如卑詩省（英屬哥倫比亞省），錫克教徒和黑人青年被捲入鄰里幫派戰爭。[7]

關於我對錫克教徒和黑人社區的觀察，我問老同學拉傑帕爾有何看法。拉傑帕爾住的離我家不遠，僅比我大幾歲。我們在大專認識，但近十年來都沒再交談過。我向他解釋了我對於在賓頓成長的回憶之後，拉傑帕爾問我：「你知道我曾入獄吧？」

我完全不知道。

「沒錯，」他確認，「在我們認識之前，我曾坐過牢。我曾走錯路，因為欣賞你所說的音樂。」

我問道：「你認為你為什麼能改變自己的人生？」

拉傑帕爾歸功於他的錫克教信仰，它促使他重返學校，開創了美好的事業，建立了家庭。他說他的轉變未必與宗教有關，而是因為他的信仰賦予他的身分。他說：「我可以透過形象、身分和地理位置，與我的錫克教宗師建立聯繫。在宗教之上，我認為這與一種認同感有關。」

曾有一度，我母親可能也在擔心我會入獄。她看到我在中學時態度產生了轉變。因此她鼓勵我念高中時換個學區。起初我對換學區很猶豫，但最後同意換個新環境也好，反正瑞奇和其他一些朋友本來就會念和我不同的高中，因為他們要上天主教學校。

在媽媽的支持下，我轉到多倫多地區另一個城市密西沙加（Mississauga）的高中。我是報名參加以商業和科技為主，吸引不同社區學生的「磁石計畫」（Magnet Program），到學校的公車車程由十分鐘變成一個多小時。這個學校最大的不同是學生人口的組成，我的新學校很少有黑人學生，大多數是白人，或者來自南亞或東亞背景。

改變環境可以讓我交上新朋友，但我卻受到與賓頓同學最相似的人吸引：有些白人同學，尤其是住在學校附近和並未參加磁石計畫的同學，深受嘻哈音樂的影響。這些同學也認為打架和販毒很酷。不過就像我在賓頓的朋友一樣，他們大多數人實際上並沒有打架或出售毒品。他們來自勞工階級家庭，我們都有共同的野心，要賺錢改變我們的經濟狀況，因此志同道合。我們一起翹課去看黑幫電影，並且幻想有朝一日開創我們自己的犯罪企業。

事實是，我高中的大部分時間都花在考慮各種犯罪活動。我的許多朋友，不論新舊，都與販毒的人有聯繫，所以我與毒品交易頂多只有一步之遙。我試圖建立強悍而讓人恐懼的聲譽，要成為可以融入黑幫的人。我的書包總有警棍式的棒子和一把獵刀，以便在打架時保護自己，還可以嚇唬比我年紀更長、體型更大的人。我的儲物櫃裡也備有一支路易維爾牌（Louisville Slugger）的木製棒球棒。如果我擔心學校可能會發生打架事件，我就把球棒藏在我所擁有最寬鬆的牛仔褲中，跛行上學。這一切都教我感到很酷。我的朋友和年紀較長的學生似乎對這種行為印象深刻，因此我繼續如此。我覺得這好像在投資未來，好像有朝一日這會變成一種生涯。

回顧當年，我發現自己的想像力多麼有限，我看到的眼前道路多麼少，就像蒙上眼罩，不知道自己有多麼無知。我在物質上並不貧窮，但我的想像力卻很貧乏。要了解想像力貧乏是怎麼回事，不妨看看我在高中第一學期的例子。我們在戲劇課上要談我們崇拜的演員，當時我看的大半是黑幫電影，所以我決定要介紹一九九一年的電影《鄰家少年殺人事件》

（*Boyz N the Hood*）以及這部片子的男主角小古巴古汀（Cuba Gooding Jr.）。

戲劇課老師要我們報告時，在課堂的電視機上播放我們最喜愛的片段。我選擇了小古巴古汀所飾的角色提瑞與冰塊酷八（Ice Cube）所飾的麵團男孩交談的一段。麵團男孩的哥哥，也是特雷最好的朋友剛遇害，麵團男孩的話對片中年輕人勾勒出黯淡、悲觀和哀傷的未來，他承認自己過著自我毀滅的人生，並說：「接下來你知道有人可能會殺我。但沒關係，我們全都有走的一天，不是嗎？」

十四歲的我不認識任何挨過槍的人。我曾經看過槍，但從未碰過。我也從沒有因為槍枝暴力而失去好友。但在狄奧尼索斯陷阱的深處，我確實認同麵團男孩對未來的看法。我的心態就像好萊塢電影中所描繪的那樣，置身「鄰家」那種社區。我覺得自己註定要在不關心我的世界中受折磨。我根本不知道任何其他的生存方式。

不信任的危機

Chapter 3

小時候我和警察打交道的經驗讓我覺得他們一心一意只想維持現狀，要阻止我和我關懷的人成功。這是每一次和警察負面互動之後，留給我的感覺，而且這種感受非我獨有，我周遭的人也都有同樣的體驗。

我八歲時頭一次與警察接觸。父母和我及兩個妹妹坐在車上——那是我們全家難得在一起的時刻。我們正在由某處（我記不得是哪裡）回家，在路上發生了小車禍。警察一來，就把我父親帶到路邊。我聽不見他們的聲音，但可以由汽車後座清楚地看到他們。我記得警察對我父親很凶，父親站在他們面前，看起來很渺小，他們似乎在對他大吼，然後警察指著路邊，父親坐了下來。看到我視為權威的人物在我面前被警察教訓，教我大感驚駭。我只能想像在孩子面前受到這樣的對待，我父親一定覺得很丟臉。

其中一名警員把注意力轉向我。我當時坐在已經停下來的汽車後座，臉朝外，雙腿懸在打開的車門上。那個警員顯然對我父親的回答不滿意，於是問我問題，以了解我對這件意外的記憶是否和我父親說的相同。儘管我只是個孩子，但他依舊咄咄逼人，一臉凶相。他告訴我，我父親可能會去坐牢。我嚇壞了，我不知道自己對他說了什麼，只希望他不要再煩我。現在我還記得他的手電筒照在我的眼睛上，他嚇人的深色制服和他的帽子，讓我很難看清他的臉孔。

這整個事件可能發生在任何族裔的人身上，這警官的態度可能與種族歧視無關，但這是我頭一次認為自己見證了種族歧視。在我人生這麼早的時候，就已經把好鬥挑釁和種族主義聯想在一起。洛杉磯警察毆打羅德尼．金恩（Rodney King）的電視畫面一直在我腦海裡揮之不去，我所聽的音樂激烈地譴責了警察的行為，這些都影響了我對世界的看法。影響我對警察行為看法的另一個因素是我把任何對我父親的不公平待遇都當作是種族主義。在成長過程中，我相信種族主義是我父親沒有家人的原因。十四歲的他在養父母去世後，再次成為孤兒，收養家庭中親戚並沒有接納他。由我小時候父親告訴我的說法，因為他是非裔黑人，而他的收養家庭是伊斯邁尼教派（Ismaili）的印度人，所以他們不認為他是他們的成員。我以為警察也抱著同樣的偏見。

在青少年時期，我與警察和保全人員有更多的接觸——等公車、放學走路回家和在購物中心閒逛時，他們有時會攔住我問問題，有時會以懷疑或恐嚇的眼神看著我。我把他們的行為歸因於種族主義。我看到他們攔住誰，沒有攔住誰。我的穿著方式——主要是嘻哈風格的垮褲和連帽衫，似乎是使我與他人不同的最大因素之一。

這讓我很憤怒，真的很憤怒。最初因為對我父親安全的恐懼變成不滿。隨著每一個懷疑的表情或問題，我對周遭的世界越來越不滿。每一個穿制服的人，甚至連公車司機，都讓我感到焦慮不安，彷彿他們是某個陰謀的一部分，要讓我在自己的國家不被接受。

以這種方式成長——認為警察權威道德腐敗，並不只是我的問題而已，它也是國家的問題。國際社會認為「可靠的執法」對國家的穩定與經濟，以及對國民的生活品質攸關緊要。世界銀行把「法治」和「貪腐控制」列為評估國家治理能力六個指標中的兩個，世銀把治理能力定義為「行使國家權力的傳統和制度」。[1]西方國家被認為是「法治」和「貪腐控制」的全球標準；在世界正義工程（World Justice Project）的年度法治指數（Rule of Law Index）以及透明國際（Transparency International）的年度清廉印象指數（Corruption Perceptions Index）中，排名前二十名的大都是西方國家。[2]但這些指數掩蓋了在西方國家中對執法截然不同的看法和經驗。歐洲和北美的一些社區認為在這些排名中，名列前茅的國家和倒數的國家之間，並沒有太大的區別。

以我父親的祖國肯亞為例。在二〇一六年法治指數中，肯亞在一一三個國家中名列第一百，在同年的清廉印象指數中，則在一六七個國家中排名一三九。[3]不論是書面和實務上，肯亞的執法與西方國家的執法有很大不同。肯亞警察對恐怖主義和暴力犯罪的反應方式就說明了這種差異：在索馬利亞恐怖組織「青年黨」（Al-Shabaab）攻擊後——例如二〇一三年九月二十一日在奈洛比的西門購物中心（Westgate）殺害了六十七人，二〇一五年四月二日在肯亞加里薩大學學院（Garissa University College）屠殺一四八人——肯亞的警察除了逮捕和驅逐成千上萬的人（其中大部分是索馬利亞人）外，還殺死了五百多名恐怖分子的嫌疑犯（強調「嫌疑犯」）。[4]

儘管有這些驚人的差異，但肯亞和西方國家對少數民族社群的「種族定性」（profiling，或譯種族針對、種族歸納），同樣破壞了警察的權威。前索馬利亞駐肯亞大使穆罕默德．阿里．努爾（Mohamed Ali Nur）把當地警察的做法稱為「種族定性」，他解釋說，在肯亞的索馬利亞人「感到沮喪……因為不分日夜隨時都會被警察攔下來」[5]。美國總統歐巴馬二〇一五年訪問肯亞時，就曾向肯亞總統烏胡魯．肯雅塔（Uhuru Kenyatta）提到這個問題。歐巴馬警告說：「如果你對任何特定的社群做過分廣泛的定性，如果你對恐怖主義的反應是限制合法組織、縮小和平組織的範圍，那麼這實際上反而可能會無意中產生反效果，增加恐怖主義徵募的機會，讓感到遭邊緣化的社群心生怨恨。」[6]

這些說法非常適合形容西方國家經常成為警方定性目標的社群。喬治．索羅斯（George Soros）的開放社會基金會（Open Society Foundations）報告說，自從九一一攻擊以來，歐洲的治安一直有「在行使警察權力時有嚴重種族針對的問題」，以及「認定組織犯罪集團是以種族為基礎」的看法。[7]在歐洲最近發生恐怖攻擊之後，警方針對穆斯林的執法也有增加。[8]此外，在倫敦，倫敦警察廳（Metropolitan Police Service）就遭自己屬下代表少數族裔警察的「倫敦黑人警察協會」（Metropolitan Black Police Association）認定有「系統性的種族主義」。[9]

北美城市也有一些做法遭到廣泛的批評，認為是針對少數群體的不公平做法，例如紐約市的「攔截與搜身」（stop and frisk，警察合理懷疑某人可能犯罪時可把他扣留及搜身），或多倫多的「街頭攔查」（carding），這兩種做法都可能鼓勵警察攔住他們認為可疑的人。在紐約，從二〇〇三年至二〇一六年，遭攔截者平均有八十五％是非裔或西裔。[10]在多倫多，從二〇〇七年至二〇一三年的資料顯示，遭攔查者有二十三％至二十八％是非裔，這是多倫多市非裔人口比例的三倍以上。[11]

我自己遭到種族針對的經歷讓我感到不受尊重，因此我也以不尊重警察回報。我對警察表現出對抗的態度，就像對其他所有權威人物一樣。在他們跟我說話時，我會翻白眼，用不禮貌的方式講話，並以肢體語言表達我的敵意，比如兩臂交叉或拒絕目光接觸。你不在乎我嗎？我也不在乎你。

我對一位想當警察的年輕人特別不友善，儘管他努力親切地對待我們。這個二十多歲的年輕人是密西沙加一號廣場（Square One）巴士總站的白人保全。我每天都要經過那個巴士總站，每週總會見到他幾次。他想和我及我的同學交朋友，也告訴我們他想要當警察的計畫。他說他已經完成培訓，正在等待地方機構錄用。有些朋友喜歡他，在我們經過公車站時會和他聊天。但我不願和他說話，把他當成敵人一樣看待。他開玩笑時，我並不笑；他打招呼時，我把頭別開；他試圖交談時，我問他是不是有問題。

我不知道他後來有沒有真的當上警察。如果他如願，我也不知道在他當保全時我對他的態度會不會使他不再當好警察。

幾年後，我問年紀長我幾歲的多倫多警察史蒂夫，在他剛開始工作時，像這樣的互動會對他產生什麼樣的影響。史蒂夫在低收入的社區開始執法生涯，他和同僚碰到了很多怨恨。他成長時並沒有見過負面的警察互動，因此在他遇到那些和我的感受相同的孩子時，是非常震撼的經驗。他說，這些社區的人把警察視為「與他們不同的實體」，「他們認為警察是為自己運作，並不在乎他們。」

我也問史蒂夫，他希望那些孩子對像他這樣的年輕警員有什麼樣的了解。他答道：「其實我們也只是人，就像其他人一樣，做的是可能很困難的特定工作，而你們可能只會在碰到麻煩時見到我們。所以何必多費力氣？如果我們彼此討厭，對雙方都只會更糟。」正如史蒂夫所說的，負面的態度也傷害了戴著警章的年輕人。

二〇一四年，一件引發對北美警察產生很多負面想法的事件——警察在密蘇里州佛格森市（Ferguson）殺死十八歲的麥可．布朗（Michael Brown），也顯示了這個問題的兩面。佛格森警員達倫．威爾森（Darren Wilson）槍殺布朗時年紀是二十八歲，在他向陪審團所述的證詞中，他說他和布朗相遇的那個地區是個「敵意的環境」。他還說這一區「不是大家喜歡的社區」，「這個社區不喜歡警察」，而且它「不是可以輕鬆對待的地區。」[12]

顯然，威爾森並不認為自己是他所服務社區的一部分。他對待像布朗一樣的年輕人就好像仇敵一樣，一如朋友和我把警察當仇敵一樣。當然，威爾森領了薪資就要克服這些差異。在處理自己的不自在和挫敗感時，他還帶著槍，這可能也造成了布朗的死亡。

這樣的互動說明了執法不力的危險。在有極大的不信任和難以溝通之時，警察就沒有解決或制止犯罪所需的威信，而這正是犯罪集團蓬勃發展的必要條件。年輕的我需要優秀的警察，讓我能找到生活中的秩序，協助我避免犯罪的影響。可悲的是，最需要警察積極影響的年輕人社區卻也是吸引最多負面關注的社區。

讀到這裡，你可能會想知道：我怎麼調解警察對我和我的朋友不公的印象，和我們美化罪犯的現實。我們想當黑幫，但我們又對把我們當成黑幫的警察感到憤怒。在我被警察攔查，或者受到他們懷疑的注目時，我正是要去與警察應該注意的人廝混，或者剛和他們分開要回家。也許他們的確應該一直關注我。這話看似虛偽，但即使我們在做壞事，我們仍然認為警察是腐敗的，我們認為警察只拍蒼蠅不打老虎，他們本該注意更大的罪犯，但卻以我們為代罪羔羊。。

電影《萬惡城市》（*New Jack City*）中有一個場景，說明了警察和罪犯一樣不道德，甚至更不道德。衛斯理・史奈普（Wesley Snipes）所飾的角色，哈林毒販尼諾・布朗（Nino Brown）在證人席上作證。他懷著莫名的義憤說，他只是更大、更腐敗系統中的小人物。他說：「讓我們看看這事的嚴重性，烏茲衝鋒槍並不是在哈林區製造的，我們這裡沒有人擁有罌粟田。這個問題比尼諾·布朗還大，這是大生意，這是美國的方式。」

在犯罪率高的地區也有很多人雖然並不聲援罪犯或視之為榜樣，但仍然對警察不滿。他們不喜歡在他們社區裡製造混亂，使負面刻板印象長期定型，但如果發生犯罪，他們也未必會與執法者合作。

哈林區的饒舌歌手「不朽技術」（Immortal Technique）在被問及「停止告密」運動（Stop Snitching，向非裔和西裔施壓，在他們有關於犯罪的情報時，不與當局合作）時，談及警察相對的道德立場：「我聽到很多關於這件事的批評：它破壞了社區，創造不信任，讓犯罪無法獲得解決。但是，人們應該要以身作則……我們應該創辦『開始告密』活動，在我們用手指指向另一個兄弟之前，先讓政府面對他們對我們所做的事。」[13]其他不像「不朽技術」那麼慎重細心的人則根本不想和警察交談，因為他們不信任警察會如何處理他們所提供的訊息，或者他們擔心與警察合作會造成他們自己受害。

我與警察之間的緊張很奇怪地讓我感到放心。看到我父親受到屈辱，得知其他城市的警員對待黑人的方式，讓遭到「種族定性」的感受就好像一種令人渾身不自在的成年儀式。我想，男人就該被警察厭惡，反之亦然。這表示我是按照我在我的社區應有的方式成長。

二〇一四年，我參與一個拍攝紀錄片《不信任的危機》（*Crisis of Distrust*）的團隊，主題是多倫多警察與社區的互動。在製作過程中，有數十個人都認為自己或親人遭到多倫多警察種族定性。這些談話讓我進一步了解：與警察負面的互動可能會成為一種成年儀式。從某個意義上說，我清楚地看出這些警察的種族定性故事也正是成年禮的故事。

我們所採訪的一名年輕人——我們在影片中稱他為麥特，清楚地說明了種族定性如何影響年輕人對自己和世界的看法。他談到自己打完籃球在回家途中被警察攔下的故事。他回憶說：「好了，我們再度受到騷擾。警察在我們身後，慢速行駛。接著他們把車靠到我們旁邊，跳下車。『你們要去哪裡？你們從哪裡來？』『我住在這裡。這就是我住的地方。』顯然十分鐘車程外發生了某事，而我們符合他們的嫌犯資料，所以問我們從哪裡來？要去哪裡？我們是誰？而且這應該教人不快。在外人的眼中，這教人不快。『看看警察如何對待這些人，看他們經歷了什麼情況，我簡直不敢相信他們竟然過這樣的生活。』但是在我們看來，這很正常。」

關鍵詞就是「正常」。當你覺得與執法人員的緊張是正常，你就會把它內化為你是誰，你期望成為什麼樣的人。

麥特在影片後面一段的訪談中，說明了一種自我挫敗（self-defeating）的態度在你認為自己的國家故意對你不利時生根：「這就是人生，原本就應該這樣。為什麼？我不知道。人生就是這樣。這就是成長時必須面對警察騷擾、警察暴力，並且習慣於自己的權利遭到剝奪的心態。」

聽到麥特有這樣消極的態度和宿命論很奇怪。我們是在參與刑事司法系統青年的計畫中認識他的。我不知道他的背景，但是他參與的計畫目的是要防止青年暴力，而且招募的往往是與街頭幫派有關的年輕人。他參與那個計畫為的是要改變他的人生，而他也藉著上學和開始工作生涯，表現出一定的信心和決心。但他一談起警察，先前表現出的樂觀就消失了，似乎不太確定他是否可以做到他想要做的改變。

麥特的腦海裡充滿了矛盾的聲音。他相信自己在學校和工作上的努力會獲得回報，但這個信念仍然很脆弱，有時會鬥不過他相信自己的國家要壓抑貶斥他的想法。

二十世紀美國民權偶像杜波伊斯（W. E. B. Du Bois）描述他腦中爭相的聲音為：創造「雙重意識」。他覺得自己是美國人又非美國人，在他的國籍和使他覺得自己遭母國拒斥的經歷之間掙扎。杜波伊斯由一八六八年至一九六三年，活了近一個世紀，他把自己遭拒斥和種族連結在一起。他稱自己為「一個美國人，一個黑人；兩個靈魂，兩個思想，兩種不協調的努力；在一個黑色的身體中有兩個交戰的理想。」[14]

不論以什麼標準來衡量，杜波伊斯都是成功的：他是第一個獲得哈佛大學博士學位的非裔，也是著名作家和全美有色人種協進會（ＮＡＡＣＰ）的聯合創辦人。然而因為消極的影響吞噬了他的身分，使他仍然覺得自己被他所知的唯一一個國家疏遠了。他覺得全世界似乎都以「鄙視與憐憫」看待他——而且因為他的種族，而視他為非美國人。[15]

就像截至目前本書中討論的大多數經驗一樣，杜波伊斯所寫的「雙重意識」並不限於任何種族或宗教團體。人們對權威人士和普通公民是否接受他們的感受，會影響他們參與自己國家的方式。他們如何回應這些感受也很重要。

耶魯大學法學院教授湯姆．泰勒（Tom R. Tyler）做了廣泛的研究，以了解對執法的負面看法如何影響個人參與更廣泛的社會。泰勒說：「對更廣泛的參與所做的研究顯示：少數群體的人在感受到這些群體和當局以公平的程序行事時，他們更願意參加群體。因此，更廣泛地說，以程序公平為特色的組織較能夠鼓勵少數群體成員參與其中。」[16]換言之，在維持治安時不公平，會嚴重影響個人對他所在社會其他方面——包括在學校或工作上——的看法。

哈佛大學經濟學家小羅蘭・佛萊爾（Roland G. Fryer Jr.）也對與警察互動的負面經驗發表了一些重要的看法。在一系列引人注目的警察槍擊非裔事件之後，佛萊爾對德州、佛州和加州警察暴力的運用做了研究，佛萊爾說這項研究的主要發現是他「生涯中最驚人的結果」，那就是警察槍擊事件並未受種族偏見影響，但在非致命的暴力使用，例如觸摸、上手銬、推人和噴胡椒等行為中，種族偏見卻十分明顯。佛萊爾引用這些資料，描述了更廣闊的視野：始於負面的警察互動而發展為腐敗的世界。他告訴《紐約時報》說：「如果警察可以粗暴待你而不受懲處，那麼我們就很難相信世界可以任你翱翔。當我與少數族裔的青年交談時，幾乎每個人都提到他們所遭受低程度的暴力是他們認為世界腐敗的原因。」[17]

這些觀察專注在少數群體上，但對警察權威的冷嘲熱諷非常普遍，因為社會大眾對牽扯到警察的爭議十分關注。警察槍擊或其他暴力行為的影片經常在網上瘋傳，成了對警察失望者的避雷針。每一次社交媒體分享警察的不當行為，都讓民眾把警察視為政府道德敗壞的反映，這會使我們所有的人都受害。

嚮往的能力

Chapter 4

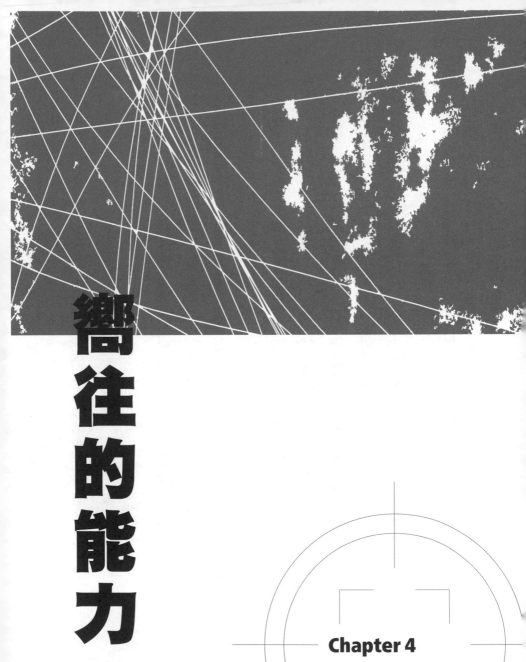

原本應該引導我走上正途的組織機構並沒有掌握我的希望和夢想。當時我迫切想要尋覓另一種生活方式，本來應該花在做作業和準備考試的每一個小時，都被我用來尋找出路——從我出生就開始操弄我的體制中。

安省規定高中生必須參加全省英文讀寫能力測驗，通過測驗才能畢業。我十年級時參加這個考試卻不及格，被視作「文盲」，這一刻最能代表我小時候感受到的排斥。這樣的測試結果反映出我對課業多麼不在乎，對課堂上發生的一切多麼漠不關心。但我確實在乎因為自己無法讀寫而在同伴中成為異類，這教我非常痛苦。英語是我所知唯一的語言，但被告知我無法以我用於思考、夢想、希望和祈禱的語言讀寫，我覺得自己就像垃圾。

第二年我得再次參加考試；我打算輟學，以避免暴露自己是文盲的尷尬，但媽媽噙著淚水懇求我讀完高中，我不忍拒絕她。我向她保證我會拿到文憑，希望最後能找到上不上學都沒關係的地方。不幸的是，我非得通過全省英文會考才能畢業。第二次參加考試，我終於過關了，而且可以明明白白看得懂信上的說明，證明我不是文盲。但被扣上文盲帽子的痛苦感受卻一直揮之不去。

為了回應被學校拒絕的感覺，所以我拒絕了周遭的世界。我放棄了學習，也不指望有平靜的家庭生活，或者希冀能歸屬自己的國家。我的道德羅盤受到反社會影響的歪曲，認同我的國家所指責的年輕人：黑幫、罪犯、歹徒，和不法之徒。他們像我一樣被社會排斥，我們屬於同一個部族。

我記得第一次在本地的「打擊犯罪」（Crime Stoppers）新聞稿中看到朋友盧卡斯的名字，讓我意識到自己偏離主流價值觀有多遠。那是二〇〇七年，我十九歲，盧卡斯比我年長幾歲。新聞稿呼籲證人和其他受害者挺身而出。文中對盧卡斯的描述十分刺眼。我記得「暴力」和「危險」之類的用詞，讓我很在意我的朋友被描述成像動物一樣，呈現在世人眼前。

盧卡斯惹上司法系統，並不是新問題。我認識他已經四年了，在這段期間，他已因打架或其他麻煩而進出了監獄幾次。盧卡斯和我一樣，在多倫多地區長大。他的父母是西非人，但他和我都沉浸在好萊塢黑幫的次文化中。我認為他是我認識的人中最實在的傢伙，因為他過的生活正是我聆聽饒舌音樂或看黑幫電影時所幻想的生活。我想他是自由的，因為他做他想做的事，而且似乎並不在乎後果。

我景仰他，從不覺得他有做錯什麼。盧卡斯的家人和女友在他惹事生非時常常生他的氣，但我卻認為他是忠實的朋友，在我需要有地方住時，他總讓我待著，在我需要一點錢時，他也會給我。他對我和他身邊許多其他的人都親切關心。盧卡斯也很努力工作，不肯接受任何人的施捨，即使取得他並不需要的福利金非常容易，他也並不這麼做。「打擊犯罪」的新聞稿是我第一次明白非我族類是怎麼看他的。

我是在進高中前的那個夏天認識盧卡斯的。他曾和我父親一起在多倫多市區的一家餐館工作了短短的一段時間，我父親介紹我們認識，但我覺得他似乎試圖把我丟給盧卡斯，好在他缺席時，能有人照看我。我們之間的年齡差異意味著盧卡斯更像哥哥，而不只是朋友。在整段高中期間，我經常搭地鐵去多倫多東區或鬧區找他，他會把他生活中發生的故事告訴我：打鬥、交女友、賺錢、什麼都不怕。腦袋裡裝滿嘻哈文化的我喜歡聽這些有趣的故事。

去伊東中心（Eaton Centre）的一次經歷讓我深信盧卡斯是我所認識最酷的人。當時我十五或十六歲，我們和平常一樣，搭地鐵去這個購物中心。那天盧卡斯手上有一大筆現金，可以買到這商場裡所有的東西。他打扮得像ＮＢＡ球員艾倫．艾佛森（Allen Iverson）——大兩號的衣服，棒球帽底下是嘻哈歌手常用的包頭頭巾（do-rag）。他向購物中心裡最漂亮的女人走去，直接了當向她們要電話號碼，滿懷信心。後來有兩個體型比我們大得多的傢伙突然出現在我們面前，彷彿在暗示我們是在他們的地盤上。〔伊東中心經常發生這種事件，包括二〇〇五年節禮日（Boxing Day，耶誕節後一天）的致命槍擊案件，部分原因是伊東中心位於當時幫派活動地點亞歷山卓公園和攝政公園之間。」盧卡斯當下就轉身咄咄逼人地問：「你們有問題嗎？」他提議當場就和他們倆打一架，對方邊喊邊退，一邊表現出強硬的姿態，一邊又拒絕盧卡斯對打的提議。

在「打擊犯罪」對盧卡斯發出警報的前幾年，我的生活開始發生變化，這就是這則新聞稿為什麼教我不安的原因。兩年前，在十一年級即將結束時，我開始思索高中畢業後的問題。急迫感淹沒了我，我下定決心要展開我長期以來幻想的犯罪生活方式。我擔心如果我畢業時沒有計畫支持我所誇的海口和崇高的目標，就會被人拆穿。買槍似乎是向我的朋友展示我多年來所下定的決心的好辦法。也許那會激使他們感受到與我一樣的緊迫感。

我去找一位密友，請他幫我弄把槍。幾天後他回覆我他可以拿到槍，並且報價給我，他告訴我，我一定要很確定，因為他的朋友得費很大的勁才能弄到它。我告訴他，我確定後給他消息。那天放學回家後，我哭了。

我不確定自己為什麼要哭（儘管在那些日子裡我很常哭），但是我很害怕，我知道我將要越過一條很難回頭的界線，我快要讓自己陷入擁有槍枝是常態的生活之中。這個決定將證明：先前警察對待我和像我這樣的人的方式是合理的，這也會違背母親對我的信任，可能使她完全喪失對我的信心，而她是我一生中唯一美好的事物。

那位朋友和我的交談中不再提到槍的事，我想他忘記了，也許他根本就不是真的想幫我去弄槍，也或許他知道我要越過那條線會是多麼糟糕的決定，因此我不提這件事，反倒教他鬆了一口氣。

在那時，我突然不再與他和大多數的朋友說話。我不能面對他們，因為我覺得自己揭露了虛假的面目，光會吹牛。我也不再明白該如何面對自己——我是一個沒有目標的人。

學校是我唯一剩下的東西，所以我頭一次把精力投入課堂上。要如期畢業，我白天晚上都得上課才行。我還兼差當洗碗工。雖然兼顧這一切很困難，但是我做到了，而且我計畫次年上社區學院，修習給想要進大學但成績不夠，或者缺少必修學分學生的過渡課程。

那一年我唯一還保持聯繫的人是盧卡斯。他沒有評判我，反而鼓勵我完成學業。我認為他真心希望我過積極的生活，其中也包括職業。在社區學院的那一年裡，我們談了很多，後來我轉進大學攻讀學士學位時，我們也常談話。那段時間我甚至常常待在他的公寓裡。

大一快結束時，我正準備期末考，盧卡斯從監獄打電話給我，告訴我他面臨嚴重的罪名。起先我並沒有覺得這種情況和他先前入獄有什麼不同。但接著我看到了「打擊犯罪」新聞稿。

盧卡斯在監獄中待了大約六週，最後他的罪名被撤銷了。他在獄中每週幾次打電話給我，在我想勸他改變生活，像我一樣上學，或者至少找一份穩定的工作時，我們的對話就變得有點緊張。在我看來，我是回報當我需要時他給我的鼓勵，但在他看來，我卻不了解狀況。他深信有人想要他好看，檢察官、證人、警察和法官都想要和他過不去，入獄不是他的錯。我忍住想說的話，不與他爭辯，但我想如果我要幫他，那麼在他出獄後，我非說些逆耳忠言不可。

盧卡斯獲釋時，我毫不保留地勸他。每一次我告訴他，他得為自己的處境想想自己該負的責任，他就越來越生氣。他威脅我，指責我相信政府對他的謊言，不停地咒罵。我們毫不保留地說出心裡的話之後，無法挽回。此後我們再也沒有說過話。

盧卡斯不喜歡人家告訴他該怎麼做，也不喜歡別人以權威的方式與他交談，我原本就不指望他能接受我的忠言。但我認為他會有這樣的反應是因為他看出我的道德羅盤已經改變了。我不再迷戀我們從小就仰慕的好萊塢黑幫次文化，我逃過了狄奧尼索斯陷阱。他覺得自己受到審判，被人出賣，好像我是站在法律那一邊，而不支持他。

在我們大吵——也是盧卡斯最後一次與我對話之後，我努力想要明白為什麼我的人生得以改善，而他的人生卻沒有改變。我想了解為什麼我會做出我現在的選擇，而盧卡斯為什麼會做出不同的選擇。我並沒有多少工具可以協助我思考這個問題，但是在我大一時，卻發現了一個使世界改變的想法：嚮往的能力。

正如紐約大學人類學者阿君．阿帕度萊（Arjun Appadurai）所說，嚮往的能力是導航並與周圍世界互動的能力。[1]有些人——通常是擁有較多可用資源的人，擁有更高的嚮往能力，因為他們擁有實現目標所需的知識和經驗，因此他們更有理由對自己成功的機會感到樂觀。其他人——通常是資源較少的人，擁有的知識和經驗較少，因此對自己成功的機會感到樂觀的理由也較少。

阿帕度萊在描述嚮往的能力時，用了「一廂情願」（wishful thinking）和「深思熟慮」（thoughtful thinking）兩個用語。如果你想要更美好的生活，但不知道該如何計畫時，就是一廂情願，你所有的一切就只是願望而已。但如果你知道需要採取哪些特定的、可以實現的步驟以獲得你所尋覓的美好生活時，你就是深思熟慮的期望者。

我心裡一直有嚮往的能力這個概念，因為它讓我更了解盧卡斯的人生。盧卡斯迫切希望受到女性的欽佩和男性的尊重。他認為這表示他必須要富有和強硬，或至少要有這樣的外表。但要實現這種生活，他面前幾乎沒有多少路徑。他是中輟生，就業機會有限，也幾乎沒有正面的榜樣。最簡單的方法是犯些小罪。幸運的是，他面前並沒有許多更沉淪的路——比如他周遭並沒有複雜的街頭幫派，否則他們很可能在他年輕時招募他加入；但不幸的是，他面前也沒有太多較不具破壞性的道路。他對如何開創生涯並掌握賺錢所需的技能，並沒有明確的認識。沒有人教他如何擺脫偷雞摸狗的輕罪生活，循規蹈矩獲得受人欽佩和尊重的人生。

認清我不是黑幫分子的料，這個事實讓我有機會轉往新的方向，把時間花在我可以獲得的道路上：專上教育。我的嚮往能力不斷成長，終於能夠改變自己的人生，朝向更積極的不同方向。我從「一廂情願」過渡到「深思熟慮」（thoughtful thinking），因為我在學習世界運作的方式。學校和工作是每一天都變得更清晰的實在選擇。

歐巴馬呼應了這種尋覓年輕人可走道路的想法。在《我父親的夢想》（*Dreams from My Father*）的序言中，他寫道：「我知道，我已經看到，沒有力量者的絕望和混亂：它如何扭曲雅加達或奈洛比街頭兒童的生活，就如它扭曲芝加哥南區兒童的生活，在屈辱和不受束縛的憤怒之間，道路多麼狹窄，他們多麼容易陷入暴力和絕望。」[2]他所指的狹窄道路是另一種思考「嚮往的能力」的方式。你的能力越受限制，你就越容易「失足滑入」並陷身毀滅之路。

批評歐巴馬總統的人指責他把年輕人所造成的破壞歸咎於貧窮，並淡化了道德的重要性。以批判歐巴馬出名的保守派政治評論家班．夏皮洛（Ben Shapiro）主張：「印尼的恐怖分子不僅僅是因為貧窮而憤怒，芝加哥的孩子也不是。貧窮與暴力無關。但是意識形態的貧窮和暴力確實有關。」[3]前胡佛研究所媒體研究員保羅．史裴瑞（Paul Sperry）也認為歐巴馬總統過度強調貧困，並對這個觀點提出了質疑，他點出惡名昭彰的英國籍伊斯蘭國「聖戰約翰」（Jihadi John，即穆罕默德．埃姆瓦齊 Mohammed Emwazi）並不符合大多數人對窮人的印象。聖戰約翰前往敘利亞加入ＩＳＩＳ，但史裴瑞說，他「在倫敦的中產階級家庭長大」，「並不貧窮」，而且「獲得西敏大學的電腦程式設計學位。」[4]

夏皮洛和史裴瑞正確地指出了只靠單一原因來解釋年輕人為什麼轉向暴力和犯罪的局限——如果那是歐巴馬總統的用意。但如果我們想想人的選擇是由多種因素所決定，而貧困只是其中的一個原因，那麼我認為歐巴馬總統的建議，讓我們研究年輕人面前的道路，就有其道理。這些路徑與指導年輕人行為的道德觀念密不可分。

心理學家克拉克・麥考利（Clark McCauley）和蘇菲亞・莫斯卡蘭柯（Sophia Moskalenko）在政治激進化和暴力的研究中，探索年輕人面前的道路與他們的道德羅盤如何發展之間的關聯。麥考利和莫斯卡蘭柯指出，在同儕中「追求地位」（即追求尊重和讚賞）是人們轉向暴力的主要動機。年輕男子尤其容易受到這種思維方式的影響，因為睪丸酮素的量似乎是「追求地位的重要動機」。[5]這兩位學者指出，如果年輕男性可以藉由主流方式（例如上學或工作）獲得地位，他就不太可能轉向暴力。但相對的，如果年輕男性不能藉由主流的方法獲得地位，就更可能以暴力或其他負面行為尋求這種地位。當然，所謂的地位因個人和社群而有不同。讓你周圍的人尊重和欽佩的因素，有助於確定你可能追求的特定身分以及做法。

盧卡斯與主流社會的聯繫大多限於兼職工作和刑事司法系統。在我們保持友誼的大部分時間裡，我與主流社會的聯繫主要是我所痛恨的學校制度。我們共同的疏離感使我們很容易摒棄我們國家法律中所主張的道德，而傾向不同的道德領域。但在我開始藉由學校與主流社會建立聯繫時，我已開始更依附我的國家，雖然這是一個漫長過程的初期。我的道德開始改變，而盧卡斯則沒有變化。我們的友誼無法克服這樣的差異。

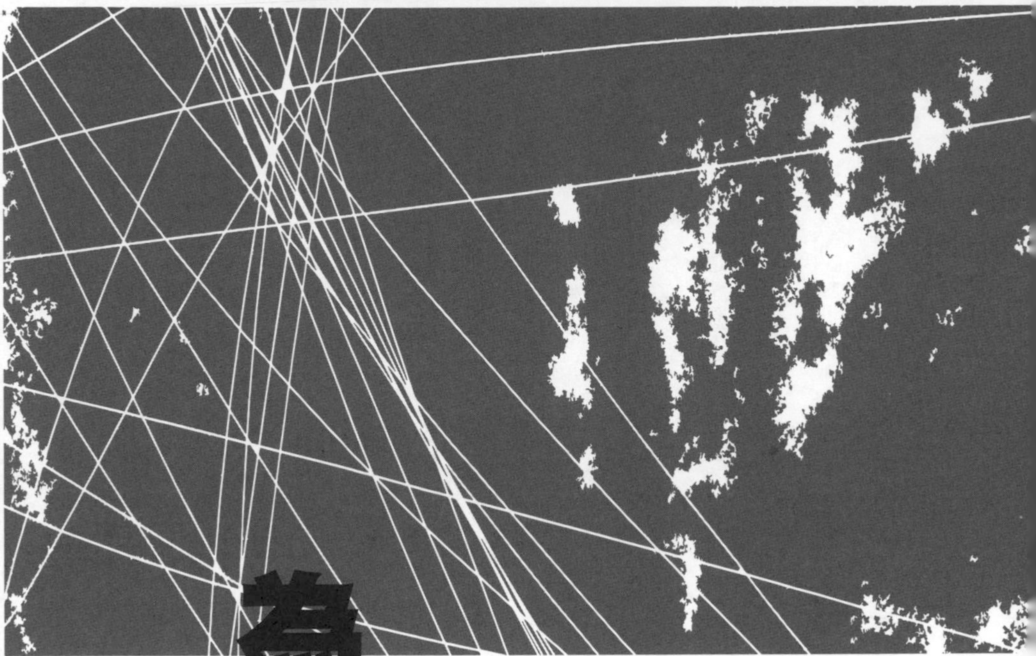

為未來競爭

第一部分

Chapter 5

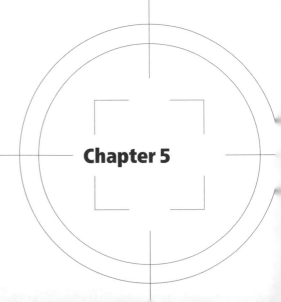

二〇〇五年，我在社區學院時首次應邀參加了一場文明衝突（clash of civilizations）。

哈佛大學國際及區域研究學院前任主席山繆・杭廷頓（Samuel P. Huntington）推廣了「文明衝突」一詞，形容他認為現代世界衝突的主要形式。杭廷頓在一九九三年預言：「人類的巨大分歧及衝突的主要來源將出於文化。人們具有不同的認同層次：一個羅馬居民可能會以不同的強度來定義自己是羅馬人、義大利人、天主教徒、基督徒、歐洲人、西方人。他所屬的文明是他強烈認同最廣泛的認同層次。」[1]

杭廷頓用幾個主要衝突證明他的理論，西方世界與伊斯蘭的對抗就是其中之一。他把這個衝突歸因於穆斯林國家政治伊斯蘭（也稱為伊斯蘭主義）的增長。正如《經濟學人》（*Economist*）所定義的，政治伊斯蘭包含「宗教與政治的混合，隱含解釋及施加上帝旨意的權利。」[2]歸入此類的運動通常都宣揚反西方的情緒，因為西方國家的影響與政治運動競爭，這些運動想要把伊斯蘭法律〔稱為伊斯蘭教法（Sharia）〕施加在公眾生活上，或者消除宗教與國家當局之間的隔閡。

在歐洲和北美，對這種文明衝突的信念激發了大量的行動主義。反對穆斯林移民的團體藉由鼓勵人們看到西方和伊斯蘭教在他們自己的國境內發生衝突來推動他們的議程。而宣揚反西方情緒的團體則主張伊斯蘭教的權威，並向自覺不屬於自己國家的西方人提供他們可以認同的另一種文明作為取代。倫敦戰略對話研究所（Institute for Strategic Dialogue）的阿瑪納特．阿瑪拉辛格（Amarnath Amarasingam）和雅各．戴維（Jacob Davey）都認為，雙方的極端分子彼此壯膽。「這些運動的意識形態是共生的，雙方都操弄對方的恐懼以剪裁他們的訊息，用以吸引新的受眾。如果放任不管，相互競爭的憤慨和迫害的敘述可能會導致一連串的激進動作或過程，使雙方的極端分子為對方的增長提供動力。」[3]

我在社區大學的第一個朋友布蘭登就置身這種衝突中。他是加勒比裔加拿大人，比我大四、五歲。在我們這個過渡年計畫中僅有三個黑人，我們就是其中兩個，我們總感到自己和其他人格格不入，所以覺得彼此很投緣。我們還在二十世紀的種族政治中找到共同的興趣。布蘭登是我在現實生活中頭一個可以談我在網上讀到想法的人。他能引用杜波伊斯，並且對馬丁．路德．金恩（Martin Luther King Jr.）的了解不僅僅是他有一個夢想，終於能和這樣的人共處，教我感到十分有趣。

布蘭登不僅在思想上對種族政治感興趣。對他來說，閱讀有關黑人民族主義和美國民權運動，是化解自己像局外人這種感覺的方式。為了抵消對黑人的負面刻板印象和歧視（他經常思索這些事情），布蘭登想要尋覓積極而有力的黑人身分。他為自己嚮往的能力有所限制感到沮喪。好萊塢黑幫或罪犯在他面前提供的道路，對他來說就像警察對待他的方式一樣令人反感。

布蘭登和我發現我們在麥爾坎．X（Malcolm X）身上找到了共同的啟發。我們倆都剛讀完《麥爾坎．X自傳》，發現這是個改變人生的故事，講述了一個人由社會底層到頂端，他的動機不是金錢，而是他對他所屬社群的熱愛。麥爾坎是我們在自己的社群中所看到的問題的象徵，也是改變的象徵。

麥爾坎於一九三〇年代在密西根成長，當時種族主義在整個美國社會都十分普遍。他年輕時嚮往的能力受到限制，甚至連他的老師都勸他不要想像自己未來能擔任律師或類似的職業。麥爾坎在人生的路上也犯過輕罪。他八年級輟學後，為了融入朋友圈，結果因入室盜竊而被判入獄六年。他在獄中從伊斯蘭教找到了救贖之路，但他信仰的並非傳統的伊斯蘭教派，他是受到「伊斯蘭國度」（Nations of Islam，NOI）的吸引，這個組織融合了伊斯蘭的信仰和二十世紀黑人民族主義政治。NOI是由華萊士．法德．穆罕默德（Wallace Fard Muhammad）於一九三〇年在密西根州底特律成立，據說穆罕默德是從沙烏地阿拉伯前往美國向美國黑人揭示伊斯蘭教。麥爾坎加入時，ＮＯＩ的領導人是伊萊賈・穆罕默德（Elijah Muhammad）。

麥爾坎的經歷是來自他在獄中對閱讀的熱愛，和他獲釋後對學習的投入所推動。對布蘭登和我這種努力想有所作為的社區學院年輕學生來說，麥爾坎的歷程證明了教育的價值，也為我們樹立榜樣，教我們如何用我們的教育，來為我們自己的社群發聲。布蘭登和我都缺乏追求高等教育的角色模範，因此當我們在學習生涯中遇到逆境，或者因為我們在課業上花時間而與我們的社交圈脫節時，麥爾坎的例子就能鼓舞我們。

布蘭登想要仿效麥爾坎，因此他跟隨他的例子加入了ＮＯＩ，當時的ＮＯＩ由路易斯・法拉罕（Louis Farrakhan）領導，總部設於芝加哥。二〇〇七年，《紐約時報》估計這個組織有兩萬至五萬名成員，不過這個數字爭議很大。[4]

在我認識布蘭登之前，他已經在ＮＯＩ的多倫多清真寺參加了週五晚間的崇拜和學習團體一年多了。你可以知道他去清真寺的時間，因為在那個日子他會穿西裝打領結。就算在布蘭登不打算去清真寺的日子裡，他也總是隨身攜帶某本ＮＯＩ書，並想要與我分享他所學到的東西。我對ＮＯＩ的一些教義很熟悉，因為我對一個名為「百分之五國度」（Five

Percenters）的ＮＯＩ衍生組織很有興趣，不過ＮＯＩ本身並不是我的選項，因為我不喜歡他們的許多想法，而且我認為伊萊賈．穆罕默德和他的信眾鼓勵對麥爾坎的暴力行為，將可能造成他遭暗殺。不過布蘭登和我可以就他在清真寺學到的東西進行內容廣泛的有趣辯論。

布蘭登和我討論的一些ＮＯＩ理念是這個組織「穆斯林計畫」的基礎，「穆斯林計畫」由兩個各分成十點的清單組成：「穆斯林想要什麼」和「穆斯林相信什麼」。ＮＯＩ穆斯林希望美國黑人享有自由、正義與平等；一塊給美國黑人的獨立且分離的領土；由聯邦監獄釋放所有穆斯林；終結警察暴行；美國的就業平等；穆斯林美國人免稅；平等但隔離的學校；並禁止黑人和白人異族通婚。他們相信古蘭經是上帝的真理。聖經是真實的但受到了汙染；美國黑人可以改變自己的方式；審判日將在美國發生；隔離勝於融合；穆斯林不應該參加戰爭（這就是為什麼曾經參與ＮＯＩ的拳王穆罕默德．阿里（Muhammad Ali）在拒絕到越南服役後入獄）；婦女應得到保護和尊重；ＮＯＩ的創始人華萊士．法德．穆罕默德是穆斯林和基督徒都在等待的先知。

ＮＯＩ的主要特色是宣揚西方與伊斯蘭之間的衝突。ＮＯＩ希望這場衝突能導致美國因對美國黑人和穆斯林的罪行而死亡和毀滅。但是ＮＯＩ教義的例子很少與暴力犯罪直接相關。溫莎大學（University of Windsor）的政治學教授瑪莎・李（Martha F. Lee）在檢視暴力和宗教運動時，把NOI描述為「具有激進信仰體系的宗教運動為什麼以及如何不參與其教義相關暴力的個案研究」。她表示：「NOI史上最顯著的暴力行為——麥爾坎X遇刺，似乎與非常世俗而常見的政治嫉恨問題相關，或許是由政府人員所造成。」[5]確實，導致麥爾坎與NOI分離及他最後遭暗殺的行為之一，是他為殺害甘迺迪總統辯護——伊萊賈・穆罕默德認為這是不當的行為。

蒙特婁「激進化導致暴力預防中心」（The Centre for the Prevention of Radicalization Leading to Violence，CPRLV）已開發了一些有用的工具，區分激進和導致暴力的激進。CPRLV指出，被激進團體灌輸了毀滅思想的人與這些團體有不同的互動方式：自我犧牲、參與和積極支持。在這個範圍內，參與和積極支持激進組織未必會導致暴力行為。[6]

布蘭登和我一起上了幾週的課後，我們十分熟稔，他邀請我赴清真寺參加週五晚上的禮拜。起先我很猶豫，但我認為這是我們之間相互信任的象徵，也表示他樂於和我分享這個世界，我想支持我的朋友。邀請某人進入這樣一個激進的世界是重要的一步，因為信徒常會遭到嘲笑和輕視，即使是來自他們所信任的人。就布蘭登而言，他的基督徒家人和朋友對他改宗皈依伊斯蘭教感到不滿，而他所認識不屬於ＮＯＩ的穆斯林則稱他為假貨，因為他不屬於傳統伊斯蘭教派。我決定去參加禮拜。在我們一起上學的這一年中，我和他一起去ＮＯＩ清真寺約十到二十次。

多倫多的清真寺位於西聖克萊爾（St. Clair West）地鐵站以西一個住商混合建築的二樓。這個地區靠近小牙買加社區，當時常發生暴力犯罪和相關的惡名，也靠近多倫多市最繁華的地區。清真寺的隔壁是一間星巴克，顧客層截然不同，因此由這裡走到那裡，會有十分醒目的視覺印象。

清真寺所在的建築雖陳舊，但照顧得很好。樓梯的頂部是一個接待區，一旁是個書庫，放的是由ＮＯＩ編寫或認可的書籍。主要會議區有個略微高起的舞台，上面有個講台。舞台一側是電視螢光幕，用來播放法拉罕等人在ＮＯＩ芝加哥全美辦事處的電視轉播。牆上則掛著ＮＯＩ前兩位領導人伊萊賈．穆罕默德和華萊士．法德．穆罕默德的照片，十分醒目。

多倫多清真寺是由傑瑞米兄弟領導，他原是音樂家，出身跨種族的家庭。我認識他時，他大約二十多歲或三十出頭。傑瑞米兄弟的年紀是多倫多ＮＯＩ社群的象徵，這個社群主要是由來自加勒比海和非洲等各族裔背景的年輕人組成。清真寺裡偶爾也有婦女，但通常我只看到男性。男士總是穿西裝打領結，而女士則穿裙子，包著頭巾。每次去那裡，我都會看到由十五至二十個常規成員構成的核心小組，另外也有不定期參加的人，和通常由朋友或家人邀請來的新人。

週五晚上的禮拜是清真寺向公眾開放的唯一活動（所以這是我唯一目睹的NOI活動），在大部分這樣的禮拜中，傑瑞米兄弟會依照NOI誇張的傳統慷慨激昂地布道。有時他不布道，而是播放法拉罕演講的影片。傑瑞米兄弟鼓勵室內的人捐款，就像其他宗教崇拜儀式中常見的情況一樣。他還鼓勵我們購買NOI書籍、DVD和報紙。清真寺會員甚至販賣按照NOI飲食規定製作的豆派和湯。

與我在其他宗教團體中所聽的演講和對話相比，NOI清真寺的講座和對話比較不那麼著重神學或教條。傑瑞米兄弟雖然會提到《古蘭經》和《聖經》，但經文並不是他的重點。他提供的另一個核心訊息在我周圍的大多數年輕男性聽眾中引起了深刻的共鳴：我們周遭的這個世界不是為你而造。你不屬於這裡。

像法拉罕一樣，傑瑞米兄弟把黑人社群裡每一個不平等的現象都歸因於西方社會固有的腐敗，NOI常稱之為「白人的」或「魔鬼的」文明。NOI的教義認定，西方世界的核心是反對黑人和穆斯林的。遺憾的是，傑瑞米兄弟從不缺乏用來印證這種說法的新聞故事，因為黑人社區受到許多不平等現象的困擾，由受監禁的比例到警察的暴行到輟學率到貧困。他使用這些數據來論證北美和歐洲永遠不會接受少數民族社群，在這些地區建立家園的努力不但幼稚，而且註定會失敗。即使傑瑞米兄弟提到進步的跡象，例如美國民權運動或成功的黑人商業領袖，他也會把他們形容成腐敗的文明試圖欺騙我們，讓我們以為有平等機會的佐證。

在拜訪清真寺期間，我可以看出這個故事對出席年輕人的影響。他們周遭的腐敗世界成了他們個人不滿的一種解釋。如果你有不公的經歷，這是因為整個社會的錯。如果你對你的學校或工作不滿意，這是因為你本來就不會成功。如果你沒有女朋友，那是因為你遇到的女人都受到制約，覺得錯誤的對象才具有吸引力。許多年輕人經歷的經驗——身分認同混淆、缺乏個人和專業指導、格格不入的感覺，都和NOI所認為西方文明的弊端息息相關。

在這種世界觀中，幾乎沒有個人動力的餘地。個人做錯的一切都是因為西方國家的過錯。傑瑞米兄弟把他在黑人社群中看到的問題——如貧民區的暴力、好萊塢黑幫次文化或沒有父親的家庭，都歸因於偏離了真正穆斯林本質並失去「自我知識」的人們。當黑人做錯事時，他會說這是因為西方文明藉由種族主義、奴隸制度和殖民主義，把黑人變成有缺陷或受破壞的人之故。

實際上，在我看來，對於包括布蘭登在內的許多NOI清真寺信徒而言，與西方對抗比了解伊斯蘭教更為重要。在多倫多清真寺的運作中，伊斯蘭教僅占次要的地位。傑瑞米兄弟講的是聖經，而不是古蘭經，他聲稱這是北美黑人所熟悉的經典。即使在布蘭登投入NOI更深之後，他似乎對傳統的穆斯林權威和學者還是不熟稔。在與我的對話中，他對伊斯蘭教的大多數教派都嗤之以鼻，認為它們受西方的影響所破壞。然而他和NOI都需要伊斯蘭教作為政治身分。如果沒有這種聯繫，他們就只是較小運動的一部分，推動被大多數黑人所拒斥的一種黑人民族主義。而藉由與伊斯蘭教的聯繫，他們與全世界十億多人建立了連結，其中也包括與美國外交政策背道而馳的國家。布蘭登雖不認同新聞報導中對西方的一切攻擊，但他經常提到擁護反西方情緒的人，稱他們是反帝國主義的盟友。

NOI讓走進它大門的年輕人在史詩般的好萊塢式文明衝突中扮演一個角色。布蘭登的角色是為黑人穆斯林建立國家，在沒有實際領土的情況下，這會是個具有實質意義的意識形態國家，例如有可供崇拜的清真寺，和可用來講道的街角。他在人來人往的行人專區販售ＮＯＩ的報紙《最後召喚》（*Final Call*），為這個國家籌募資金。他還更改了自己的名字，作為效忠誓言的一部分。布蘭登正式要求要更換姓氏，並獲法拉罕同意獲得了Ｘ，改掉了他稱之為「奴隸姓氏」的姓。他也把自己的名字由布蘭登改為謝里夫（Sharif），這是法拉罕為他取的穆斯林名字。改名為謝里夫Ｘ後，布蘭登每週上清真寺三至四次，甚至還參加了ＮＯＩ安全組織「伊斯蘭之果」（Fruit of Islam）的戰鬥訓練。「伊斯蘭之果」負責保護ＮＯＩ的領導者和其他人。布蘭登很渴望接受這種戰鬥訓練，因為身為西方年輕人的他認為他住在野獸的腹部，必須捍衛ＮＯＩ及其社群，免受潛在敵人的攻擊。

布蘭登經常建議我閱讀他的ＮＯＩ資料，但通常我都會拒絕，因為我就是不感興趣。然而他最喜歡的書《伊萊賈・穆罕默德給美國黑人的訊息》（*Message to the Blackman in America*）卻引起了我的注意。這本書於一九六五年出版，正是麥爾坎Ｘ遇刺的那一年，書中綜述了ＮＯＩ關於種族、歷史、政治、經濟、宗教和預言的一些觀點。顧名思義，這本書要把這些想法傳達給黑人，教導他們是誰，以及他們應該渴望成為什麼樣的人。序言指出，這本書會為黑人「在我們追求至高無上智慧的道路上，提供足夠的光，讓我們不致於跌跌撞撞和摔倒。」[7]這個光就是「真主的智慧」，也就是成員提到ＮＯＩ教義的方式。我以為

《訊息》一書或許能回答我對於男子氣概的一些問題，畢竟，它似乎對布蘭登很有幫助。我問他可不可以借來看，他答應了。

幾週後，我讀完這本書，準備要還給布蘭登時，卻發現它不見了。原本和它放在一起所有的學校文件都還在廚房的桌上，但就是找不到這本書。這塊地方似乎最近才打掃過，所以我問媽媽有沒有看到，她雖然說沒有，但卻結結巴巴，眼睛也望著別處。我問她是否確定。她吞吞吐吐地說確定，卻再次移開視線。

我們倆都知道她已經把它拿走了，因為她不希望我讀它。不過，其實我們倆都不想談這本書。我不想向她解釋為什麼我會有這本書，或為什麼我會去NOI清真寺。媽媽不想解釋她為什麼把它拿走了。身為白人的她由兒子那裡取走寫給黑人的書時，可能會覺得不自在。所以我不再提這件事，而給了布蘭登二十元，作為賠償。

從那天起，我常常會疑惑究竟媽媽在書裡看到了什麼，使她不想讓我讀它。或許是因為穆罕默德的科幻小說理論，認為白人是由一個邪惡的科學家在一座島上創造出來的。或許她只是不喜歡這本書對基督教的批評，以及它聲稱伊斯蘭教是黑人唯一的真正宗教——我敢確定它冒犯了身為新教徒的她。

我希望我當時能告訴她：我有這本書，是因為我的人生迫切需要一些指引，需要知道我該是什麼樣的人。這和我整天聽 Jay-Z，泡在網際網路上，以及尋找年紀比我大的朋友是相同的原因。所有吸引我的想法都是有可能填補我人生空缺的想法。學校並沒有填補這些空缺，除了健教課的基礎性教育之外，我連一次談論男性氣質的機會都沒有。

我離加入NOI還遠得很，所以我媽媽不必為此擔心。她更擔心的應該是我在網上所閱讀的內容。布蘭登所屬的社群有實際的聚會場所，他在印行出版的書籍中尋找他問題的答案，而我自己卻在網路上，在提供陰謀論和NOI啟發文明衝突的虛擬社群中，獨自一人尋求答案。我希望在我的家庭、學校或家附近地區尋覓男性網絡，結果卻透過部落格、網站、留言板、AOL即時通（Instant Messenger）和MSN聊天室（Chat）找到。

起先我主要是上嘻哈網站，在這些網站上，人們會對饒舌歌手及其粉絲所來自的社區有深入的對話，對話者大多是男性。接著發生了紐約市九一一恐攻事件，讓我對政治越來越感興趣。蓋達組織恐怖分子攻擊世貿雙塔，它們倒塌時我才剛上高中還不到兩週。在九一一之前，我從未關心過政治，甚至從沒看過政壇人物的演講。但是那天我收看了CNN，了解究竟發生了什麼事，我還記得看過小布希（George W. Bush）總統的許多演講，以及賓・拉登

（Osama bin Laden）的個人資料。九一一也暫時改變了我定期觀看的節目，例如黑人娛樂電視台（BET）的音樂節目《106&Park》很快就變得非常嚴肅。人人都在談論發生了什麼事。

加拿大記者蜜雪兒・薛帕德（Michelle Shephard）把生於一九八〇年代後期至一九九〇年代後期之間，我這個年齡的人稱為「九一一世代」，因為那次恐襲對我們的成長產生了影響。薛帕德解釋說，這一個年齡層的人「成長時，世界觸手可及，使他們比前幾世代的人都更了解世界大事——即使只是表面上。」我們也在九一一的餘震中成長——穆斯林受到懷疑，言論自由和隱私受到威脅。[8]

遺憾的是，我受到網路上陰謀論的吸引。有的文章和報導提到小布希總統因第一次波灣戰爭而與薩達姆・海珊（Saddam Hussein）結下樑子，用栽贓的方式操縱社會大眾，以及沙烏地阿拉伯和以色列對美國外交政策的影響。我找到了世貿雙塔如何倒塌的影片，並且閱讀飛機撞擊是否可能導致建築物以這種方式倒塌的論點。小布希政府在伊拉克尋找大規模殺傷性武器的做法使陰謀論更加可信，因為這樣的錯誤導致了二〇〇三年美國入侵伊拉克。

我對陰謀論並不陌生：我聽的饒舌音樂充滿了陰謀論。嘻哈雙人組 Dead Prez 在《讓我們自由》（*Let's Get Free*）提到學校教給黑人兒童的所有「白人謊言」，而莫布．迪普（Mobb Deep）的成員 Prodigy 則堅持認為如光明會（the Illuminati）等祕密社團一直都在追捕他。饒舌歌手和歌迷都不斷質疑圖帕克（Tupac）如何及為何遇害的官方解釋。饒舌音樂和網際網路完美互補。你可以在一種媒體中聽說一個陰謀，而在另一種媒體中找到附和的說法。

到二〇〇四年，饒舌歌手積極地向聽眾推廣九一一陰謀論。那一年，來自紐約州揚克斯（Yonkers）的饒舌歌手賈達基斯（Jadakiss）演唱了一首熱門歌曲，名為「為什麼」。他在歌曲中質問為什麼小布希「撞倒」了世貿雙塔。一年後，「不朽技術」擷取賈達基斯的歌曲，作為他與莫斯．戴夫（Mos Def）合作單曲的合唱部分，其中大部分都在責怪小布希造成九一一事件，並宣稱賓．拉登是無辜的。

身陷訊息（information）和誤傳（misinformation）的漩渦中，我發現自己無法區分陰謀論與經過深入研究的準確報導，我就是沒有工具或能力審查訊息的真假，因此我相信任何能引起我共鳴的事物。我對這個世界生氣，因為它沒有給我我所需要的東西，使我的生活更美好，而且對於任何證實我的憤怒，並證明我周遭的這個世界充滿謊言的報導，我也信以為真。自然而然地，網路新聞媒體、饒舌音樂，和其他提供批評或另類觀點的媒體，在我看來都有可信之處。我認為挑戰當權者本來就是好事，這樣做的人似乎更值得信賴。

我在網路上的研究最後讓我找到了「百分之五國度」，又稱為「伊斯蘭的百分之五國度」（Five Percent Nation of Islam）和「神與地球之國」（Nation of Gods and Earths）。我是在嘻哈網站上因武當派（Wu-Tang Clan）、可憐的正義老師（Poor Righteous Teachers）和Nas等饒舌團體提到，而發現這個團體的。一九八〇和一九九〇年代的許多饒舌歌手都認同「百分之五國度」或提及他們的想法。我在二〇〇〇年代中期發現的虛擬社群是「百分之五國度」的小型網路，其中大多數是美國黑人男性，他們藉由分享新聞報導、饒舌歌曲，以及辯論對NOI教義的詮釋，來支持彼此的世界觀。每天放學後，我都會花幾個小時吸收陰謀論和關於西方文明邪惡的政治宣傳，這與我在閱讀九一一事件時所養成對西方政府和新聞媒體的譏誚嘲諷態度十分協調。

「百分之五國度」是NOI的衍生團體。一九六四年麥爾坎公開脫離NOI之後不久，幾名男性也離開哈林區的清真寺，創立了這個團體。他們分享了NOI大部分的教義，強調西方文明的腐敗本質，但這兩個團體之間有很大的差異。「百分之五國度」是無神論者，他們不認為自己是穆斯林，也不認為古蘭經或聖經是神聖的經典。他們發展為獨立的組織，因為他們把NOI的黑人民族主義思想帶到清真寺外，並迎合了哈林地下黑社會的年輕人，提供了好消化且讓青少年很容易吸收的NOI教義版本，不那麼著重規則和儀式。

「百分之五國度」這個名稱來自NOI的信念，即人口可以分為三類：八十五%是受十%菁英控制的人口，這十%菁英是富有的資產階級，他們控制社會大眾；剩下的五%是想要由那十%的人手中解放八十五%受控人口的「可憐的正義老師」。許多「百分之五國度」的成員認為菁英十%是由白人和西方文明的領袖構成，而那五%則包括NOI成員和其他了解西方文明腐敗性質真相的人。

「百分之五國度」希望透過思想和文化來建設一個國家，這個國家未必要有實際的土地和邊界。就像NOI一樣，「百分之五國度」並沒有鼓勵成員藉其想法而施暴的歷史，但和NOI不同的是，「百分之五國度」開放給所有想要了解其想法的人——如果想要加入，不必註冊，不必支付會員費，也不必要求法拉罕為你改名或出售報紙。成員資格只要求學習他們的教義，把它記起來，好教導別人。

「百分之五國度」虛擬社群對我很有吸引力，因為它提供了一個我可以交談和學習的人際網絡。反西方的煽動語言因為採用了紐約市的嘻哈俚語而緩和，讓「百分之五國度」提供了快速簡便的答案，解答我問自己的人生問題：你感覺人們在對你撒謊，因為他們正是如此；你周遭的世界不公平，因為它天生就腐敗；你可以藉由加入抵抗和擊敗西方菁英的運動擺脫這種邪惡。

認同這個運動更新了我的人生目標。我覺得自己置身在為人類未來而進行的權力鬥爭中，像我這樣的人，雖然有我所有的缺點和挫敗，卻能對誰贏或誰輸造成影響。

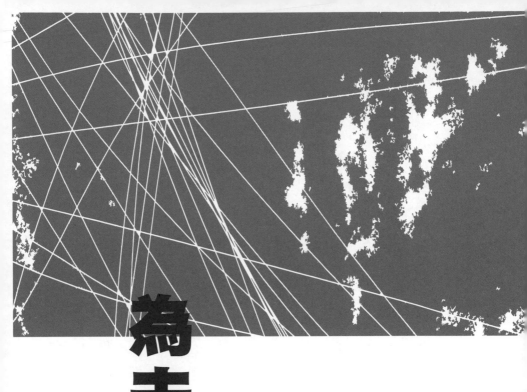

為未來競爭

第二部分

Chapter 6

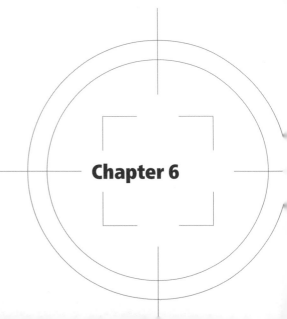

在開始讀社區學院時，布蘭登和我位於同一個立足點：我們都不確定自己適不適合學術環境。我們在學業上都有一些紀錄，讓我們懷疑自己作為學生的表現能力。但在讀完過渡的這一年時，我已經作好攻讀學士學位課程的準備，但他卻沒有。我們在截然不同的兩端結束那一年，不論是作為學生，還是作為人。也許我們最大的不同是，先前我僅透過音樂或網路探索一些想法，但如今學校已經成為我探索的新出路。這是我這輩子頭一次可以在學校學習和成長。但布蘭登卻從沒有同感，在他看來，NOI清真寺才是他學習和成長的地方。

布蘭登和我一起上一堂寫作技巧的課，主要涵蓋了我高中應學但未學（因為我沒有嘗試）的材料。在高中時，我們幾乎不能選擇我們可以寫的東西，但在社區學院，只要我們能夠證明我們了解在課堂上學到的寫作技巧，教授就讓我們選擇任何主題。我選了一個與我個人相關的主題：媒體對華盛頓特區狙擊手攻擊事件的報導。

二〇〇二年，約翰・艾倫・穆罕默德（John Allen Muhammad）和李・博伊德・馬爾沃（Lee Boyd Malvo）在華盛頓特區殺害十人，並造成三人受傷，造成舉世關注。新聞報導認為狙殺案和「伊斯蘭國度」之間有關係，因為狙擊手留下的訊息中含有受NOI影響的饒舌歌手發揚光大的俚語，而且穆罕默德在一九八〇年代曾是NOI成員。我喜歡寫這個題目，因為這和我閒暇時所思考的事有關，例如NOI清真寺的活動。但布蘭登卻對寫他喜歡讀和談的主題沒有興趣。我記得他在圖書館裡匆匆寫完，好如期交作業。他就是對學校活動沒興趣，而總是找機會到NOI清真寺去學習。

這個清真寺給了布蘭登一些學校沒有的東西——一處可以歸屬的地方。NOI知道如何處理他感受到自己充滿信心和積極向上的需要。我們的學校是專為尋求可就業技能的人而設計，讓他們可以找到工作，對學校而言，布蘭登只是一個付學費，希望改善生活的人。NOI清真寺的成員對待他，卻像他們需要他一樣——非他不可——因為他們確實如此。

布蘭登在清真寺與在學校是完全不同的人，我可以由他臉上的表情和行為中看出來。在清真寺，他很有信心，渴望提出問題，並願意結識新朋友。但在學校裡，他安靜而孤獨。布蘭登對閱讀NOI的資料，比對他課業上該讀的任何作業都興奮，他也更渴望投資在自己透過清真寺而建立的關係，而非與同學和教授的關係。

由社區學院畢業後，我不再和布蘭登去NOI清真寺。那時他對清真寺十分熱衷，我不知道他是否真的喜歡有我作陪。我們原先的辯論變成激烈的爭執，在我試圖指出NOI言論中的缺陷時，他會視為對他的人身攻擊。我們仍然每週大約見面一次，在他出來賣NOI的報紙之時。我們會談談學校和家庭的近況，但我會盡量避免提到NOI。

二〇〇七年，布蘭登邀我去參加NOI的年度慶典救世主日（Saviours' Day），那年是在NOI成立地點底特律舉行；NOI的成員認為這將是法拉罕最後一次發表救世主日演講，因為他的健康情況不佳。布蘭登說他希望我參加，因為這是他作為正式會員的第一個救世主日，他需要我支持。我答應了。

我們和一群NOI成員和支持者一起乘廂型車到底特律——全都是不到四十歲的黑人。在四個半小時的車程中，我大部分時間不是在睡覺，就是在解釋。其他人想知道為什麼我拒絕加入NOI，當我試圖表達我對該組織思想的諸多不同意見時，他們就會批評我，並提出更多的問題。我不想加入關於這個團體意識形態和我反對意見的辯論，但他們卻不斷地提出要求。我們的談話有時很不愉快，因為有些人認為我的評論是針對他們個人。

廂型車裡幾乎每一個人都曾經參加過基督教會，但所有的人都把教會視為他們眼中黑人和穆斯林應該拒絕的世界。NOI提供了逃離這個世界的機會，但同時也提供了相對和緩的著陸。你可以拒絕西方的腐敗，與十億以上的穆斯林以及世界各地許多穆斯林占多數的國家站在一起。他們不僅在歷史正確的一側，而且也並不孤單。

我們到達底特律時，我看到成千上萬穿著NOI服飾的男女：西裝、領結，或是長裙和頭巾。NOI似乎接管了整個城市。我們找到前往慶祝場地福特球場（Ford Field）的路，並且入座聆聽法拉罕演講，這更加強了我當天所說，為什麼成為穆斯林會吸引這批黑人民族主義者的許多論點。

法拉罕在演講中花了大量時間，把NOI定位為伊拉克海珊、伊朗艾哈邁迪內賈德（Mahmoud Ahmadinejad）、黎巴嫩納斯拉亞（Hassan Nasrallah）和委內瑞拉查維茲（Hugo Chávez）的盟友，因為他們有一個共同的敵人——美國。他還把海珊領導的伊拉克形容成因美國干預而遭破壞的美好地方。他說：「在伊拉克，什葉派和遜尼派在一起生活，基督教徒和猶太人在一起生活。在美國進入之前，你從沒聽說過關於恐怖主義的任何事情……但現在它卻正在發生。你不必去查看什葉派和遜尼派，而應該去查看進來的人。」接著法拉罕對美國的入侵提出了煽動的解釋，指出這是伊斯蘭和「所謂的猶太人和基督徒」之間的文明衝突。他指責猶太人和基督徒恐懼想要「伊斯蘭生活方式」的人。[1]

我周圍成千上萬的人為法拉罕所說的一切都熱烈鼓掌。整個場地就像底特律獅隊剛剛贏得超級盃一樣震動。法拉罕演說完畢後，大批打領結和繫頭巾的人離開球場回家。

如果我以為赴底特律來程很尷尬，那比起我回程要面對的根本是小巫見大巫。同車的旅伴在回程更堅信確實有文明的衝突，而他們站在正確的一邊。這回我連在車上睡覺都不行，因為眾口嘈雜，對法拉罕和他對黑人的憧憬讚不絕口。

布蘭登和我那天在底特律聽到的話可能改變了我們倆的人生。布蘭登立即加倍投入NOI，我在他的眼中看到一個獲得力量的男人，是我先前從未在他身上看到的。看來法拉罕直接對他說了話。

我認為法拉罕的言論並不道德，他的演講讓我明白，在你對世界的觀點是衝突導向時，你的看法會變得多麼不道德。他稱讚獨裁者、恐怖分子和極端分子，是因為僵化的世界觀要求西方是邪惡的，而其對手則是英雄。看到法拉罕在底特律與成千上萬的人分享這樣不道德的訊息，對我來說是一個警鐘。我告訴布蘭登我不能再參加他的NOI活動，即使只是為了支持朋友也不能。

我不得不在自己和法拉罕之類的人之間畫清界限，主要是因為我最近加入的大學社群積極的影響，以及我已經脫離先前曾經去尋找角色模範的「百分之五國度」虛擬社群。在赴底特律的前幾個月，我開始離線參加多倫多地區「百分之五國度」實體會議場所的會議。我參加第一次聚會，是因為我在網上找到多倫多附近一個「百分之五國度」成員的聯繫電話，致電之後，他邀我參加搭火車要兩小時車程的市外會議，我去了。共有十至十五名年輕男子，來自不同的種族和文化背景，包括加勒比海地區、白人、阿富汗人、菲律賓人、中國人和非洲人。他們全都處於學習NOI教義的不同階段。至少有一半的人都是多倫多嘻哈圈子的人，不是饒舌歌手，就是DJ。許多人穿戴有「百分之五國度」符號（稱為「通用旗誌」〔universal flag〕）或「武當派」標識的襯衫或飾品。

這些本地的「百分之五國度」成員都熱情地歡迎我，並告訴我他們每月例會的安排。他們提議讓我參與計畫，以了解他們的想法，或者如他們所說的「學習課程」。一連幾個月，我參加了六次這樣的會議，並與如密爾瓦基和紐約等其他城市的「百分之五國度」成員在網路上會面。我開始記誦他們部分的學說，他們也會給我小考。「誰是原本的人（the original man）？」是我要回答的第一個問題。在我答對之後，我們繼續到「誰是有色的人？」這個問題。

我們一直都沒有真正通過這第二個問題，因為我應該記住的答案把西方世界的白人社區描述為「魔鬼」和「地球上的討厭鬼」，我無法認為這是事實。在我表達異議時，他們嗤之以鼻地說我是「半個白人」，所以需要更多的時間來了解這些教訓。在我得知接受關於白人的某些觀點是必要的之後，我就無意再進一步了解他們的想法，所以我逐漸不再參加。「百分之五國度」社群中對這些問題的意見不一，但是我只遇到和法拉罕的觀點差不多的教條式需求，把一切都視為種族之間的衝突。

我好問的天性與NOI教義嚴格的限制互相矛盾。我試著對我在學校學到的東西保持開放的態度，而「百分之五國度」則試圖使所有的事物都符合衝突導向的世界觀：西方對抗反西方，黑人對抗白人，富人對抗窮人。在大學校園裡，我接觸到各種各樣的社群，使我很難如此單純地看待人生。這是兩年來我第二次確定我認為是朋友的一些人會認為我虛偽，是東施效顰。我無法融入「百分之五國度」存在網路之外的社群，而我也不再融入它在網路上的社群。

約克大學的安德里亞·戴維斯（Andrea Davis）教授幫助我過渡到大學生活，他建立了道德羅盤，協助我永遠離開NOI和「百分之五國度」。我修了戴維斯教授大一「反抗的文化」課程，內容是南北美洲的黑人歷史。課程的閱讀、討論和寫作作業都是針對「百分之五國度」及NOI成員所辯論的同一主題，包括破碎的家庭、警察的種族定性、不適當的學校、刑事司法系統不平等、無效的政治體系和貧窮。戴維斯教授經常挑戰我在課堂上提出的想法，鼓勵我在知性方面做更深入的探究。她創造了一個充滿啟發的環境，讓我能把大學生活與我在校外所生活的世界聯繫起來。我甚至可以把關於「百分之五國度」和NOI成員的文章用電郵發送給她，她也會把它們納入課堂上的討論。

戴維斯教授的支持是我在約克大學表現傑出，並且終能進入耶魯大學的重要原因。我學會如何真正關心課業，因為她幫助我在指定的閱讀材料中找到了角色典範。在她的指導下，我沉浸在杜波伊斯、牙買加政治家馬科斯．加維（Marcus Garvey）、布克．華盛頓（Booker T. Washington）、小馬丁．路德．金恩、麥爾坎．X、曼寧．馬拉波（Manning Marable）、佛朗茲．法農（Frantz Fanon），華特．羅德尼（Walter Rodney）及其他許多人的著作和演講中。最重要的是，戴維斯教授給我所需的技巧，使我能夠批判性地思考我可能想要遵循哪些榜樣，而不遵循哪些榜樣。

在這時，我生活中的各種影響不可避免地發生了碰撞，我達到了頓悟的時刻。

二〇〇七年，我在約克大學一年級快結束時，聽說位於多倫多市中心的安大略省議會有一場抗議活動，是由我不認識的團體組織的，要求安省停止在我成長時所住社區的附近建造新的「超級監獄」計畫。我認識的一些「百分之五國度」及NOI清真寺成員打算參加，我到市區與他們會合。有二、三十個人已經聚集在一起抗議，許多人舉著譴責種族主義的牌子，表示他們擔心這個「超級監獄」會導致更多黑人被監禁。

這次抗議活動部分是被加拿大政府意圖囚禁全體黑人的陰謀論所煽動，但也牽涉了良好的政策思考。就像大多數北美城市一樣，多倫多當時的犯罪率正在下降，這表示可以有更好的方式運用公共資源，例如改善學校和支持低收入家庭。此外，加拿大黑人受監禁的比例已經高得不成比例，因此如果計畫中的監獄真的修建，只要增加監禁的人，都可能會使更多的黑人入獄。

抗議活動的主辦單位正在分發標誌，也給了我一個。我不記得上面寫了什麼，但我確實記得自己不加思索就拿了起來。我對整體情況感到不安，精確地說，我感到抗議者所鼓勵的世界觀與我作為大學生所培養的新世界觀發生了衝突。參與這次抗議活動的人傳達的是讓我在念高中時很容易退出主流社會並自暴自棄的「我與世界對抗」訊息，關於我們國家如何腐敗、菁英如何主宰我們、權威人物的意圖是多麼險惡的這些言語使我回到了當年我在學校掙扎尋求動力之處。

抗議活動放大了我腦海中最糟糕的聲音——這些聲音曾經受到NOI和「百分之五國度」等團體的鼓勵，但也可以追溯到我小時候被吸引的好萊塢黑幫次文化。自從進入社區學院以來，我一直在與這些聲音抗爭，因為經過多年的悲觀和視自己為受害者之後，我正在改變我的路線。我得與自己必須放棄的一切渴望鬥爭。即使我得到優異的成績，卻還是差點輟學，因為我認為自己活在受操弄的制度裡，不會為我的努力提供任何幫助。如果沒有戴維斯教授和其他人，我恐怕已經退學。他們不遺餘力堅定地告訴我，如果我繼續前進，就會有美好的未來在等待。

由抗議活動回家後，我明白自己生活中的各種影響力正在為我的未來而競爭。我必須選擇正確的影響力，不過正確的影響力也必須選擇我。

我很幸運，在為我的未來所做的力量鬥爭中，教育獲得了勝利。這並非易事。有很多時候我本可以和我的朋友一起去伊斯蘭國度的清真寺，或和我在街上的朋友廝混。有時候我很想跟隨父親步入餐飲業而不要再上學，但是我對他的憤怒使我遠離了這條路。我在網路上遇到的激進分子也提供了一個歡迎我的社群，讓我加入傳統，但我對他們的想法感到不安。

上學賜予我機會，讓我能寫出以上所有的內容。對於曾因被標記為文盲而感到恥辱悲傷的孩子，筆和紙（或鍵盤和顯示器）開啟了新的表達世界。知道我寫的每一個字都協助我由我高中時自行挖掘的洞裡爬出來，也是一種療癒。最後，在信任我的導師和教授的幫助下，我有了新工具，能夠對抗我自己和其他的世界。

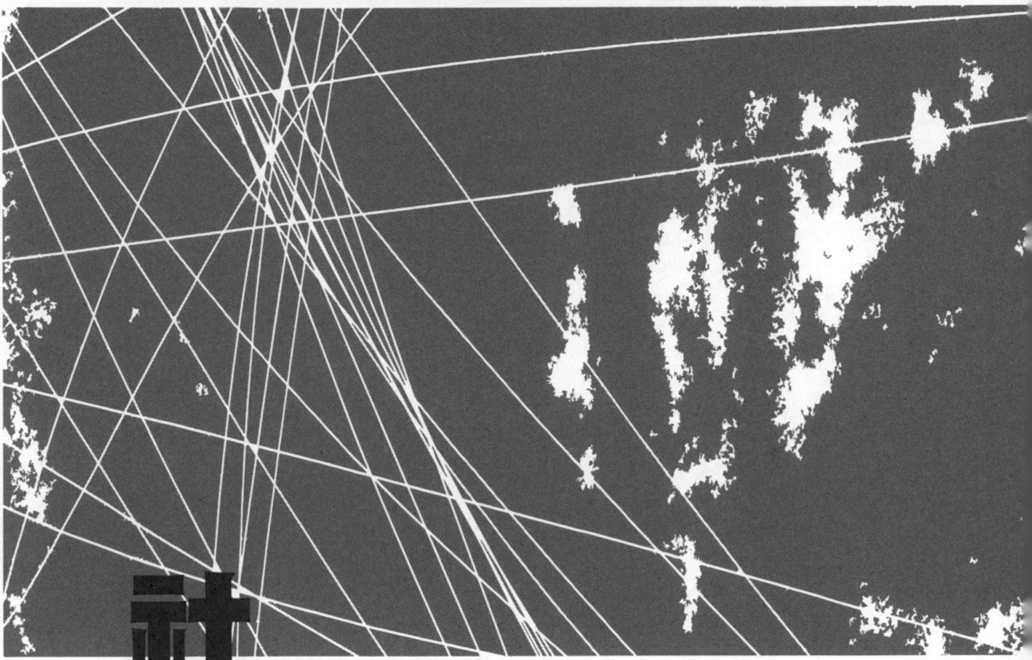

社會（不）流動

Chapter 7

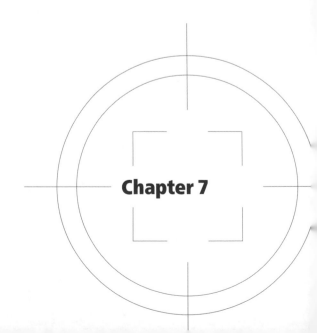

攻讀學士學位，感覺就像在黑暗中四處走動。我不太確定該怎麼做才能成功，所以盡可能尋求幫助，並且不斷地努力，希望找到出路。讀了兩年後，我在學業上的努力成了慣性，不再像以往那樣辛苦。我一邊在餐廳廚房和倉庫打工，一邊則在早上讀書，並抽出時間準備考試或期末考試，竭盡所能爭取最好的成績。我的生活很平淡，但這樣的慣性卻很順利。在班上拿A成了家常便飯。

慣性就像雙刃劍一樣，一方面提供成功所需的穩定性，一方面卻也是有益改變的障礙。例如我出於慣性而選擇上哪一間社區學院和大學，這兩所學校位於同一條街：士刁士大道西（Steeles Avenue West），這條大道是多倫多的北界，沿著這條路往西，就是我成長的賓頓社區。我只要搭公車就能上這兩所學校，它們位於我熟悉的地區。但如果我想有任何新的作為，就得打破我的常規。

由士刁士大道西思考我的未來，需要個人的進取心和運氣。我在大學裡學習幾年的經驗告訴我，在知名度不高的學校念文科的人，無論成績多好，都未必能在專業領域中找到工作。許多即將畢業的學生告訴我他們工作的前景黯淡。而失去了所有的朋友且突然改變了人生以專注於學業的我可不希望畢業時沒有新工作。

我最理想的職業前景有兩種選擇：法學院和商學院。我認為我的閱讀和寫作技巧已經提升，足以讓我成為不錯的律師或商人。其他人文學科的碩士學位不可能會讓我得到實用教育，為我帶來工作機會。湊巧的是，在參加商學院的入學考之前，我先參加了申請讀法學院所需的法學院入學考試（LSAT）。我借錢參加考前補習班，並且像工作一樣研讀了兩個月。幸好，LSAT是我第一個表現不錯的標準化考試，與幾年前在高中參加的英文讀寫能力測驗經歷大不相同。我決定不參加商學院入學考試，因為我不想考驗我的運氣太多次。

士刁士大道西確實也有一所法學院，原本我會申請那所學校，而且如果我幸運被錄取，也會就在那裡註冊上學。不過因為我和一位美國歷史教授巧遇，讓我遠離多倫多。

就在我大四那年的勞動節，也就是在申請法學院之前幾個月，我應邀參加一場黑人歷史會議，報告我所研究的牙買加裔社運人士馬科斯．加維（Marcus Garvey），他的努力啟發了伊斯蘭國度和全球各地的黑人民族主義者。會議在安大略省北巴克斯頓（North Buxton）舉行，這是由美國非裔家庭透過「地下鐵路」（Underground Railroad）祕密社團來到加拿大落腳的小城。耶魯大學歷史教授大衛．布萊特（David Blight）在會議上發表主題演講，我很幸運的是，他來得很早，因此看到了我的報告。我在他面前有點自卑，心想他一定才華洋溢，才能在我只有在電視或電影中看到的學校任教。我告訴布萊特教授，我在LSAT考試中取得了高分，並打算要申請法學院。他說：「你應該申請耶魯大學。」我很驚訝，問他是否認為我有機會被接受，他說我是很有競爭力的申請人。

布萊特教授的鼓勵在我腦海裡栽下了雄心的種子。我並不覺得自己能進耶魯大學，但我也認為，如果像他這樣聰明的人都認為值得一試，那麼也不妨嘗試一下。所以幾個月後，我遞交了申請表，沒抱任何期望。沒想到耶魯不但接受了我，而且學校慷慨的經濟補助政策也讓我負擔得起學費。我覺得自己彷彿中了彩票。

回想起來，如果我在大學畢業與到法學院之間能有一點學校之外的時間，對我或許會有助益。我的生活改變得太快，我跟不上，教我不知所措，但我不知道如果我晚一點入學，耶魯是否還會想要我（後來我才知道延期入學是完全正常的，我白擔心了一場，但那時我並不明白）。我也不確定我是否會失去身為學生時的積極動力，畢竟我只做了四年的好學生，先前學業失敗的紀錄更長。在取得學士學位三個月後，等得不耐煩的我由士刁士大道西遷移了五百多哩，搬到康乃狄克州紐海文（New Haven）。

可想而知，由二〇一〇年至二〇一三年，我在耶魯參加的學生社群和我之前所參加的任何群體都截然不同。平均而言，耶魯的學生比我富裕得多，受過的教育也更好。耶魯的學生和我這輩子大半時間共處的人不同，他們並沒有與自己的國家失去聯繫的危險。部分由於他們出色的能力，他們是主流機構的法定繼承人，而我的朋友和我則和這些主流機構十分疏離。即使是在較弱勢環境下長大的學生，從小在課業上也都有傑出的表現，並得益於父母和兄姊的正面榜樣，他們從未見過執法或刑事司法系統的醜陋面。

我的兩位教授曾著書記錄了我在耶魯大學看到的這種現象：夫妻檔蔡美兒（Amy Chua）和傑德．魯本菲爾德（Jed Rubenfeld）所著的《虎媽的戰甲：三項黑暗人格特質，竟然讓人出類拔萃！》（*The Triple Package: How Three Unlikely Traits Explain the Rise and Fall of Cultural Groups in America*）。書中解釋如古巴人和奈及利亞人、摩門教徒和猶太人等有天壤之別的團體在經濟和教育上的成功。我在法學院的第一年跟著蔡教授學習合約，也在魯本菲爾德的課堂上研讀刑法，因此認識他們，並親眼看著他們的一些想法成形。他們書中的要點之一是，人賺錢和在學校傑出表現的能力會受到人們對你的看法以及你對他們看法的反應所影響。簡而言之，尋求他人認可或者因不安全感而比擬他人的人，尤其有賺更多的錢或獲得更高成績的動機。

自從《虎媽的戰甲》二〇一四年出版以來，評者就經常質疑兩位作者的想法，理由是它們主要基於軼事的觀察，而其中許多都是來自他們在耶魯的經驗。不過在經濟和教育成就中，外在期望的作用似乎禁得起考驗——就算未必在團體成功中發揮作用，至少對個人成功有所影響。心理學家約書亞・哈特（Joshua Hart）和克里斯・查布利斯（Christopher Chabris）藉由對美國成年人的一系列調查測試了三項黑暗人格特質的理論。這些調查旨在了解哪些文化特質和經濟或教育水準相關。調查結果支持「外在期望與個人成功相關」的觀點。哈特和查布利斯結論說，「把自我價值的基礎建立在外在來源上可能反映了一種不安全感……並且似乎與該（三種包袱）觀點相符，即成功是由外在期望推動的，因此蔡美兒和魯本菲爾德的說法有其道理。」[1]

蔡美兒和魯本菲爾德的理論以及哈特和查布利斯的調查結果指出了許多成功人士與外在期望之間常見的某種關係，包括我耶魯大學同學的成功人士依賴父母、師長和同伴用量尺向他們展示如何生活。在量尺顯示他們表現不錯時，這些成功人士感覺自己受到肯定，甚至獲得力量，因此他們把精力投入課業和工作，讓自己對自己的感覺更好。

我剛到耶魯大學時，這種與外界期望的關係對我是新的觀念。先前我習慣看到的是人們對抗權威人物和當權機構對他們的看法，而不是為滿足當權者的期望而努力。如果你像我一樣，在成長時期都是與恥辱感和負面刻板印象對抗，那麼這個世界只會提供有害的方式讓你衡量自己。在權威人物或主流機構的期望貶抑而非提升你的自尊心時，你不太可能會有動機要滿足權威人物的期望，或者反映主流機構的價值。

二〇〇四年發表在《人格與社會心理學簡報》（*Personality and Social Psychology Bulletin*）上的一篇文章探討了他人的看法如何傷害個人對自己的感受，文中採用了一名年輕女子身體形象問題的假設例子。作者寫道：「這名女子很可能會以他人看法，來確定自己是否滿足某些標準，例如美醜和胖瘦的文化標準。這名女子或許會在閱覽服飾雜誌或與窈窕有魅力的女性一起看電視，因而意識到這些文化標準，她對自我價值的感受可能會因此暴跌。」[2]同樣地，了解人們如何看待你或對你可能有什麼看法的學習過程，也適用於經濟和教育上的成功。對抗恥辱和負面刻板印象的人認定自己達不到成功的文化標準。相較之下，耶魯大學盡是大半生都熱忱地滿足並超越了那些標準的人。

在耶魯校園外，有很多人體驗到更像我所經歷的生活，但由於大學與紐海文周邊社區之間的巨大差異，因此他們的感受更加強烈。耶魯與它所在城市其他地區之間的動態，讓我在電影中看到的反烏托邦圖像栩栩如生。位於紐海文中心是舉世最富裕的大學之一，成千上萬的學生和教職員工都共享這種富裕。但是大學周圍的許多住宅區卻都是與耶魯沒有關係的中低階級或低收入家庭。位於中心的主要是白人、亞裔和來自國際的師生，而周圍地區則大多是黑人和西裔。

要由數字來了解耶魯－紐海文的動態，不妨看看大學的財務捐款數目，在二〇一六年是二五四億美元。[3]二〇一七年，法學院每年的學費約六萬美元，而大學部學生的學費約七萬美元。二〇一四年，《耶魯日報》（*Yale Daily News*）報導說，學校高階行政人員年收入高達八十六萬四千三百一十九美元，而教師的平均年薪為近二十萬美元。[4]

相較之下，紐海文縣二〇一五年貧困率是二十六．六％，全縣約一半的居民都屬低收入。與全州平均相比，紐海文縣的住房、糧食和交通無保障率也較高。[5]此外，由二〇〇一至二〇一四年，紐海文的犯罪率一直高於全國平均，每十萬人的凶殺案也高於全國平均二至三倍。[6]儘管近年來這些數字有下降的趨勢，但紐海文的人均犯罪率仍高於全國平均。[7]

耶魯－紐海文的動態是我在那裡學習時的重要經驗。校警經常認為我與當地格格不入，我認為原因出在我的穿著。在耶魯，我還是穿我習慣的衣服：寬鬆的牛仔褲、帽衫、棒球帽和 Timberland 靴子。在校警眼中，這不是耶魯學生會穿的服裝，因此常有人要我出示學生證。即使我住在校園裡，也經常在宿舍外被校警叫住，或者遭他們投以懷疑的眼光。

我甚至曾經因兩名校警對待我的方式而投訴。由於宿舍內收訊不良，因此我走到建築物外面打電話，他們打斷了我的通話，儘管我解釋說我是學生，就住在身後的大樓裡，甚至拿出鑰匙作為證明，但他們還是不肯讓我繼續通話，或者讓我在沒有證明我住在宿舍裡的情況下進入。當時我沒帶學生證，所以在校警打電話給他們的調度員，確認我給他們的學生證號碼是有效的之時，我也得在一旁等候。

我的學生證不僅讓我得以使用圖書館或在書店打折，而且也證明我是學校的一分子，而不是「當地人」。

我在紐海文市區反倒感覺更舒適和自在，而且我也喜歡能讓我離開校園，進入周圍社區的機會。其中一個這樣的機會就是馬歇爾－布倫南憲法教育計畫（Marshall-Brennan Constitutional Literacy Project），讓法學院的學生進入當地的中學教授憲法。我每週要教一班學生一、二或三次，讓我能與低收入社區大半是黑人和西裔的學生一起教學。有的學生課業表現很傑出，但也有些需要很多幫助。這個活動最好的部分是為學生組織模擬法庭競賽，並陪他們前往費城或華府，與全國各地的學生一起參加全國競賽。我們中也有些老師協助學生支持紐海文市議會的提案，把康乃狄克州的投票年齡降為十六歲。

馬歇爾－布倫南計畫是我頭一次處於超然的立場參與行動主義和社區組織，把重點放在他人的需求，而非我和朋友的需求。我經常想逃離耶魯大學校園的部分原因，是我不知道如何處理我所獲得的機會。如今我有了資源、網路和技能，可以用來幫助其他年輕人。我並不想只顧上課，只與有錢人交朋友，或是巴結教授。由於我是這個菁英團隊的一員，我必須把自己所得到的與他人共享。我迫不及待，把自己的角色看成可以鏟除耶魯大學和鄰居之間的障礙，即使只有一點點，我也認為自己的學業並非當務之急。

馬歇爾－布倫南計畫讓我與年輕人連繫在一起，他們讓我體會到身為富有鄰居，卻又被排除在財富之外的感受。凱文是我有幸教導的一個學生，他為社區發聲的能力特別優異。在我認識凱文時，他是紐海文合作藝文高中十一年級的學生。他畢業之後，我們還是一直保持聯繫。我請他告訴我他少年時期是什麼情況，他說大約就在他上我憲法課的同時，他也上了軍隊招募課，聽到講師對不熟悉這個城市的人提出警告：「有一個人走到全班面前，告訴我們說：『不要走靠你左邊的街道，也不要走靠你右邊的街道。』」凱文就是在講師告誡人們不要去的地區長大，他告訴我他希望他當時對講師說的話：「你不應該告訴別人不要去某些地區，只讓他們在某些區域活動，把紐海文講得只是市區裡的一小部分。」

凱文還告訴我在市區見到和大學有關的人是什麼感覺。他說：「有些耶魯人住在我們社區中。他們看起來和我們不同，說起話來也不像我們。當你們有要幫助我們的計畫時，他們會表現得很奇怪，或者太努力想要融入。如果耶魯大學有我們想參加的活動時，它們又太貴了。你看到我們在耶魯的唯一時候，是他們想要雇用黑人孩子之時。」

在成長的過程中有耶魯當鄰居，對凱文有時候弊多於利。在這種環境下長大的孩子很容易感覺到這個世界在設計上就把他們排除在外。這些孩子每天走過富裕的大學前面，裡面有舉世最聰慧的學生。如果這孩子認為這所大學拒絕做改進他人生的事情，會教人驚訝嗎？

對於這種排外，一個常見的反應是設法隱藏或改變你認為導致人們拒絕你的標記。比如凱文在紐海文附近住過幾個不同的地區，他發現在求職時，如果他用某些地區的地址，會比較成功。我上一回和他談話時，他已搬回較差的地區，但他在求職申請表上依舊用原來的舊地址。他認為雇主對來自這些所謂壞區的年輕人有刻板印象，他不想因此而失去工作機會。

凱文決定更改自己背景細節的這類決定，其實比你想像的要普遍地多。多倫多大學的研究發現，北美地區少數族裔社區的求職者有四十%都藉種種方法「洗白」他們的履歷表，比如採用英國化的名字，或者對有關種族群體的工作經驗輕描淡寫，以迴避有成見的篩檢人員，進入求職的大門。」[8]

眾多人口和刑事司法系統有瓜葛的社區，比如耶魯大學附近的紐海文社區，被排斥在勞動力之外的比率也最高。經濟學家尼古拉斯・埃伯施塔特（Nicholas Eberstadt）在美國男性失業的研究中發現，有前科的人最可能被排除在勞動力之外。他說：「至少入獄一次的男性就業率總是最低，缺勤率總是最高。其次是至少被捕一次的男性。」[9]歐洲和加拿大也有同樣的情況。[10]

政府的工作計畫有時也符合人們把失業視為積極排斥形式的想法。在政府資金神奇地創造就業機會時，總會有人認為早先就有創造就業機會的選擇，只是政府故意不做。這樣傳遞出的訊息是：先前人們沒有工作的唯一原因，就是那些開支票的人不在乎。

我問在紐海文曾為我提供指導的公校教師傑克・保利森（Jack Paulishen），為什麼鄰近耶魯大學並沒有讓像凱文這樣的孩子更有能力。保利森原先是不動產鑑定人，後來擔任老師，在詹姆斯・希爾豪斯（James Hillhouse）高中任教逾十五年。他告訴我在多年教學中兩個特別的故事。

第一個故事是關於想在耶魯工作的一個孩子，這個學生告訴他：「我正在申請在耶魯的一個學生餐廳工作。如果進得了，我就一生順遂了。」保利森解釋說：「在這個孩子的心中，再沒有比這更好的成就。有些孩子的想法就是，他們最好的工作就是在大學裡。」餐廳工作是紐海文當地青少年少數能在耶魯獲得的職位，校園中許多其他的機會都常被視為遙不可及。

第二個故事是一個在課堂上表現傑出的學生，保利森認為他會是出色的老師。他問那個學生，「有沒有人說過你可以當老師？」答案是否定的。保利森說：「當老師會是他很好的出路。」但這個加入籃球校隊的學生卻從沒有考慮過打籃球之外的職業。保利森說這是很常見的問題：「許多孩子來上學，我們與他們討論未來的生活。他們想成為饒舌歌手、唱片製作人、NBA球員。這些是他們所受的影響。他們渴望達到這麼高的成功水準，幾乎無法企及。他們忽視了中產階級，沒有想到擔任執法工作、消防隊員或老師的工作如何？」

保利森的說法強調了這些孩子缺乏角色模範的問題，他們需要支持，才能想像他們生活中各種不同的結果。許多高中生都不確定自己的未來，但保利森發現，他的學生需要一定的肯定，才能繼續參與教室裡的活動。如果成為下一個 Jay-Z 或勒布朗．詹姆斯（LeBron James）比成為下一個保利森更可行，那麼學生就不太可能修習進大學甚至高中畢業所需要的學業。而且，面臨貧困和其他困難的學生可能必須比同學更早實現他們的雄心，因為他們必須在賺錢的壓力變得太大之前孤注一擲。

耶魯大學教室裡的討論缺乏對美國最大問題的基層見解。所有的注意力都集中在法官、參議員和律師等創造或消除不平等的角色上，幾乎從未承認個人、家庭和社區改善自己生活的作用。這種觀點在耶魯大學十分普遍，因此每一次有人在我面前質疑它時，我都有深刻的印象。最難忘的一次是美國最高法院大法官克拉倫斯．托馬斯（Clarence Thomas）二〇一一年訪問耶魯大學之際，那是他自畢業以來第一次回到法學院，我受託安排他與黑人法學院學生協會的會議。當時有許多同學都批評托馬斯大法官此行，法律新聞網站 Above the Law（法律之上）也報導了這次的爭議。最鄙夷托馬斯大法官及其法律見解的一些學生就是我們會議上的黑人法律學生。但是會中的談話遠非我預期的那麼激烈，部分原因是托馬斯大法官的評論使我們感到驚訝。托馬斯大法官並沒有把言論限制在政治保守派的論點，而是把社區本身而非法院視為反抗不平等鬥爭的起點。他談到了二十世紀中葉他青年時期所見到黑人爭取自己權利的行動主義，包括「伊斯蘭國度」的工作，並對它的消失以及依賴政府的思維表示惋惜。雖然我並不完全同意他的言論，但我很欣賞他提出解決在外在世界比在耶魯校內更普遍的不平等問題觀點。

美國各地普遍存在像紐海文這樣的社會不流動問題。二〇一七年，機會均等計畫（Equality of Opportunity Project）發布了一份研究論文，評估了自一九四〇年以來美國的社會流動性。這篇論文顯示，當今進入勞動力市場的美國人中，只有五十％的人收入比父母多，而一九四〇年的這個數字是九十％。這種社會流動性變化的主要原因是，與一九四〇和一九五〇年代相比，如今的經濟成長分配不均。[11]

美國企業研究所（American Enterprise Institute）二〇一七年公布的報告顯示美國的勞動力參與率「已經由一九六七年的九十六％下降到二〇一六年的八十八％（只有高中及以下學歷者則僅有八十三％）」。[12]這樣的下降使七百萬或更多的適齡男性落在勞動力之外。這份報告概述了協助這些人就業或重新就業必須解決的問題，其中包括改善專上教育或培訓、減少依賴公共福利計畫、克服鴉片類藥物成癮問題、為有前科的勞工制定工作計畫、創造一般的工作，以及鼓勵身體健全的人工作，而非坐等公共福利。[13]

席捲整個西方的大規模經濟變化使這種社會停滯問題變得更加複雜。國際勞工組織（International Labour Organization，ＩＬＯ）已記錄：「在已開發的經濟體中，標準就業模型越來越非主流。」ＩＬＯ還表示「工資和薪酬就業一直處於下降趨勢，偏離了歷史模式，」而「在傳統雇主－員工安排範圍之外的自雇就業者和其他形式的就業正在增加。」[14]西方世界變化的經濟形勢可以歸因於許多因素，例如製造業式微，自動化的增加，有技能的勞工與工作機會之間的差距越來越大，以及以臨時和短期為特徵的就業環境日益不穩定。

大學培養的是為能夠在經濟動盪中引領國家的畢業生，學校應該記住為社會流動性創造機會的重要性，尤其是對於多個世代都沒有這種機會的社群。像耶魯大學等許多學校都有機會這樣做，由關注他們鄰居的需求開始。

更生

Chapter 8

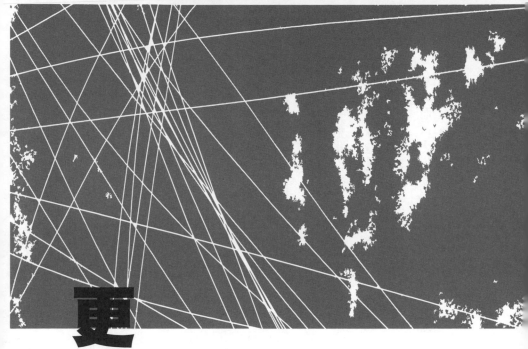

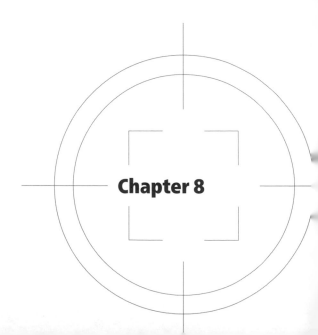

擁有二十八萬人口的紐瓦克市（Newark）是新澤西州最大的城市，但市民有三分之一都生活在貧困線以下。[1]我在讀完法學院一年級時第一次赴當地，為一份實習工作面試，卻因這座城市的貧窮情況而震驚。在火車總站紐瓦克賓州（Newark Penn）站外，我遇到了一群生活困苦的紐瓦克居民，他們喝酒、抽菸、乞討零錢。我跨過曾是全美最繁忙路口的四轉角（Four Corners）路口，由火車站往市政廳去。如今四轉角已經不再是當年熙來攘往的繁華地區，街頭可聽到歌聲陣陣，當地的饒舌歌手想販售他們的CD，但行人則避免接觸他們的眼神。附近大多數的商業都是零售小店和速食餐廳，還有很多零售空間空著沒人使用，許多商店看起來都好像快要倒閉。我很少見到有市區經濟如此蕭條。

後來我才知道紐瓦克市區如此破敗，部分原因是在於這個城市和其他城市不同，它無法抑制暴力犯罪，無能讓它遠離市中心。幫派暴力（因販毒而更猖獗）難以控制，每年導致數百名年輕人喪生。二〇一一年，也就是我在當地的那一年，這座城市的暴力犯罪成長了十一%，同時又因為預算削減，而裁撤了六分之一的警力，使它成為美國十大危險城市之一。[2]平均而言，新澤西州的囚犯有十三%來自紐瓦克，但紐瓦克人口僅占新澤西州的三%。[3]因為許多男人入獄，因此單親媽媽經常得肩負照顧家庭的重擔。

紐瓦克面臨的挑戰就是我在那裡工作的原因。紐海文讓我見到美國都市貧民窟的困境，當時紐瓦克市長柯瑞・布克（Cory Booker）正領導市府面對困境。我從新聞報導和網路影片中，看出布克市長可能和我志同道合：這位年輕的耶魯大學黑人畢業生正在運用他所受的教育為他人創造機會。儘管如此，這些報導都未能讓我作好心理準備，我在親眼目睹這座城市之時不免大為吃驚，紐瓦克的情況教我不知所措，也感到十分沮喪。我在多倫多只見過一些小地方有類似的情況，在耶魯也只有一些周邊地帶有所破壞，但紐瓦克卻是極端的版本。我想要找出一些進步的跡象——一些看似無從控制的破壞可以得到遏制的希望。接下來的父親節讓我看到了我在尋覓的希望，這是這個節日頭一次給我留下了正面的感受。

我在紐瓦克市經濟與住房發展局實習，因此參加了由紐瓦克父親綜合中心（Newark Comprehensive Center for Fathers，NCCF）主辦的父親節烤肉活動。烤肉會在當地的遊戲場舉行，開放一般民眾參加。我抵達時看到數十個孩子一起玩耍，而他們的父母親則在一旁聊天。烤架上冒出的煙霧和音樂在空氣中瀰漫，大家的臉上都露出燦爛的笑容。那正是我一直認為父親節應該有的樣子。

我和紐瓦克更生局（Office of Reentry）的同事一起去參加烤肉會，更生局的工作是提出計畫，協助出獄者重新融入他們的社區，協助人們度過這樣的過渡期，包括讓他們獲得培訓、教育和就業機會，以及協助他們獲得身分證件和安全的住房。NCCF是更生局的社區合作夥伴之一，因為雙方都在協助正在由監獄轉回家庭生活的男性。

NCCF是我所聽說過頭一個明確致力於協助作父親的克服困難，養家糊口，成為榜樣的組織。我很興奮地和烤肉會的主辦人見面，也很高興他們邀請我去參觀他們的辦公室，更進一步了解相關的訊息。我接受了他們的邀請，並在幾天後前往參觀。

他們的辦公室簡樸而小巧，有一個接待櫃台、會議室和供五名左右員工工作的空間。另外還有一間充作教室的房間，供NCCF的基礎計畫「父親NOW」（Fathers NOW）之用。這個計畫共召集了二十餘人，由週一至週五上午九時至下午三時總共進行八週結構性課程。

在我參觀之際，「父親NOW」的學員正在申請工作並製作履歷。就業安置是這個計畫的核心，也是吸引參與者的重要因素，但這個計畫還有很多其他的內容，包括教育和培訓機會、諮詢、育兒技巧培養和社區服務，例如在孩子的學校擔任義工。[4]計畫還提供托兒服務和具有專業服裝。塑造「父親NOW」計畫的根本信念是「身陷困境的人如果能夠與孩子建立更好的關係，就能提升他們參與社會的機會，即使這些孩子與他們並沒有一起生活。同時，因為未能與父親聯繫而對孩子產生的一些巨大問題也可以獲得解決。」[5]

我在NCCF的嚮導是在紐瓦克土生土長的饒舌歌手金恩．皮凱茲（King Pikeezy），他是兩個孩子的父親。皮凱茲已由「父親NOW」計畫結業，並被NCCF選為年度父親，之後受命領導這個組織的校友計畫。和大多數參與這個計畫者不同的是，皮凱茲並不是在入獄之後才發現NCCF這個組織的，而是這個組織協助他擺脫了可能使他入獄的歧途。

皮凱茲原本確實是走在正路上，但他由大專休學，回到故鄉紐瓦克。之後不久，他的母親去世了。他既回到老家，又沒有母親的正面影響，因此他與沒有上大學的同齡夥伴在一起廝混，包括幫派成員和毒販。周圍這些破壞性的影響使皮凱茲開始走上紐瓦克許多人熟悉的道路。

值得慶幸的是，在皮凱茲的人生中，有兩個人質疑他所做的決定。一個關懷的朋友告訴皮凱茲，他擔心皮凱茲與幫派成員往來的後果，他甚至提及，如果皮凱茲的母親在世，絕對不會贊同這樣的做法。皮凱茲的女友也很擔心，要求他去找個穩定的工作。他聽進了這些抗議，也感到自己內心有改變的慾望。一個參與「父親NOW」計畫的人告訴他：「像你這樣的人在這裡真的會很傑出。你一定會愛上他們，你非得來看看不可。」就像我一樣，皮凱茲第一次訪問這個團體的辦公室時，受到了他所見到的情景啟發，他當天就報名參加。他說到那裡去，看到其他人正面臨的他所熟悉的掙扎——其中許多人是他本來不會有正面互動的敵對幫派成員，這使他改變了自己，追求更好的人生。

皮凱茲並不是「父親NOW」唯一的成功案例。已經有數百名男子由這個計畫結業，根據報告，這個計畫協助男性找工作的成功率達七十%，只有三%的參與者回到刑事司法體系中。[6]在這些數量的標記之外，我也觀察到性質上的成功跡象。由這個計畫結業的人仍與NCCF員工保持聯繫，並告訴我：他們覺得自己就像是兄弟會的一部分。即使在局外人的我看來，這種兄弟般的感覺依舊很明顯，因為「父親NOW」得到了走進它大門者的承諾。

這個計畫的首席講師阿布杜．穆罕默德（Abdul Muhammad）解釋了這種承諾對擺脫破壞性影響者的重要性。他說：「讓這些人認同我們的想法，而且得要整整八週沒有工作，是一種挑戰，但大多數人堅持到底。很多男性都習慣要獲得立即的滿足，他們曾經在街頭上，但現在他們在學習耐心，他們必須讓這個過程自行完成。」[7]

皮凱茲和其他「父親NOW」的成員向我解釋說，這個計畫的關鍵是對話圈，這使參與者在早上和一天結束前的下午有開誠布公的機會。皮凱茲說：「你們可以談論你們在過去二十四小時之內所做的一切，不論是好是壞。這教人大開眼界，我們可以看出我們都在經歷同樣的問題。不論是瘸幫（Crip，洛杉磯非裔幫派）或血幫（Blood，洛杉磯非裔幫派），基督教徒或穆斯林，我們都在經歷同樣的問題。」

皮凱茲談到，對話圈是摘除為了在街上生存而戴上的面具的機會。面具至少有一部分與他的陽剛之氣有關，這是關於酷、強壯和堅強。「父親ＮＯＷ」協助皮凱茲脫下面具，建立不用面具也能嚮往的能力。在男人戴上面具時，他們不願公開承認他們的感受和面臨的挑戰。但脫下面具後，他們可以建立正面的兄弟情誼。

去除面罩之所以可能，部分原因在於「父親ＮＯＷ」提供給參與者的全男性空間。皮凱茲說，如果有女人在旁邊，「男人就會繼續戴著面具，試圖向女人大喊。女人也會帶來其他的影響。」在「父親ＮＯＷ」為NJ.com所做的簡介中，桑塔·傑克森（Chanta L. Jackson）說明了阿布杜·穆罕默德創造主要為男性環境的原因：「員工幾乎清一色都是男性，這點非常重要也很有益，因為許多參與者都有女性關係的問題。不讓他們分心十分重要，而且很多時候，男性較願意接受別的男性批評。」[8]

然而，女性對於「父親NOW」的成功，也有不可思議的重要。與包括配偶、女兒和母親等生命中的女性建立健全正面關係的能力，是這個計畫中的父親成功的關鍵指標。當然，如果沒有參與其中的女性支持，這些關係就算不上健康和正面。

促進男性之間和家庭之中的正面關係，對於抵制幫派的影響非常重要，因為幫派也是以關係為基礎。幫派為成員提供可以歸屬的兄弟情誼，並誤導尋求支持的年輕男子。在幫派盛行的社區中，加入幫派未必是刻意的決定。相反地，你的街坊鄰里或學校中的社交網絡也就是犯罪分子的網絡。對這些年輕人而言，光是渴望結交朋友或融入其中的慾望，就可以引導你加入幫派活動。芝加哥當地的一家報紙記錄了年輕人和較年長男性之間的關係如何促進了幫派的招募。一名在伊利諾伊州中途之家的前幫派成員說：「年輕人什麼都會做。我把情況安排成彷彿我是他最好的朋友……我確定他很穩定、成熟……我說我會照顧你，我會對他施手腕（或操縱他）。」[9]另一個前芝加哥幫派成員接受全國公共廣播電台（National Public Radio）採訪時說，「住在附近的人大半都是皮條客、毒販、賭徒、黃牛、各種騙子，或者各種惡棍。所以我敬重那些角色……所有這些行為都是學習而來。很多這樣的人都在街頭槍擊，或是做壞事，它經常來自叔伯輩，或是由社區鄰里其他年齡較長的男性所為。這一切都是學習而來的。」[10]

ＮＣＦ創立「父親ＮＯＷ」，他們了解要幫助年輕人離開幫派，必須先破壞他們現有的社交網絡，並提供替代的網絡讓他們歸屬。研究人員發現，就像其他北美城市一樣，紐瓦克的幫派組織比較偏向非正式的分散社交網絡，而非傳統組織，儘管許多幫派活動都是打著瘸幫或血幫等知名的幫派旗幟。我在該市工件前幾年，《幫派研究期刊》（*Journal of Gang Research*）發表了一篇二〇〇七年對紐瓦克幫派的研究，文中說：「許多犯罪組織是結構鬆散的網絡，它們雖有具凝聚結構的小團體，但往往具有含糊和不斷變化的界限……幫派的結構更像是變形蟲，而非階級分明的商業結構。」[11]在這些結構裡，新人通常與幫派成員有私人的關係，逐漸啟蒙，透過犯罪行為、賺錢和展現暴力傾向而建立信任。

不過幫派未必需要個人關係。社交媒體已成為幫派招募的有力工具，吸引尚未加入他們的年輕人。社交媒體平台讓黑幫成員能夠分享美化犯罪生活方式的金錢、槍枝、汽車和性愛的圖像。例如二〇一七年，紐瓦克地區艾拉街幫（Ella Street Gang）一名二十歲的成員就因用推特進行幫派活動而認罪：他用推特出售槍枝，並招募想要買槍的年輕人加入他的幫派。[12]受社交媒體吸引而加入犯罪的年輕人比較類似我在多倫多成長時受饒舌歌中幫派犯罪的吸引，而非因家人或鄰居朋友介紹加入犯罪的年輕人。這些年輕人不像我著迷音樂錄影帶，而是以社媒帳戶協助他們幻想好萊塢黑幫的生活方式。但和音樂及電視黑幫不同的是，社交媒體上的黑幫可以和他們的追隨者建立個人關係，甚至要求他們參與他們在網路上歌誦的黑幫生活。

此外，協助年輕人建立正面的人際關係可以消除助長幫派活動的恐懼和報復。大部分的北美幫派暴力——在某些城市中，幾乎將近全部，都是報復性質：一名年輕男子為自己之所以成為殺手申辯說，那是因為他認為敵對幫派殺死了他的朋友。有時這種報復性的暴力會造成和幫派無關的無辜民眾喪命。耶魯大學社會學家安德魯．帕帕克里斯托（Andrew V. Papachristos）把槍枝暴力透過社交網絡傳播的方式比喻為如ＨＩＶ之類的血液病原體。[13]

在成員遇害時，幫派就被恐懼和復仇的氣氛所籠罩，但恐懼和復仇也有助於幫派招募想要自保和保護家人，或者想要報復他人的新成員。這種對恐懼和報復的強調也反映出暴力幫派基礎的意識形態。除了重視金錢和地位重於人命之外，幫派還鼓吹一種道德相對主義（moral relativism）的世界觀。歹徒的舉動並非由事物的是非感來決定，而是由他周圍其他人的行為來決定：不義之財是可以的，因為你在這個不公平的世界很貧窮，你也可以對他人施暴，因為他們已經或可能對你和你的朋友施暴。

身為法學院的學生，我接受了和法律和道德相關的道德教育，但卻缺乏對一般人所做的基層道德決定作探討。法學院提供由上而下的社會觀點並不關心如紐瓦克黑幫這種年輕人的道德觀，這些年輕人的道德羅盤不會因法官或參議員而確定。想幫助年輕人脫離或避開犯罪網絡的干預措施，卻由這種由上而下的社會觀點出發，就無法看出暴力團體的道德成分。

NCCF和「父親NOW」提供了另一種道德準則，鼓勵年輕人克服他們的環境，做出比周遭人更好的表現。「父親NOW」的道德準則以家庭和責任為重，宣揚適用每一個人的道德規範，無論你賺多少錢或失去了多少朋友。他們參與的是道德普遍主義（moral universalism）與道德相對主義的鬥爭。

NCCF於二〇一五年停止營運，因為它的上級組織「紐瓦克NOW」經費用罄。布克辭去市長一職，轉任新澤西州參議員後，紐瓦克的政治情況發生了變化，「紐瓦克NOW」和NCCF都無法在這座城市的新環境中生存。

我聽說NCCF關閉，並得知該計畫的有些成員感到自己的社區遭拋棄甚至出賣，不由得感到非常難過。NCCF的結束因很多不同的原因而在人們的生活中留下了空白——尤其因為它是這個城市少數針對男子氣概積極地建立正面和肯定對話的團體。「父親NOW」的參與者對我母親和我幼時應該談論的一個問題感到困惑：男人應該對自己有什麼期望？他們的家人應該對他們有什麼期望？男人應該對男性氣質有什麼想法？

參與NCCF的男性受鼓勵談論父職，並對他們在家庭和更廣泛社會中的角色作周詳的思考。他們中有許多人學會了謙遜，因此會尋求諮詢輔導和育兒建議，並充分參與子女的生活，因此會在學校露面，並在有需要時尋求托兒服務。他們也會考慮犯罪不僅對他們自己，也會對家人造成的風險。

我在「父親NOW」中看到的是一個在混亂的城市中取得一些控制權的組織。一小群年輕男性聚集在一起，依據他們所知這個社群最缺乏的價值觀來建立社群。而在建立這個社群時，他們拒絕由為紐瓦克年輕人未來之戰的戰場上撤退。

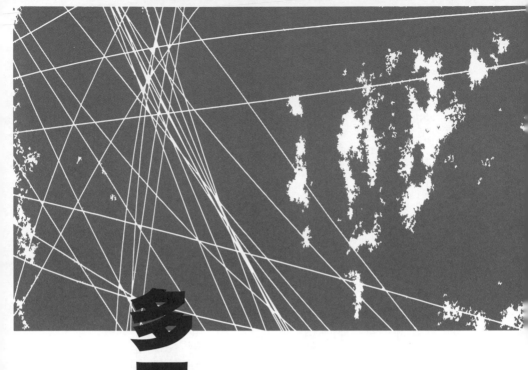

多元化

第一部分

Chapter 9

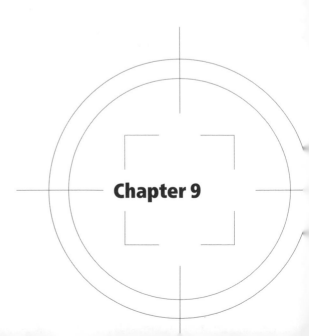

二〇一二年我讀法學院第二年時認識了多倫多警察局副局長彼德·史洛利（Peter Sloly）。他在北美警界是名聞遐邇的進步代言人，在加拿大的黑人社群中也是開拓先鋒。

史洛利的背景很獨特。他生於牙買加，年輕時移民到多倫多，成為加拿大國家足球隊的一員。在足球生涯結束後，他成了警察。在史洛利成長的過程中，他親眼目睹西方國家許多少數民族社群與警察常見的負面互動，這些經歷隨著他進入了警隊。他願意一方面配戴警察徽章，一方面又依據個人經驗談論諸如種族定性之類的問題，這點使得他與眾不同。史洛利也曾在科索沃戰爭後，參與聯合國維和行動任務。

年方四十的史洛利成了多倫多警局史上最年輕的副局長，奉命監督警隊的社區參與工作。[1]他運用自己相對年輕的優點，支持以社交媒體作為工具，與社會大眾溝通交流，並收集在網上組織和宣傳其思想的犯罪集團資料。

先前我已看過史洛利在電視上的談話，也在報上讀過他的言論，讓我留下了深刻的印象，他是真正想領導年輕人改變執法經驗的改革者。二〇一二年三月，多倫多警察射殺了二十九歲的黑人精神病患麥可·艾利根（Michael Eligon），事件發生後，我發了電子郵件給他，原本並不指望會得到回應，我只是想要讓多倫多警局中的某個人知道這個案子讓我的朋友有什麼樣的感受。艾利根之死讓他們更確定我們的社會極度種族主義，允許——甚至鼓勵警察殺害黑人。我認為史洛利是可以採取一些行動，改善這種情況的人。

教我驚訝的是，他回覆了我的電郵。他說，由於當時艾利根案已進入調查程序，因此他無法對此事置評，但他邀我到他的辦公室見面，更進一步了解他的工作。這教我措手不及。在我以為他不會回信或不會理會我的問題時，發電郵給他輕而易舉，但要和他面對面交談則是另一回事，我對此感覺有點不自在。儘管如此，他已向我提出挑戰，我覺得我應該接受他的邀請，面對這個挑戰。

在我下一次赴多倫多時，我們約了見面。走進警局總部對我是超現實的一刻。我不知道我的朋友看到我去和警察見面會怎麼想，一定會有人說我是叛徒。但我去那裡是為了要對話，我認為如果我們要把事情做得更好，就必須這麼做。因此，我在接待處辦理了登記手續，有人帶我上樓到副局長辦公室。

我走進去，和史洛利照了面，兩人握了手。我們的會面是我頭一次像對其他人一樣，向家鄉的警察寒暄。當時史洛利四十多歲，看起來仍然像足球員。他穿著白色襯衫制服，上面別著表明他等級的徽章，與多倫多大多數警察所穿的深色襯衫形成鮮明對比，這也使得我比較容易視他為個人，而非不知名的警員。我在他的會議桌前落座。懸掛在牆上的是各種警察和社區組織的獎狀，還有他的大學文憑。警政部門內外的人顯然都尊重他。現在該是看看這樣的宣傳是否名過其實的時候了。

我們大部分的談話都集中在各自對多倫多市警察與社區關係的觀察上。他還告訴我他對歐巴馬的仰慕，他在自己談到種族和警政的和解方式時，就是以他為參考。史洛利也描述自己身為黑人和加拿大移民的經歷，分享他對負面警察互動的了解。他還提到與他一起工作過，並與他們所服務的社區建立了正面關係的警察。當他說話時，我可以看到一名警察試圖不讓自己看起來像警察的肢體語言。他舉止像個士兵，非常有紀律和嚴格，但他也努力保持熱情友好。他盡最大努力變得比他被教導的更開放、更容易親近。我可以由他的眼神中看到這種努力。

在史洛利對良好和安全警政的憧憬中，我認為有兩點特別突出。首先，他想要徹底消除偏見。他解釋說，警察和所有的人一樣，都會有偏見，認識這些偏見是平常的警察工作。在訓練時應設法消除偏見，在考績評估時也應該注意顯示偏見的模式，警察文化應避免刺激個人偏見影響的行為（例如，基於種族特徵攔查路人）。

第二，史洛利希望把重心放在地方性的社區警政，可以把它想成是徒步和乘車在附近巡邏的警察。社區警察將取代輪班在全市範圍中由一個街區到另一個街區巡邏，因為很少有能在此過程中和社區建立信任關係的警察。社區警政能夠建立獲得最多訊息並減少偏見影響的各種關係（因為警察會知道哪些人需要警察注意，哪些人不需要）。

在我們交談時，我可以感覺我們並不是以人民和警察的身分在談話，而是以兩個社運人士的身分談話。我並沒料到會以這種方式來看待史洛利，因為他的制服和警章都不符合我心目中社運人士的形象。不過他的眼神卻訴說了我所熟悉的筋疲力竭和決心的故事。他為推動警隊內部變化而進行的鬥爭，儘管速度緩慢，卻已造成了耗損。他的腦海裡有一個更美好的世界，而他也在努力使其他人看到這個世界。對任何社運人士而言，這都不是易事，但是當他與我分享他的憧憬時，我可以看到他想像中的美好世界。我可以看到最需要更佳執法的社區與受命保護他們安全的人建立積極的互動關係。我還可以看到人們對社會的平等和公義前景不那麼悲觀的社會。

那天在我離開警察總局時，對史洛利的印象正符合他實質社運人士的角色：組織機構的改革者、橋梁建設者、推動參與者，和建設性對話的信奉者。我希望他能實現自己設定的目標——不僅在多倫多，而且在整個西方世界，因為在這裡，警方的「種族定性」都是年輕男性覺得在自己國家像是局外人的重要原因。

二〇一三年，在與史洛利會面一年之後，我由法學院畢業，搬回多倫多，希望改善這座城市的警政狀況。我是警政知識普及計畫（Policing Literacy Initiative，PLI）的成員，這個小組是由一群試圖在低收入社區中阻止種族歧視的年輕維權人士組成。PLI的做法是研究在受到嚴格監管的社區中與年輕人有關的問題，提出如何改善執法的想法，並透過與城市領導人物對話來宣揚改革。

這項工作讓我能與史洛利進行了至少十二次互動。他為改革而爭取社會大眾的支持，使他來到了我正在工作的同一社區。他邀請居民加入當地警察分局的委員會，參加與警察的會議，學習如何在必要時提出投訴，並對他正在領導的政策改革提出回饋。

《多倫多生活》（*Toronto Life*）雜誌對史洛利日後可能擔任警察局長的一段訪問，就有他對社區團體傳遞訊息的一個例子。他說：「我明白被商家請的安全警衛盯梢的感覺，被由隊伍中挑出來……聽到我哥哥告訴我他被兩輛警車包夾……警政機構總是落後時代一點……這十至十五年中，我們已經有了大幅的改善，但是仍然還有很長的路要走。」[2]

有些觀眾對史洛利充滿敵意。他經常被當成出氣筒，是人們有負面互動的每一名警察的代表人。其他觀眾對他的訊息反應雖然較為正面，但仍然持懷疑態度。他全力以赴，無論人們對警察整體或是對他個人的看法，只要真正聽過他的話，都不能否認他確實努力與認為警察針對他們社群不公的年輕人建立橋梁。他的目標不僅是改革警力，而且要在改革過程中建立公眾的信任。

我看到史洛利啟發了數十名多倫多青年成為社運人士。許多PLI的參與者原本以為行動的意思是大喊大叫和憤怒，他們從來沒有參與的動機。二〇一三、二〇一四年與史洛利會面時，我們大多數人都過著健全、積極的生活。在這個過程中，有些人因槍枝暴力和毒品而失去了兄弟姊妹和朋友，或者在獄中或幫派或兩者而和親人道別。我們還看到人們放棄教育的機會，或者可能發展為事業的工作。不過藉著運氣、情況、決心或這三者的結合，我們走上了正路。

史洛利啟發了我們很多人，因為他來自樂觀和信任的背景，而我們需要樂觀和信任，才能相信自己的人生會變得更好。他的訊息讓我們肯定：相信世上有我們可以信賴的好事，而不僅僅是我們必須擺脫的壞事，這並非玩笑。

多倫多黑人社群的年輕人達倫曾聽過幾次史洛利的演講，其中也包括一次由我協助籌畫的大學活動中。在成長的過程中，達倫眼看著警察在他家附近虐待年輕人，但他和我及其他背景相似的人不同，他對年輕人與警察之間的不信任做出的回應是——決定投身警力，親自解決這些問題。他上大學時的志向是加入多倫多地區的警隊。在他一邊擔任警衛，一邊進行警察招募程序時，他一直在他成長的社區中參與社區服務活動。

我在社區組織工作中認識了達倫，我可以看出他所選擇的這條艱苦道路給了他莫大的壓力。警察招募過程花費的時間比他預期的多。每過一個月，都讓他疑惑自己是不是真的想在恐懼且憎惡警察的社區中成為格格不入的怪人。在社區會議上，我看到達倫默默地坐著，而其他社運人士高談闊論，好像警察是外國侵略者一樣。有時我擔心在他獲得加入警隊的機會，展開行動之前，他樂觀的力量就會在那個房間裡消失。

與史洛利會面為達倫提供了繼續前進所需的靈感。每當史洛利和達倫在同一個房間裡時，他的眼睛就發亮，他發言更多，也表現出更大的信心。藉著史洛利所傳播訊息的力量，達倫創造更美好世界的憧憬似乎並不孤單。史洛利既是警察又是維權人士這個真實世界的例證讓達倫自己的樂觀態度獲得了肯定。

在初識史洛利兩年後，達倫終於走到警察招聘程序的最後階段，即將在多倫多附近一個城市的警局工作。我是他的推薦人之一。當年負責招聘的高級警官來電，我告訴他，我認為由與史洛利的互動中，達倫已經學會如何鼓勵社區對警方的信任，以及如何管理人們對他改善一切的期望，我希望那會有所意義，也認為的確如此。達倫很快就被聘用了，如今他在我當年成長的地方擔任警察。

史洛利為改變多倫多執法部門所做的努力為與他不同的人打開了大門，他努力匯聚來自警力內外的聲音，包括批評他和他所任職的警局的聲音。然而二〇一五年春季，史洛利未能獲得多倫多警察局長的任命，在新局長的領導下，史洛利不再出現在多倫多當地的媒體上，在公眾場合的發言減少，也很少參加社區活動。不到一年，他就辭去了副局長的職務，轉任私人機構。不過他的離職並非沒有爭議：二〇一六年一月史洛利在辭職前發表演說，結果上了頭條新聞，他說：「在公眾對警察的信任和警察執法的合法性方面，我從未見過如此低的警政水準。我覺得危機即將發生，不僅僅是在這裡，而且是在整個北美地區。……我們以最漫無目標的方式在整個城市中奔波，回應民眾的來電，而非試圖了解正在發生的事情……並把我們最重要的資源用在刀口上。」[3]

《多倫多星報》（*Toronto Star*）專欄作家羅伊森．詹姆斯（Royson James）評論史洛利辭職一事，他總結說：「他太聰明、太先進，反而對自己造成不利的影響。他勇於告訴同僚他要他們改革警政，因而為此付出了代價。」[4]

儘管史洛利未能擔任多倫多警局的最高職務，但身為副局長的他確實留下了傳承。（目前史洛利又由私人企業投身公職，擔任渥太華警察局長）除了他所領導的改革（例如《警察和社區投入評論》（*Police and Community Engagement Review*），發表了三十一項改善警察與社區互動的建議）之外，他還證明社運人士可以來自非常規的場所，包括警察部門。他還證明行動主義的多元化能夠由各種可能的方向協助有意追求變革的人投入。

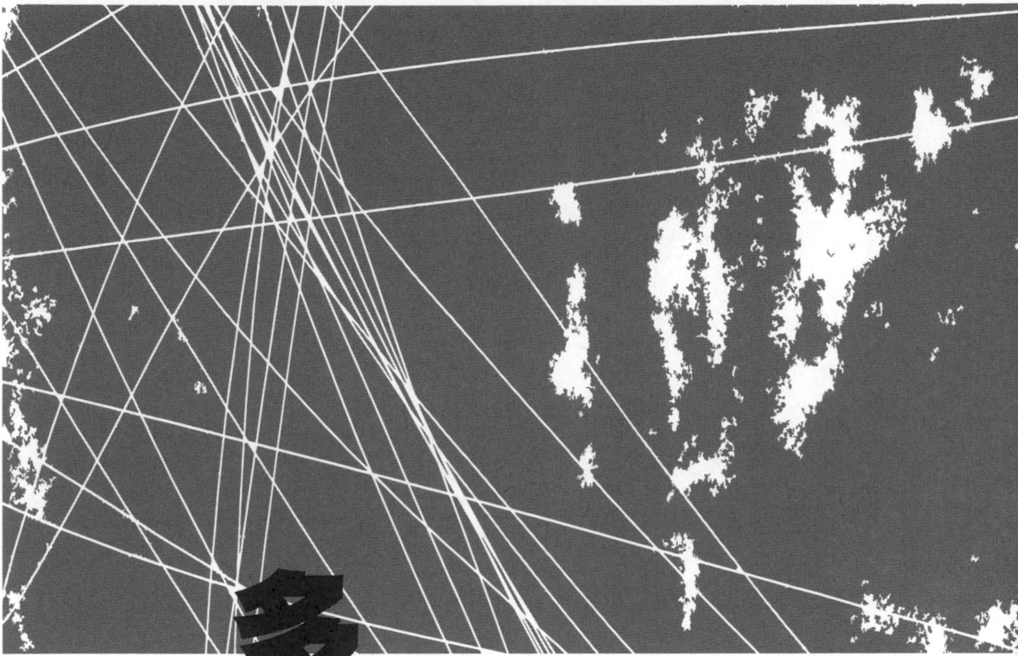

第二部分

多元化

Chapter 10

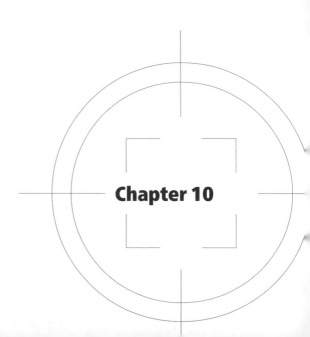

我由法學院畢業之後，北美城市的民權運動在幾年內發生了迅速的變化。在ＰＬＩ，我們開始與警察、新聞工作者、政治人物和活動人士進行認真、深入的對話。我們製作了一部紀錄片，探討我們希望在多倫多改變的問題。我甚至也做了TEDx演講，鼓勵人們在遇到警察不當行為時提出投訴。我們似乎有了一點成果，但後來在實質和象徵性的喊話比賽中，彼此很難聽到對方的聲音。警察部門變得更加有戒心，記者只想報導衝突的場面，政壇人物則只希望在倉卒做出錯誤決定前，避免節外生枝，而行動主義則已成為憤怒、冷嘲熱諷和戲劇天賦的代名詞。

「黑人的命也是命」（Black Lives Matter，ＢＬＭ）是造成這些變化的主要因素。二〇一二年二月非裔青年黑人崔溫・馬丁（Trayvon Martin）遭槍殺後，ＢＬＭ由熱門的網路標籤迅速發展成龐大的國際社運人士網絡。這個團體自稱致力於「擴大圍繞政府暴力的對話，包括所有刻意使黑人在國家權力之前沒有力量的方式」，以及「談論黑人生命被剝奪基本人權和尊嚴的方式」[1]等目標。二〇一四年密蘇里州佛格森（Ferguson）市和紐約市，以及二〇一五年巴爾的摩警察殺害非裔事件後，引起大規模的抗議和遊行，ＢＬＭ迅速發展成強大的組織，在美、加、德、英、愛爾蘭、荷蘭和南非都成立了分會聲援。

二〇一六年一項針對二〇一四年六月一日至二〇一五年五月三十一日之間社交媒體活動的研究發現，在討論警察殺人事件的所有Twitter對話中，BLM均占主導地位。在這段期間發送的逾四千萬條相關推文中，贊成BLM活動的推文比政治保守派和主流新聞媒體的推文比例幾乎為二比一。[2]此外，在二〇一六年Twitter成立十週年之際，該公司公布了歷來最常用的標籤列表。[3]#佛格森和#黑人的命也是命標籤分別在表列中排名第一和第三。同時，#黑人的命也是命標籤的使用率是用來對抗BLM社媒活動的標籤#AllLivesMatter（#所有人的命都是命）的八倍。

Twitter對行動主義的重要性出乎我的意料。當時我對社媒比親自建立關係更有影響力的想法感到猶豫。二〇一〇年，《紐約客》的麥爾坎．葛拉威爾（Malcolm Gladwell）也表達了類似的懷疑態度，他自信地宣稱：「革命不會由推特發動。」葛拉威爾把現代社交媒體行動主義比喻為一九六〇年代的美國民權運動，他認為社交媒體平台無法創造有意義的政治或社會變革，因為社媒「把我們的精力由促進戰略和紀律活動的組織轉移到強調韌性和適應性的組織。」在葛拉威爾的文章背後，是關於現代行動主義與過去行動主義相比較的世代問題。根據葛拉威爾的說法，某些行動主義（如美國民權運動）更適合較大的變革，因為它可以包括更多的戰略和紀律，而其他行動主義（例如網路行動主義）則可能更具彈性和適應性，「如果你認為世上的一切在邊緣上都需要打磨拋光」，[4]那麼它們也有幫助。

葛拉威爾的評論激起了熱烈的回應。現代行動主義的捍衛者在《連線》（*Wired*）、《衛報》（*the Guardian*）、《大西洋》（*the Atlantic*）、《赫芬頓郵報》（*the Huffington Post*）和 techPresident 網站上發表了他們的回應。Twitter 的共同創辦人畢茲・史東（Biz Stone）表示，葛拉威爾並不了解政治和社會變革可以由哪些根源發生，「否定了無領導人、自行組織的系統可以是變革推動者」。史東還指出使用社交媒體的好處，說它「允許許多人像一個人一樣一起移動——突然把所有人團結在一起，實現共同的目標。」[5]

BLM的成功驗證了葛拉威爾和史東兩人的觀點。正如史東所主張的，BLM在Twitter上受歡迎的程度證明，社交媒體的分散特質可以用來聚集人群，以實現共同的目標。但是，BLM的成長也需要葛拉威爾所主張的實地行動。

BLM網路的主要人物德瑞・麥可森（DeRay Mckesson）表示，由於當時的情況，使該組織在麥克・布朗（Michael Brown）遇害之後迅速成長。他指出：「發起這項運動的人不是一個人、兩個人或三個人。二〇一四年八月九日，人們因為麥克的遺體在街上躺了四個半小時而走出家門，使聖路易發生動亂。他們拒絕噤聲，這就是後來散播到全國的行動源起。」[6]喬治亞理工學院和卡達計算研究所（Qatar Computing Research Institute）的研究人員發現，BLM最成功的，是當「社交媒體對話的強度激增，以及負面影響和悲傷增加」[7]，把網路行動主義轉變為現場抗議。

BLM的成長如此迅速，因此成為北美改變警政的主要力量。作家畢揚．史蒂芬（Bijan Stephen）甚至在《連線》（*Wired*）雜誌中稱讚BLM改變了美國黑人的經驗，他寫道：「我認為它已成為記錄與警察互動的社區反映，這是一種賦予力量的習慣，即使它凸顯了黑人的脆弱。我在黑人公眾知識分子新群體的崛起和新政治語言的開始中看到它。」[8]

BLM的主宰地位部分是來自於這個集團在行動主義主張上的權威。BLM含蓄地表示要代表相信「黑人的命也是命」的人發言，這相對地造成許多人的道德壓力，必須支持這個團體。這種道德壓力在黑人社群尤其強大，紐奧良饒舌歌手小韋恩（Lil Wayne）在二〇一六年對該組織的評論所造成的反應，就能說明這點。

小韋恩在接受美國廣播公司（ABC）《夜線》（*Nightline*）的訪問，談到他對BLM的看法時，做出對立的回應。他說：「我不覺得自己和與我無關的事有任何狗屁的關聯。」

接著他又指出自己是成功藝人，這就證明了美國了解黑人的命「如今」也是命。接下來，小韋恩拿出與街頭幫派血幫相關的紅頭巾，他告訴訪問者說：「我現在是幫派成員。」[9]

小韋恩訪問引起的憤慨並不是針對他誇讚幫派和犯罪次文化，而是針對他本人不支持不認同BLM。Twitter名人用「令人反感」和「荒謬」之類的詞攻擊他。[10]常和他合作的饒舌歌手T.I.在Instagram上批評他說：「〔你〕得要停止你在這裡說的這些蠢話和奉承白人的馬屁。」[11]《紐約雜誌》（*New York Magazine*）的克雷格·詹金斯（Craig Jenkins）指責小韋恩出賣了他的粉絲，「塑造了可悲的榜樣」。[12]

是的，小韋恩參與街頭幫派的言論引起的爭議不如他拒絕參與BLM的爭議來得大。他被貼上壞榜樣的標籤，是因為他拒絕「黑人的命也是命」，而非因為他自認是幫派。後來他屈服於自己所面對的壓力，並為他對BLM的言論道歉，但他並沒有為美化幫派而道歉。[13]即使你認同BLM因警察殺害黑人公民而生的憤怒，有理性的人依舊有充分的理由反對這個組織。BLM的範圍已遠遠超出了挑戰執法的範圍，並且在這樣做之時採取了一些有爭議和分歧的立場。

BLM加入了名為「黑人生命運動」（Movement for Black Lives）的聯盟，在二〇一六年秋季發表的政策平台中表達了對世界更廣闊的視野。這個平台主張要對黑人社群提供殖民主義和奴隸制的賠償，採用社會主義經濟改革，拋棄化石燃料，終止支持以色列，廢止私立教育，為「黑人」機構提供資金，並改革競選經費法律。[14]這些政策構想是與六十個進步或激進的運動團體協商而制定，但並沒有經過任何廣泛而包容的民主程序。

我先前在法學院的同學阿曼達．亞歷山大（Amanda Alexander）後來在密西根大學擔任助理教授，她認為像「黑人生命運動」這樣的團體相當大膽地取代以如隨身攝錄機這類解決方案實現改變的改革者。她說：「改革者問錯了問題。他們想要以增加警察訓練及改變使用武力的協議來結束這場噩夢。幸好我們當中有人要求另一種方式。年輕的黑人運動分子不僅在問：『我們要如何才能讓警察停止向我們開槍？』他們也問：『我們的社區需要什麼才能蓬勃發展？我們如何才能自由？』」[15]

無論你是否同意亞歷山大對於ＢＬＭ倡導激進思想的看法，這些想法顯然都會激發我們社會各階層的不同意見。然而，正如小韋恩的經歷所強調的，ＢＬＭ的影響力意味著人們期待黑人和其他人都必須與這個群組同一陣線。表達不同想法的人會遭到羞辱，彷彿他們出賣了自己的種族一樣，對於想表達不同意見的人，這造成了壓抑的環境。

儘管ＢＬＭ立場激進，但新聞媒體在強迫人們與ＢＬＭ立場一致方面，發揮了重要的作用。在傳統新聞媒體和社交媒體中，ＢＬＭ都是十分重要的聲音，也許是因為這兩種平台之間有很大的重疊之故。截至二〇一五年，決定傳統新聞媒體內容的記者是 Twitter 上最大、最活躍的族群。[16]這種重疊很容易就會形成回聲室，一個平台上的主要問題會移轉到另一個平台。多倫多作家塞普特伯．安德森（Septembre Anderson）對新聞媒體選擇ＢＬＭ成員等非經選舉的聲音來代表黑人社群的方式表示不滿，她寫道：「黑人領袖的加冕並不是來自他所屬的社群，而是由媒體挑出他們最喜愛的人物來加冕，因此革命將不會進行電視轉播（或被媒體報導）。我們看到的不是黑人社區選舉自己的領導人，而是填補緩慢的新聞週期和象徵性的黑人權威職位的人。」[17]

ＢＬＭ網路或分會中的一些活動分子或許並沒有打算以這種方式表示或不民主地代表一個社群或目標，但如今本質主義已是圍繞身分群體周遭行動主義組織的固有風險。一九六〇年代美國民權運動的重點是改變基於種族而造成獨特經驗的法律和政策，例如無法投票，或公立學校學生的種族隔離。由於小馬丁．路德．金恩等領導人的成功，個別的經驗不再以相同的方式存在，這是好事。試圖把共同的政治議程施加在整個身分團體上，不可避免地會導致同一身分團體的人經驗、信念和政治意見多樣性消失。

ＢＬＭ日益增長的影響力改變了所有民權社運人士所處的環境，一切都變得更加衝突導向。人們想要的是戰鬥，而非互相傾聽。部分原因是ＢＬＭ行動主義的本質，也有部分原因來自於這個團體的反對者對待維權人士的方式。

ＢＬＭ對待行動主義的方式是以一個必須打敗，並且被迫屈服於該組織要求的敵人為中心。ＢＬＭ以非難控告為核心，就連ＢＬＭ這個名稱都是認定不同意此名的人就是相信黑人的生命不重要。被ＢＬＭ行動主義當作目標的對象，比如警察和政府官員，都因遭到他們不關心黑人的指控，而變得態度十分提防。

在美國民權運動成功後，索爾．阿林斯基（Saul Alinsky）在一九七〇年代以這種行動主義為題寫了許多文章。阿林斯基是塑造現代社區組織的重要思想家之一，他認為行動主義應該要有一個「敵人」。他根據自己的經驗，提出知名的十條「激進主義者守則」（rules for radicals），最後一條就是「挑選目標，鎖定目標，把它人格化和兩極化。」[18]他解釋說：「由於越來越難為某種特定的罪惡挑出特定的罪魁禍首……越來越大的威脅就是辨識敵人。顯然地，除非有攻擊的目標，否則（激進）策略就沒有意義。」[19]ＢＬＭ的敵人通常是警察個人、整個警察部門，和政治人物（被視為更廣泛的種族主義和不平等的象徵）。辨識敵人是非常有效的方法，能夠吸引舉世注意，讓許多人參與。追求改變就像好萊塢電影一樣，變成了好人與壞人之間的決鬥。

公開反對ＢＬＭ的一派試圖扭轉局面，讓ＢＬＭ本身成為敵人。二〇一五年八月，媒體拍到抗議人群在明尼蘇達州聖保羅的ＢＬＭ示威遊行中高呼反警察的口號，說他們是：「起酥香腸捲，像炸培根一樣炸他們。」福斯新聞（Fox News）就以此作為ＢＬＭ任務之一例。有位福斯新聞節目主持人甚至說：「ＢＬＭ的議題是可以殺害警察。」[20]這段影片日後多次在新聞媒體中播出，每當有警察執勤遭殺害時，就用來汙蔑ＢＬＭ。

在這樣對抗的環境中，最響亮、最分裂的聲音接管了公眾對話。在許多人看來，沒有憤怒議題的聲音，就變得乏味無聊。我們之中選擇不參加喊叫比賽的人，就常被參與者指控為缺乏火力的中間派。許多現有的行動人士被ＢＬＭ的主導地位取代，或者保持緘默，只剩下最極端的批評者反對該組織。

二〇一四年十二月，我協助主辦一場在多倫多市政廳舉行的會議，討論在麥克·布朗和艾瑞克·加納（Eric Garner）遇害後，當地行動分子如何支持改善佛格森和紐約市警政的工作，同時也推動多倫多本地的變革。這場會議訂在由BLM組織的一次集會之後舉行，以便人們可以一起參加這兩項活動。那天大約有四十人來到市政廳，其中包括許多我熟悉的人。

在我概述了我們可以考慮研究並提交給政府部門和執法機構的不同政策構想時，我發現會議室裡氣氛緊張。剛參加BLM集會的人對憤怒比對政策更有興趣。他們中有些人盯著我，彷彿我和他們毫無關係，因為我沒有把警察說成是我的敵人，而且也因為我認為我們應該與他們互動以求改變。在會議室裡的每一個人都有機會分享他們對我們應該如何向前邁進的看法之後，我請願意協助我編寫我們該做而未做政策報告的與會者寫下他們的電郵地址，結果在場的四十人中，有七人簽了名。

幾個月後，到二〇一五年二月，我們這個小組完成了政策報告。我們付出了很多努力，也真心相信我們探索的想法可能有助於預防佛格森和紐約市悲劇所凸顯的問題。這些想法包括任命特別檢察官調查警察殺人案件，改善獨立的公民投訴程序及公民監督委員會，建立更多的驗屍裁判法庭，並建立具有心理健康專業知識的流動危機干預團隊。

一連幾個月，我們一直試圖讓人們聆聽我們的想法，但卻一直沒有得到認同。政壇人物雖然對我們微笑，但拒絕展開對話。而當記者發現我們不是要對抗警察，似乎就感到乏味。

警察的反應則是防衛自己，彷彿任何想要他們改變的人都認定他們是種族主義者。原本可能是盟友的社運人士則站到ＢＬＭ那邊，並不參與對話。

我覺得我們就像置身在所謂的文明衝突中，被困在支持警察和支持ＢＬＭ的人之間。我先前所見到寶貴的行動主義扎根之處，比如史洛利的努力，則已經大幅縮小。於是我們的政策報告也遇到了和其他許多報告同樣的命運——塵封在架上。

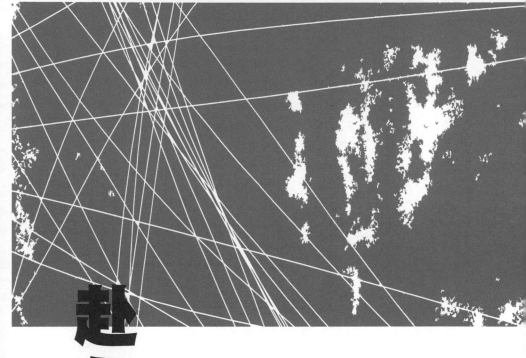

赴布魯塞爾

Chapter 11

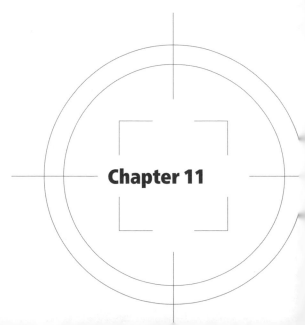

法學院畢業後的兩年內，我一方面想成為多倫多本地社區的社運人士，同時又在企業界工作。我白天是企業律師或管理顧問，晚上和週末則努力改變我所居城市的警政。我想不出如何以社運人士的身分謀生，但我的心思又沒有放在企業世界裡，所以我被困在這兩者之間。在思索我希望有什麼樣的事業生涯時，我回想起在紐海文和紐瓦克的學生時代，我在這兩地學到了一些方法，可以運用我所受的教育為他人創造機會。因此我回到大學，這回是擔任法律教授。我對法學院學術生活的興趣不高，而是希望能創立一些計畫，容許學生做我在耶魯大學時所做的事情：找出方法與大學外的弱勢社群共享大學資源、網絡和技能。

我於二〇一五年秋天開始在多倫多的奧斯古德法學院（Osgoode Hall，約克大學法學院）任教。傑出學生在我第一堂研討課中的表現，讓我輕而易舉地過渡到教學生涯。班上的學生與附近的社區組織合作，創造了一些計畫：增加選民投票率、減少入獄青年的人數，並教育社區團體有關安大略省的新種族定性立法。在一個學期之內，我們的表現就超出了人們對學生活動者的所有期望。我以為接下來我也會在冬季和春季班再次授課，但二〇一五年十一月發生巴黎恐襲，因此接下來那個學期，我展開了一個在布魯塞爾的研究項目。在奧斯古德法學院的支持下，我於二〇一六年二月前往布魯塞爾，了解那裡的ＩＳＩＳ恐怖組織怎麼會有這麼大的影響力，變得這麼危險，並探究歐洲年輕人和我在多倫多協助的年輕人之間有沒有相似之處。

在巴黎恐襲的前幾年，在阿布・貝克爾・巴格達迪（Abu Bakr al-Baghdadi）的領導下，ISIS占領並統治了敘利亞和伊拉克的領土，並策畫了對中東、北非和歐洲的恐怖攻擊，因此在國際間聲名狼藉。這些年來大家對ISIS成員人數的估計差異很大，由數萬到數十萬不等。美國參議院國土安全和政府事務委員會主席羅恩・強森（Ron Johnson）參議員在巴黎攻襲事件前幾週報告說，有二萬八千名外國戰士（包括至少五千名西方人）前往敘利亞和伊拉克加入ISIS。[1]

ISIS的起源可以追溯到一九九九年。這個組織在伊拉克歷史悠久，包括與賓拉登和蓋達組織都有關係。儘管這個組織自稱是伊斯蘭國家，但卻與世界上大多數地區主流的伊斯蘭教並不一致。ISIS是少數穆斯林中的少數。它是遜尼派穆斯林薩拉菲派（Salafist）暴力團體的一部分。緬因州科爾比學院（Colby College）政府研究教授吉蘭・德諾（Guilain P. Denoeux）曾發表一篇被廣泛引用的文章，說明薩拉菲主義與其他類型的伊斯蘭教有何區別：「薩拉菲主義敦促信徒回到穆罕默德及其同伴所奉行原始、純淨、正統的伊斯蘭教形式。它拒絕了古蘭經未直接支持或在穆罕默德的作為和言論沒有先例的任何慣例習俗（例如蘇菲儀式）、信仰（例如對聖徒的信仰）或行為（例如習慣法所依據的行為）。」[2]

值得注意的是，大多數薩拉菲派都不是聖戰士（Jihadists）。聖戰分子的特點是以暴力對抗和他們意見不同者，包括大多數穆斯林在內。《大西洋》（*The Atlantic*）雜誌的格雷姆·伍德（Graeme Wood），曾發表過發人深省的文章〈ＩＳＩＳ真正想要的是什麼？〉（What ISIS Really Wants），解釋ＩＳＩＳ獨特之處在於「經過深思熟慮的承諾，使文明恢復到七世紀的法律環境，最終帶來啟示。」[3]

巴黎恐攻是由ＩＳＩＳ在布魯塞爾的行動小組執行，他們也因此引起了全球的關注。我和一群加拿大記者一起到達布魯塞爾，他們也希望找出年輕人激進化的根源，以及為挽救年輕男子免受極端分子的招募該採取什麼樣的措施。就像歐洲大城市的火車站一樣，布魯塞爾南站火車站也很漂亮。我們一出站，我就左顧右盼，看到了我期望的城市：形形色色的人口、優美的建築、整潔的街道和正在拍照的遊客。可是當場最引人矚目的，是身穿制服的士兵在車站巡邏。不論是大廳、出口、出口外，幾乎到處都看得到。後來我才知道比利時政府在公共場所派駐這些士兵，部分原因就是回應巴黎恐攻。

我們叫計程車到莫倫貝克區（Molenbeek），這一區已成為國際知名巴黎恐襲者的大本營。ＪＥＳ（發音如 yes）青年組織的總部正有一場會議等待我們參加。ＪＥＳ自稱為「城市實驗室」，為布魯塞爾、安特衛普（Antwerp）和根特（Ghent）的年輕人提供各種教育計畫和社會服務。我們告知ＪＥＳ辦公室的地址是使用佛萊明語（Flemish），但計程車司機不知道它在哪裡。我以為我們發音不正確，但就算我們把目的地寫在紙上給他看，他仍然不確定我們要去的地方在哪。原來布魯塞爾有許多街道都有佛萊明語和法語的名稱，反映出這座城市正位於語言分隔的中間位置。我們的司機是摩洛哥人，他不會說佛萊明語，但他的法語卻說得很好。這個我們初來乍到就碰到的徵兆正說明了在有兩種語言的城市中，新來者可能會遇到多大的困難。最後，我們查看司機的老地圖集（自有網路以來你就再沒見過的那種），終於找到那條路的法文名字，好不容易才上路。

十五分鐘後，我們到達了ＪＥＳ辦公室。關於莫倫貝克有些錯誤的報導說，這是離市中心很遠的郊區，類似於巴黎的 banlieuees（郊區），但其實它和市中心的距離並不遠。一路上，我們在右邊看到了構成市中心的許多舊建築，在左邊則是一條運河。接著我們經過一座橋梁，穿過運河，進入莫倫貝克。

一越過運河，它就更像是一道邊界，而非自然景觀的一部分，一切都變得截然不同。莫倫貝克這一部分盡是北非和穆斯林人口，年輕人似乎無所事事，到處閒逛，這是人們失業和輟學的徵兆。除了小零售店和平價餐廳外，罕有企業或雇主，幾乎沒有遊客。對於居住在該地區的約十萬人口，這裡的住房看起來也太少了。

如果你在紐約市，這裡的不同就像由曼哈頓變成哈林區；或者是像在芝加哥，由海德公園（Hyde Park）變成英格伍德（Englewood）或富勒公園（Fuller Park）；或是在多倫多，就像沿著西芬治大道（Finch Avenue West）行駛的一些景觀。在布魯塞爾，穿越運河，進入莫倫貝克的歷史中心，也是這一區市政當局的所在地。但布魯塞爾和我所去過的北美城市最大的區別是一切看起來多麼古老：道路和房屋是用石頭建造的，公共建築就像來自另一個時代。基礎設施的年代讓已清晰可見的不平等景觀更加根深柢固，甚至更難改變。

JES總部的入口在大門後面。我按了鈴，JES的工作人員熱情地出來招呼我們。加拿大記者和我參觀了這裡的設施，也看到一些年輕人走過，對這個地方做了很好的說明。但是我在一些參與JES活動的年輕穆斯林身上觀察到防衛或懷疑的態度，在我把這樣的氛圍向一位高階經理提出時，他要我在沒有記者在場時再次與他們交談。據他說，「在這裡，人們最不信任的是錄影機，其次是警察。」

我在莫倫貝克的頭一天，有兩名JES學員表現出不想與我交談，他們分別是尤尼斯和蘇斐安，兩人的年紀都和我差不多。第二天，記者返回倫敦後，尤尼斯和蘇斐安的態度變得友好很多。

尤尼斯的父母是摩洛哥移民，他在莫倫貝克土生土長，曾經入獄一陣子，但後來為了JES的教育機會而來，他希望有朝一日可以開餐廳，自己當老闆。尤尼斯說，莫倫貝克以外的人都認為他是恐怖分子，並舉出邊境官員拒絕他進入其他歐洲國家，和警察在看到他身分證上的出生地「莫倫貝克」後發表的言論為例。尤尼斯的妻子是比利時白人婦女，她的老闆看到他接她下班後，就把她解雇了。他想要自行創業的原因是，他不必容忍其他人的偏見，他的妻子也不必。尤尼斯的眼睛和肢體語言反映了他的憤怒，他看起來很疲憊。

蘇斐安大約在五年前由摩洛哥移民到比利時。他住在布魯塞爾，是莫倫貝克以外的地區。他看上去雖然並沒有尤尼斯那樣憤慨，但也顯得非常沮喪。在蘇斐安看來，比利時雖然有比在摩洛哥更好的經濟前景，但他說，他覺得自己比在摩洛哥不自由。住在布魯塞爾讓他面對了新聞媒體和警察的負面關注，這是他先前從未接觸過的。我們更熟稔之後，他也熱情地分享了他因記者而感受到的挫敗，以及他們對莫倫貝克作為恐怖分子溫床的描繪。

尤尼斯和蘇斐安感覺自己被周遭世界排斥，他們也反過來拒絕了這個世界的一部分，但並非全部。他們參加了JES計畫，這表示他們相信未來可能還是會有美好的事物等著他們——儘管他們蒙受了羞辱，但仍然可以抓住一些機會。在JES，他們參加了烹飪職訓計畫，這個計畫是要為輟學的失業青年提供餐飲業的機會。大多數參與者在完成訓練後，都可到餐廳實習或工作。

尤尼斯和蘇斐安與我的興趣相似，他們也想談談年輕人在比利時穆斯林社區中遭到的排斥。對他們來說，與像我這樣的人談他們社區中的挑戰，是反擊新聞媒體刻板印象的一種方式。他們希望把注意力由發動巴黎恐襲的恐怖分子轉為他們認為是更重大的問題。他們最擔憂的問題之一是，莫倫貝克四十%的青年失業率。[4]他們認為這個問題和其他類似的問題使年輕人感到沒有希望，因此容易受到聖戰分子的影響。根特大學根特國際研究所所長瑞克・庫爾薩特（Rik Coolsaet）把這種絕望稱為「沒有未來」的青年次文化，他觀察到，對離開比利時加入ISIS的外國戰士而言，「前往敘利亞似乎逃避了看似沒有希望的日常生活。」[5]

尤尼斯和蘇斐安提到的另一個問題，是比利時禁止在公立學校戴穆斯林頭巾（hijabs），後來我也向參與「我的頭我決定」運動（Baas over Eigen Hoofd）的婦女請教了更多的相關看法。[6]禁戴頭巾是一些穆斯林學童上學的障礙，也阻礙了合格的穆斯林婦女擔任老師的工作。不論對男性或女性，它都是比利時偏狹的象徵。

撇開宗教自由論點不談，禁止戴頭巾是一種強制同化的政策，在歷史上一直未能促進少數群體的融合。一次大戰期間和之後，美國禁止人們在學校裡講外語，以強迫某些少數民族社區同化。史丹福大學政治學教授維琪．傅卡（Vicky Fouka）對一九一七年至一九二三在美國的德國家庭進行了研究，發現這些外語禁令並沒有達到預期的效果。受語言禁令影響的德國人同化程度比全美其他地方的德國人低。她的發現是基於以下的觀察結果：受禁令影響的德裔與其他德裔相比，在二次大戰時自願參加美軍的可能性較小，更可能在德國社群內婚嫁，並給孩子取德國名字。傅卡警告說，「在如歐洲的穆斯林人口這種邊緣化的貧困群體中，同化政策的負面影響更可能發生。」[7]

我參加了尤尼斯和蘇斐安烹飪課所辦的活動，一起度過了幾個小時。他們兩人邀請我和他們的同學聊聊，讓我結識更多他們社群中的成員。這項邀請對我意義重大，因為這表示他們信任我，即使只是一點點。我與烹飪班同學的對話進行得很順利，所以ＪＥＳ邀請我也去其他班級聊聊：家政、建築和非全日制高中課程。我遇到了來自布魯塞爾各區以及不同種族、宗教和語言背景的六十至八十名學生，大多數年齡都在十六至三十歲之間。

我在ＪＥＳ遇到的人普遍厭惡新聞媒體。這些學生因無法控制人們對他們社群的看法而感到沮喪，感到無言。他們也共同關注比利時對待移民和少數族裔的方式，他們形容比利時特別敵視多元化。一名學生指著他的棕色皮膚說：「如果你看起來像這樣，就不是比利時人。」各族裔和地區的年輕人都用「比利時人」一詞來形容白人同伴，而非任何在比利時出生，或持有比利時公民身分的人。對於他們在比利時的歸屬感，這是有力的批判。

對於年輕人為什麼會受ＩＳＩＳ等群體吸引，我也聽到了不同的意見。我所見到的許多學生都同意尤尼斯和蘇斐安的觀點，認為在莫倫貝克這樣的地區，年輕人面臨的主要問題是由於失業和歧視而遭主流社會排斥。其他人，尤其是來自撒哈拉以南非洲地區的人則指出，比利時的黑人社區也有類似的掙扎，但沒有人加入ＩＳＩＳ。一名來自剛果的學生激動地說，受ＩＳＩＳ吸引的「不是基督徒，不是黑人，是穆斯林」。對於伊斯蘭教應為巴黎恐襲事件負多少責任，學生之間有火爆的爭論。

有些具有摩洛哥背景的學生建議，更多伊斯蘭教育會有助於確保穆斯林青年不那麼容易受到如聖戰分子鼓吹的那種扭曲伊斯蘭教義的影響。在巴黎社會科學高級研究院（School for Advanced Studies in the Social Science）任教的法國哲學家皮耶．馬南（Pierre Manent）主張投資當地的伊斯蘭教育，這是他對法國民族主義願景的一部分。馬南認為，由於年輕的穆斯林只是書面上的法國人，但在政治上卻和法國並無關係，因此促成了法國聖戰組織的成長。他計畫建立政治依附關係的核心部分需要「政府堅持要清真寺和文化組織切斷與阿爾及利亞、突尼西亞及其他外國的聯繫，而積極宣揚法國本土的伊斯蘭教。」[8]

我在莫倫貝克頭幾天的對話預示了我在比利時大部分時間的情況。穆斯林十分提防他人，彷彿比利時其他的人都指著他們說：「你們有問題。」而且新聞媒體擴大了這樣的訊息。比利時政壇人物似乎加劇了這種提防的心態。比利時法蘭德斯地區最大的城市安特衛普市長巴特．德．韋佛（Bart De Wever）曾提出引起爭議的意見，指比利時問題的根源在於以穆斯林為主的族裔柏柏爾（Berbers）人。他說：「他們形成了極其封閉的社會，對政府不信任。」[9]比國內政部長揚．賈邦（Jan Jambon）則把巴黎恐攻的責任放在莫倫貝克整區十萬人口上，發誓要「清理莫倫貝克。」[10]

我在ＪＥＳ遇到的所有人中，最突出的是十六歲的摩洛哥少女莎拉，她在非全日制高中上課。莎拉身材矮小，一頭黑髮，身穿皮夾克。當我見到她時，她班上的其他同學都在外面，攀爬金屬結構體上體育課，但莎拉身體不適，所以留在教室裡，透過窗戶看同學們玩耍，我陪她聊天。莎拉向我提及她希望未來能在加州生活的夢想，以及她對美國時尚的熱愛。她還提到自己是瑪麗蓮·曼森（Marilyn Manson）的忠實粉絲，想參加他的音樂會。她甚至說服我下載他的一些歌曲。我確實按照承諾聽了這些歌曲，不過它們在我手機上的時間並不長。

莎拉有一個只比她大幾歲的表哥赴敘利亞加入ＩＳＩＳ，這讓莎拉感到煩惱，但她還是很堅定地談起這件事。她說，他的離去讓她和其他家人大感驚訝。他們知道他不快樂，但從沒想到他會做出如此極端的決定。

我問：「為什麼你的表哥想加入伊斯蘭國，而在同一個家族和鄰里生長的你卻不想？」

她說：「我不知道。我們想了很多，但仍然不知道。」

但在我們回頭談論瑪麗蓮·曼森多麼古怪之時，莎拉卻低調地對她表哥提出一些頗深入的見解，教我大感吃驚。比利時全國和舉世各地的人們都努力想要理解為什麼人們會受到聖戰分子的影響，但莎拉卻很自在地就接納了這個問題的複雜性。她毫不忸怩地說她不知道，也並不想提出簡明扼要的解釋。

莎拉的低調是一種有用的方法，用來思考年輕人造成破壞的多種原因。尤尼斯和蘇斐安所描述「沒有未來」的青年次文化常被用來解釋為什麼年輕人會受宣揚伊斯蘭與西方衝突群體的吸引。其他的解釋比較少著重在是什麼推動青年走向這些組織，而是強調是什麼把青年往它們的方向拉。研究人員發現，「針對無法透過合法管道表達的基本存在慾望，聖戰組織可能提供了出口」。[11]加入聖戰組織的人也受到「追求更高目的、意義、身分認同和歸屬感」的動力推動。[12]

加州海軍研究院（Naval Postgraduate School）國家安全事務部主任穆罕默德・哈菲茲（Mohammed Hafez）把對聖戰激進分子的各種解釋比喻為拼圖。他指出，拼圖由委屈不平、人際網絡、意識形態和支持結構組成。他說：「就像結構相似的拼圖，一旦它們的各個部分相互連接，就可以顯示出不同的圖像一樣，在激進化的案例中，即使激進化的變數一再出現，也可以展現出巨大的多樣性。拼圖的比喻也有助於突出激進變數相互依賴的性質，一片拼圖會包含鄰片的元素。」[13]

我需要比莎拉多幾年的時間，才學會低調地承認人們做抉擇的複雜性，但這是由看到我所關心的人一再做出錯誤選擇才學到的一課。在我與JES的人談話中，可以清楚地看出，無論我們談的是效忠聖戰分子，或者曾入獄，或需要工作或教育的年輕人，莫倫貝克的青年與他們稱之為家的國家之間都存在鴻溝。JES試圖藉著充當與這些年輕人聯繫的主流機構來縮小這一差距。

幾個月後，尤尼斯和蘇斐安由JES烹飪計畫結業時，我還在莫倫貝克。我在他們獲得證書，象徵人生下一章的那天看到了他們。他們臉上掛著燦爛的笑容——尤其是尤尼斯。我恭喜他們，並祝他們一切順利。對於在成長過程覺得無望的人而言，像這樣的年輕人對於改善社群的生活至關重要。他們的同伴以及他們之後的世代將把像尤尼斯和蘇斐安這樣的人看作是全球矚目負面例子的正面對立面。

沒有信仰的激進分子

Chapter 12

我在歐洲之時，不同年齡、不同城市和不同族裔背景的穆斯林都想讓我知道，組織巴黎恐襲事件而使莫倫貝克惡名昭彰的兩個年輕人阿布阿烏德和薩拉赫．阿布德斯蘭並非虔誠的穆斯林。人們多次告訴我，這些年輕人他們的行為不應和伊斯蘭混為一談，不僅是因為他們的罪行與教義不一致，也因為他們的人生並不虔誠。根據我在莫倫貝克訪問多人的說法，阿巴烏德和阿布德斯蘭根本就未被視為信仰社群的成員。

在活躍參與信仰社群的人和濫用宗教的無信仰激進分子之間，區別未必總是很清楚，但在西方國家許多ＩＳＩＳ啟發的活動中確實適用。在ＩＳＩＳ所招募來執行恐怖陰謀的年輕男子中，對宗教信仰的程度各有不同層次。據報導，二〇一六年七月十四日在法國尼斯殺死八十六人，並造成四百多人受傷的穆罕默德．拉胡瓦杰－布哈勒（Mohamed Lahouaiej-Bouhlel）是在他發動攻擊前幾個月才開始赴當地的清真寺。在那之前一個月，在佛羅里達州奧蘭多市炸死四十九人，炸傷五十三人的奧馬．馬丁（Omar Mateen）似乎虔誠得多，數年來每週都赴當地清真寺數次。曼徹斯特體育場炸彈客薩曼．拉曼丹．阿貝迪（Salman Ramadan Abedi）於二〇一七年五月發動攻擊，造成二十三人喪生，百餘人受傷，據報導，他和哥哥及父親一起上曼徹斯特的一座清真寺。

自認是穆斯林卻幾乎不參加宗教儀式，即使有也很少，似乎是西方世界聖戰分子常見的型態。二〇一六年，美聯社分析了數千份外洩的ＩＳＩＳ文件，總結了三千名新兵對伊斯蘭的了解。在這些新兵中，有七十%的人對如伊斯蘭教法（Sharia）的伊斯蘭教要素只有基本的了解。[1]同樣在二〇一六年，法國當局監控疑似有激進分子傾向的上萬名年輕男女，其中有四千人是改信伊斯蘭教，這表示他們並不是從小就接受這個宗教，也並不是來自穆斯林家庭。[2]在美國，自二〇〇一年九一一事件後，因恐怖主義相關罪行而被捕的人數以二〇一五年最多。在被捕的五十六人中，有四十%是改信伊斯蘭教者。[3]這個數字在歐洲也和北美一致。英國智庫亨利・傑克遜學會（Henry Jackson Society）的一項研究調查了二〇一四年七月至二〇一五年八月間在西方的三十二個ＩＳＩＳ恐怖分子陰謀，也發現四十%的涉案者（大多數是年輕人）都是改信伊斯蘭教。[4]

《紐約時報》把ＩＳＩＳ的招募工作描述為吸引「中間人」（in-betweeners），即「尚未確立身分認同的年輕人」，他們身分的不確定性「使他們容易受到傷害」。[5]這種不確定通常是因為移民和種族或宗教認同，但這也源自於對生活的不滿。在煽動西方與伊斯蘭之間的衝突中，ＩＳＩＳ既能吸引想要與西方鬥爭的人，也能招募想要為伊斯蘭而戰的人。

例如我在歐洲遇到的一名社工人員就談到一個十來歲年輕人的案例，ＩＳＩＳ招募他赴敘利亞打仗。由於父母和他一名手足之間的問題，使他的家庭分裂。ＩＳＩＳ的招募人員把這些痛苦的經歷歸因於西方的生活方式，聲稱西方破壞了傳統家庭，因為它反對穆斯林和伊斯蘭教。這樣的訊息引起了這個年輕人的共鳴，要不是警察和社工人員的干預，這個年輕人幾乎要放棄在西方的家園。

另一個例子是亞倫．朱萊佛（Aaron Driver），一個出身基督教家庭的二十三歲加拿大白人青年，他效忠ＩＳＩＳ，並策畫了在安大略省的恐怖行為，但遭警方破獲。朱萊佛的父親說，兒子十六歲時母親去世，之後他就開始走上激進分子之路，他變得「退縮，不願談自己的哀傷。」[6]他對周遭世界感到不滿，並希望以ＩＳＩＳ成員的身分攻擊世界。

在像比利時這樣的國家中，沒有信仰的ＩＳＩＳ新人在犯罪活動方面的背景遠高於宗教背景。比利時的監獄系統被稱為聖戰分子的溫床，因為許多ＩＳＩＳ新兵都在比國監獄裡度過一段時間。[7]全球各地的監獄，尤其是歐洲監獄，都在為聖戰分子激進化的成長而困擾。[8]在比利時，估計有二十至三十％的監獄人口被確定是穆斯林，而比利時全國總人口中只有六％是穆斯林。[9]在法國，比例差距的情況更嚴重。[10]

在巴黎恐襲發生約十年前，記者辛德・法拉希（Hind Fraihi）記錄了莫倫貝克聖戰分子激進化的早期跡象，他注意到ＩＳＩＳ刻意在罪犯中招募新人，「它需要他們，因為他們懂得槍枝，知道藏匿之處，以及祕密活動的環境。」[11]犯罪活動也協助ＩＳＩＳ籌集資金活動。在布魯塞爾建立ＩＳＩＳ恐怖組織分支機構而入獄的聖戰分子哈立德・澤卡尼（Khalid Zerkani）據說就「把現金和禮物送給他招募為小偷和準戰士的年輕人。官員說，這些人為自己的目的，會以火車站和遊客為目標，偷竊行李、扒竊，這些不法所得被用來支付由歐洲送新聖戰分子到中東戰場的費用。」[12]

我在比利時待的時間長一點之後，社群領袖也向我說明了輕罪犯和聖戰分子之間的重疊之處。我在布魯塞爾的那段日子一直都住在莫倫貝克，也經常走過那裡的歷史中心，當地人稱這個地區為 Étangsoirs-Ribaucourt-Bonnevie 三角地帶，這三個地名就是它非正式邊界的三個地標。我頭幾次走過這一區時，注意到高犯罪率地區的熟悉景象：無所事事的年輕人、毒販，和幾家看似掩護犯罪活動的餐廳。

後來我與一位莫倫貝克當地社區的領導人一起走過同一地區，他指著我看到的毒販正和散布聖戰宣傳的人在一起。聖戰組織的招募人員竟能如此公開活動，而且還是在公園裡，教我十分震驚。不過毒販公開活動的區域本來也就是其他罪犯有膽行動的地方，不足為奇。

另一位社區領袖（這次是在布魯塞爾北部的一個城市）也讓我對輕罪犯和聖戰士激進分子之間的這種重疊有所了解。他告訴我有些孩子不滿當地的青年中心，因為其中一個同伴在那裡偷竊，受到懲罰。當地傳言說，這些孩子為了報復，所以趁深夜縱火燒了青年中心，迫使它關閉了幾個月。即使這些謠言四處流傳，但警察找不到願意出面的證人，社區民眾不願提供任何有用的訊息。據當地人說，這個主要是穆斯林和來自北非的居民因為不信任警察，所以不願與執法者溝通。這也是我聽說聖戰激進行動增長情況引人憂慮的街區之一，這並非巧合。在警察和居民不溝通的地區，執法單位恐怕難以取得對抗聖戰分子所需的情報。

比利時的某些社交圈視聖戰組織為時髦，而且有好萊塢風格（與我成長時所喜愛的黑幫次文化沒有什麼不同）。在布魯塞爾一名青年工人給我的一篇文章中，記者庫爾特・艾許瓦爾德（Kurt Eichenwald）把他在比利時看到的稱為「為流行聖戰」而戰的「聖戰潮人」，他們「對饒舌歌手圖派克・夏庫爾（Tupac Shakur）所知的比對賓拉登的了解更多」。[13]艾許瓦爾德說，ＩＳＩＳ在比利時招募的年輕人喜歡饒舌音樂，他們身穿 Urban Ummah 等伊斯蘭品牌服裝，在社交媒體上使用伊斯蘭的主題標籤，並且身穿中東服飾自拍。在布魯塞爾少年感化所內與聖戰組織合作的穆斯林顧問穆罕默德・阿茲特拉維（Mohamed Azaitraoui）也有類似的說法，他認為與他合作的許多青少年要前往敘利亞時，「都以為自己是藍波」。[14]

歐洲其他地方也有「流行聖戰」組織。倫敦國防安全智庫皇家三軍聯合研究院（Royal United Services Institute）的國際安全研究主任拉斐爾・潘圖奇（Raffaello Pantucci）把英國的聖戰分子形容為：受到「成為國際恐怖分子的念頭吸引，這個角色很酷，就像另一種○○七一樣──伴有全球旅行、在海外的祕密接觸、參與槍械訓練營，而這一切都是為了協助改變世界的意識形態。」[15]

犯罪與宗教之間的連繫並非比利時獨有。參加犯罪次文化的年輕人在試圖改變人生時，常常希望由不道德的生活中獲得救贖，並尋求幫助，在幾乎沒有道德紀律存在之處建立道德紀律。如麥爾坎・X和西城瘸幫（West Side Crips）街頭幫派的領導人物史丹利・「圖基」・威廉斯（Stanley "Tookie" Williams）等偶像人物顯得十分突出，成為罪惡一生的惡人向宗教尋求救贖的典範。皮尤研究中心二〇一二年對美國監獄牧師的調查發現，並非只有麥爾坎和威廉斯依靠宗教來補償一生的犯罪。這項調查顯示，宗教皈依和宗教極端主義在囚犯中十分普遍，四分之三的牧師認為宗教計畫對犯人更生十分重要。[16]

聖戰組織利用這些聯繫，並以救贖一生罪惡的方式來行銷它們的目標。一位比利時調查人員指出道德破產與聖戰激進化之間的關係。他解釋說：「有一個人由敘利亞休假回家訪友。我們知道他在敘利亞，他會偷偷溜回小鎮與朋友見面，上夜店尋歡。我們監控他，知道他在回到敘利亞之前先上夜店吸食古柯鹼和飲酒。」[17] ＩＳＩＳ說服這個年輕人可以在休息時放縱自己為所欲為，因為他終將為他們的聖戰目標犧牲，因而會消除他所有的罪過。

這個救贖的可能性就類似於向受到獄中或街頭聖戰組織吸引的輕罪犯人所提供的救贖機會。這是一條出路，也是讓你感到自己成為好人的出路。許多宗教都提出罪人可透過某些行動尋求寬恕的想法。

我在莫倫貝克訪問ＪＥＳ期間認識了哈姆扎，這個年輕人也有自己的犯罪和宗教經歷。哈姆扎自稱為摩洛哥裔的穆斯林，他在獄裡待了幾個月，最近才出獄。他在被捕前剛生了孩子，因此入獄的時間對他來說尤其難熬。他年齡與我相仿，只是沒有就業技能或學歷，因此照顧家庭的前景使他內心負擔沉重。

像哈姆扎這樣的年輕人通常在ＪＥＳ參加烹飪、建築或安全課程，但他並沒有參加這些計畫。相反地，我在一班我沒想到他會參加的課堂上看到他：家務管理班。哈姆扎是這班唯一的男生，因此特別搶眼。我試著想像他為什麼受到做家務的吸引，我知道很多男人對擔任管家的想法感到不自在，身為家政工作培訓全班二十人中唯一一個男人也同樣不自在。

「身為班上唯一的男生，會覺得困難嗎？」我問他。

「我來這裡是為了改變我的生活，」他很老成地說道，就像很有抱負的人一樣：「我得要為家人工作。這是我能得到的工作。我曾經離開女兒，現在我回到這裡，我需要工作。」哈姆扎後來告訴我他被捕的一些細節，他和一群人一起惹上麻煩，但他是唯一入獄的人。

「你的朋友有沒有像你一樣想要工作？」我問道：「他們有改變生活嗎？」

「沒有，他們還是一樣。但我不一樣。我入了獄，離開了女兒。我改變是因為我需要改變。」

哈姆扎說他很虔誠，我也看到了一些證據。在我們對莫倫貝克的討論中，他有個同學批評了伊斯蘭教，哈姆扎非常生氣，熱烈地和她爭論，但他態度得體，也很克制。在她對穆斯林發表煽動性的評論時，我看到他眼中的怒火。後來他告訴我，他不喜歡人們說巴黎恐襲這樣的罪犯是穆斯林，在哈姆扎眼裡，他們不是穆斯林。現在，身為在世上行善的人，他相信他可以自信地說，自己是穆斯林。他試圖向同學解釋這樣的差異，但是她不聽。他聽到她的話時，可能會感到內疚。畢竟就是因為像他和他朋友這樣的年輕人參與犯罪，才讓人們有理由不公正地把伊斯蘭教認定為暴力宗教。

即使哈姆扎現在自認為是穆斯林，在他描述自己出獄後的救贖道路時，卻避談宗教或宗教觀念。他把重點放在家庭。他說：「有女兒真好。」這話的背後不只是要做更好的人，也是因為他知道如果沒有家庭讓他有焦點，他可能會繼續做出破壞性的選擇，因而容易受到危險犯罪分子提供的救贖承諾吸引。這些危險分子決心盡可能煽動年輕人，讓他們採取激進的行動。

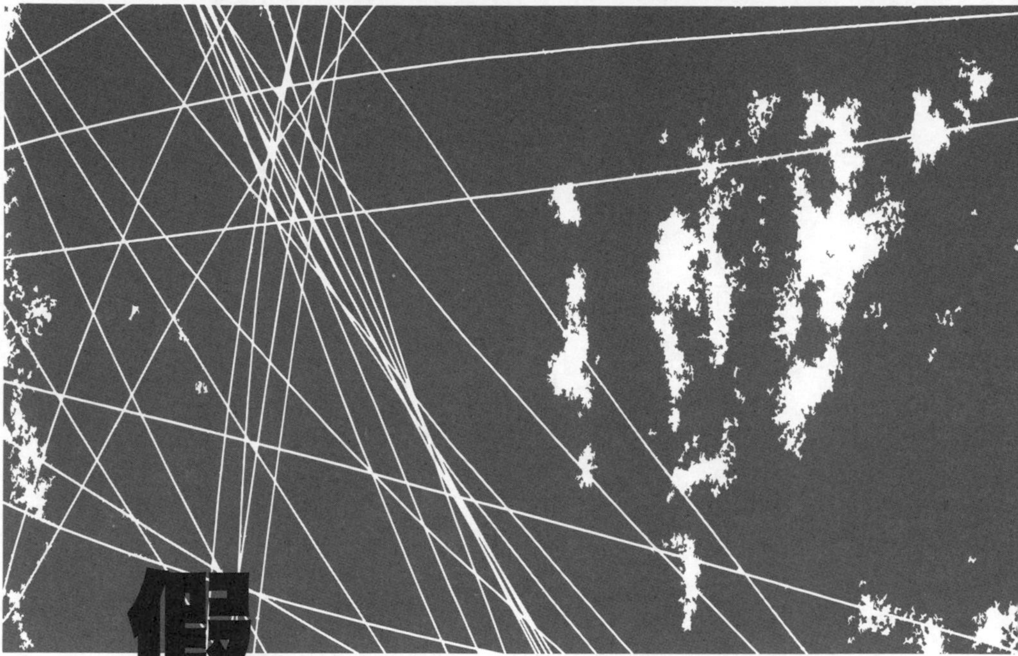

假新聞

Chapter 13

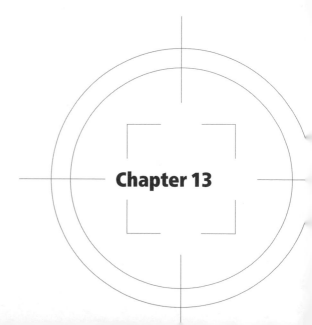

最後一名據稱在逃的巴黎恐襲者薩拉赫．阿布德斯蘭被捕時，我在比利時已待了約一個月。他已經躲藏了四個多月，就我在布魯塞爾聽到的故事，他就像是神話中的人物。大多數人都不恥他犯下的罪行，也有人說他轉移了人們對整個國家實際問題的注意力，他們認為他是被新聞媒體邪惡力量推出來分散注意力的擋箭牌。

阿布德斯蘭於二〇一六年三月十八日週五的晚上被捕。那晚我在布魯塞爾以北一小時的安特衛普，向一個比利時青年組織報告我的研究成果。演講後，這個組織的工作人員聚集在青年中心聊天、喝酒和吃飯，可是等他們接到布魯塞爾同事的電話和簡訊，告訴他們阿布德斯蘭落網，好時光就被打斷了。警察和士兵蜂擁到莫倫貝克逮捕他，大家擔心這對與阿布德斯蘭或ＩＳＩＳ無關的無辜居民代表什麼意義。一名住在莫倫貝克的工作人員立刻起身回家，因為她擔心接下來會發生的情況，急著趕回去支持家人。

第二天早上，我回到莫倫貝克，在附近走動，與人們聊天，想要了解前一天晚上發生的情況。聽起來很緊張。有人告訴我 YouTube 上有整個逮捕過程的影片，但我還沒有看。到下午，我前往莫倫貝克的一個社區中心，摩洛哥青年協會（the Association des Jeunes Marocains，簡稱ＡＪＭ）。ＡＪＭ是我在布魯塞爾最喜歡的地方：這是個熱情友好的社區中心，除了提供各種教育服務外，也是年輕人和成人會議和活動場所。這個中心的核心是一群關係密切的年輕人和工作人員，他們熱情地歡迎我，讓我覺得賓至如歸。

莫倫貝克摩洛哥社區的長者在逾三十五年前創立了AJM，為的是要讓沒有自己空間的摩洛哥年輕人有個可以歸屬的地方。AJM位於美好生活公園（Bonnevie Park）附近，這是莫倫貝克汙名化最嚴重的地區。青年協會位於一棟古老的建築中，上面有一個陳舊的標誌，上面以法文和阿拉伯文寫出它的名稱。標誌下方是兩扇藍色的金屬門，通向通往三層樓的樓梯：一樓是交誼廳，裡面有沙發、電視、廚房和乒乓球桌；二樓設有適合各種活動的體育室；三樓是員工辦公室及學生和成人學習的空間。

常來一樓交誼廳的大半是年輕人，由青少年到三十多歲都有。平常的晚上總有十至五十個人在那裡，他們是年輕人網絡的核心。他們在上學或工作後把交誼廳當成固定的聚會場所，和大家一起在這裡消磨時間，玩遊戲、看電視、吃附近餐廳做的摩洛哥風味三明治，或談論最新的新聞、體育，和音樂。

在阿布德斯蘭被捕的次日，我走進AJM大樓，在交誼廳看到一些熟悉的面孔，但並沒有任何工作人員。有人告訴我他們在樓上，所以我去找他們，希望了解他們對前晚事件的看法。在三樓的辦公室，我看到一群人擁擠在筆記本電腦旁，觀看 YouTube 上阿布德斯蘭被捕的影片，他們也招呼我一起看。

在這段短片中，有數十名警察和士兵接近莫倫貝克一棟看似排屋或公寓的建築，他們圍成半圓形堵在住所的門口，阻擋任何可能的脫逃路線。阿布德斯蘭開了門，面對大批穿制服男女舉槍對著他，他做了只能說像卡通片裡的愚行，竟然想逃跑。可想而知，這個做法行不通，他輕而易舉就遭逮捕，而且似乎還被射中了腿。

看完影片後，員工和年輕人繼續談它，把這段影片描述得幾乎十分可笑。一名工作人員諷刺地說：「有人說這是國際恐怖主義的犯罪天才？」人群中有一名青年笑了起來，說阿布德斯蘭企圖衝過一群警察和士兵是「愚蠢」。

在他們看來，這段影片證明了阿布德斯蘭不是新聞媒體說他是的那個人，而是證明他是個愚蠢的代罪羔羊，甚至是上了當。他們重播了影片，再次嘲笑阿布德斯蘭在試圖脫逃時多麼可笑。接著大家解散了，只剩下一些人還留著。

我問一名留下的工作人員：「你認為如果阿布德斯蘭不是巴黎恐襲的真正領導者，為什麼大家要說他是？」

他解釋說：「他們想要說，發動恐襲的是莫倫貝克和穆斯林。」

「『他們』是誰？」

他說：「這個世界必須要找個對抗的對象。在共產主義之後，他們需要一些對象。要想成為美國，非得要對抗什麼不可，他們選擇了伊斯蘭教。西方的觀點是反對伊斯蘭的。身為穆斯林的我們並沒有要入侵的目標，我們只想成為在歐洲生活的穆斯林。」

阿布德斯蘭被捕後，引發了許多關於當時比利時到底發生了什麼事的其他解釋。例如在他被捕的影片中，他試圖逃跑時手裡似乎拿著一張紙條，這張紙條就成了想要為故事加油添醋者的空白畫布。在一些人眼中，阿布德斯蘭的藏身處是怎麼發現的，也啟人疑竇。布魯塞爾警方說，他藏身的公寓點了「異常多」的披薩，讓他們覺得可疑。根據警方的說法，監視該地區的人知道那裡住了三個人，因此當他們訂了六個大披薩時，警方就懷疑住所中有更多人。但這種解釋並不能說服我在莫倫貝克見到的懷疑論者。

關於陰謀論最有說服力的證據是一份新聞報導，報導透露說，先前比利時梅赫倫市（Mechelen）的執法單位已接獲原可讓阿布德斯蘭在恐襲後更快被捕的情報，卻未採取行動。[1]一名專精激進活動的前幹員提醒當局注意阿布德斯蘭的表親阿比德・阿伯坎（Abid

Aberkan）有激進行為傾向，但梅赫倫警方認為這個訊息「不可靠」，因此未通報國家執法部門，也未告知布魯塞爾警方。後來證明阿伯坎就是藏匿阿布德斯蘭的人。要是有更多單位知道阿伯坎激進的傾向，那麼搜捕阿布德斯蘭可能就會更快有結果。在持陰謀論的人看來，這表示執法機構並沒有像表面上那麼努力搜尋阿布德斯蘭——或許因為他並非如官方所說的那樣，是恐怖威脅的核心人物。

我在比利時看到關於阿布德斯蘭和巴黎恐襲事件的懷疑論反映出更深更廣的問題：不信任新聞媒體是真相的權威。許多人將記者視為假消息和汙名化的推手，而不是真相的守護者。新聞媒體以這種方式喪失信譽，造成了滑坡效應。人們對官方說法不屑一顧，而在沒有官方說法時，包括陰謀論和宣傳等形形色色的想法都會生根。

最初和我同赴比利時的加拿大記者回訪此地，要訪問幾位社區中心領袖，讓我親眼目睹了莫倫貝克對媒體的不信任。我們一行三人由ＡＪＭ步行到美好生活公園，這裡對我是個特別的地方，因為我在這裡看到了很多和我在北美見到的相同問題。除了眾所周知在那裡閒逛的毒販和聖戰分子外，公園裡還有很多想要擺酷的年輕人。當地的硬漢占用了公園，公園就像他們自家一樣。通常都不會有人注意我，因為常有ＡＪＭ的人陪著我，就算我一個人單獨行走，也可以混在人群中並不起眼。但我和記者一起進入這個公園時，卻有截然不同的經歷。

我們的隨行攝影師在公園足球場旁架好了設備，希望能在有關莫倫貝克的新聞報導中加幾個鏡頭。當地的一名硬漢看到我們，決定他要來自己介紹。我認出他先前也在這公園裡，因為他穿著相同的深紫色連帽衫，戴著黑色棒球帽。他走過來開始指責我們，要求我們離開，他說話時彷彿整個公園都屬於他似的。

不想被攝入鏡頭是完全合理的要求，但是他幾乎以演電影的方式表達了他的意見。他對待記者好像他們是狗仔隊一樣。這個景象讓我想起圖帕克在走出警局時對媒體的挑釁態度。當時這位饒舌歌手穿著底特律紅翼（Red Wings，冰球隊）的球衣面對記者，多次向他們吐口水。這個穿著紫色連帽衫的人雖沒有吐口水，但也有同樣戲劇化的動作，他揮舞手臂，環顧四周，確定人們得到了他想要傳遞的信息。不用說，我們在公園待不了多久。

在另一個社區中心，我遇到了一個沒有AJM榜樣和指導的年輕人穆罕默德，他是義大利裔的穆斯林，蓄著長鬚，在連帽運動衫下面穿著傳統的阿拉伯服裝。我們談起在布魯塞爾的穆斯林的生活，他非常擔心對伊斯蘭的恐懼和歧視。他來自另一個較富裕的地區，當地穆斯林居民較少。他說他的鄰居經常滿懷疑心地看他，他覺得自己不像個自由人。

在我們談話中，穆罕默德很強調新聞媒體的失真。在捍衛自己的信仰和社群時，他多次重複說：「他們講的都是關於穆斯林的謊言。」

「你從哪裡得到真實的消息？」我問道。

他拿出手機給我看他讀過的一些文章，許多是我可以看得懂大半的法文報導，有些則是我完全看不懂的阿拉伯文報導。他特別指出其中一則，彷彿這是證明西方新聞媒體腐敗的證據。穆罕默德說：「他們不會給你看這個。」他說這篇文章的內容是沙烏地阿拉伯政府處決可疑恐怖分子，並譴責蓋達組織和伊斯蘭國等聖戰組織。他直視著我，堅定地說道：「他們沒有告訴你沙烏地阿拉伯的所作所為，因此你會以為所有的穆斯林都是恐怖分子。」

在我和穆罕默德的一個朋友交談時，穆罕默德繼續瀏覽新聞報導。沒有多久，他就打斷我們，給我看另一條「真實新聞」。這篇文章聲稱猶太企業、猶太教會堂和社區中心都受到比利時軍隊額外的保護。穆罕默德認為這是串通好陰謀的證據，不肯讓穆斯林享有平等的安全，彷彿他們並非不安全一樣，讓他們和恐怖主義掛鉤。「我們的安全在哪裡？」他憤憤不平地問道。

穆罕默德對新聞媒體十分灰心，似乎任何可以取代的事物都很有吸引力。我問他和誰談網上讀來的內容，他不屑地答道：「不知道真相的人。」

ＩＳＩＳ和其他犯罪組織的不同處，是它技巧地利用媒體喪失信譽的事實，和使用社交媒體平台來散播陰謀論，並作政治宣傳。因此ＩＳＩＳ能在對傳統新聞媒體特別不信任的社群中成功招募年輕人，也就不足為奇。ＩＳＩＳ社交媒體管道上充斥著文字和影片，宣傳該組織成功地控制了敘利亞和伊拉克的實際領土，呼籲世界各地的穆斯林共同努力，打造一個哈里發，並質疑新聞媒體和政府的主張。

邁阿密大學複雜計畫（Complexity Initiative）的研究人員透過「任何人都可以在社交媒體網站上打造的特定虛擬社群」，檢視了ＩＳＩＳ傳播陰謀論和政治宣傳的方法。這些研究人員發現由二〇一五年一月一日至八月三十一日，共有一九六個這樣的社群，涉及十萬八〇八六人。這些社群往往存在時間短暫，因為他們很快就會遭反恐行動關閉，但是它們十分流行，因此「任何網路上的『孤狼』演員都只有很短暫的時期是真正孤獨……任何這樣的孤狼都可能最近才置身虛擬社群，或者很快就會參與一個虛擬社群。」[2]對不確定該相信什麼的年輕人而言，這些虛擬社群的吸引力並不難理解。在傳統的真相權威（如媒體）被搗毀時，它們提供了一點確定性。

在ＡＪＭ或類似社群機構大廳中的年輕人在生活中有榜樣和良師益友，可以指引他們面對眼前的陰謀論和政治宣傳。我觀察到他們在觀看阿布德斯蘭被捕影片後的對話就是一個例子。在ＡＪＭ的年輕人可以與有能力與他們辯論，並質疑其假設的成年人討論他們在網上看到的內容。缺乏這種社群支持的年輕人不太可能公開討論他們獲取的信息，因此更有可能受到陰謀論和政治宣傳的影響。

我的朋友《絕望者之歌》的作者傑德．凡斯也觀察到：媒體在美國白人工人階級社群中的可靠性每下愈況。凡斯認為，由於不信任這些權威而造成的訊息鴻溝很快就由陰謀論填補，例如有人認為歐巴馬出生在肯亞。凡斯解釋說，他所居位於俄亥俄州西南部的社區「已經失去了對媒體的信任，不再認為它們是真理的捍衛者，因此許多人願意相信陰謀論，認為我們的總統是在國外出生，以及他奪取權力的野心。」凡斯認為美國白人工人階級和他們所面臨的挑戰（例如對鴉片類藥物上癮和製造業工作式微）在新聞中缺乏報導，主要是因為撰寫這些報導的人並非生活在工人階級中或與工人階級相關的社群。他認為，這種代表不足正是這些「真理捍衛者」的信譽受到侵蝕的主要原因。[3]

信譽消蝕也與社交媒體平台興起，成為重要訊息的來源密不可分。社媒使其他新聞來源（包括可能不符合新聞標準的新聞來源）容易向公眾傳播。任何擁有臉書、推特或Instagram帳戶的人都知道，只要有適當的的圖像或影片，要傳播錯誤訊息是多麼容易。但是傳統的媒體也因自身的信譽問題，而激勵了這些替代性的新聞來源，無論它們是否準確。不信任媒體的人自然會由其他地方尋找消息來源，有時這種替代性的來源就是因為和傳統的來源不同，而獲得信譽。

在二〇一六年美國總統大選之後，人們對媒體信譽下降的憂慮成為主流。川普當選總統，讓原本認為他沒有出線機會的新聞工作者跌破眼鏡，人們也終於開始關心多年來在莫倫貝克和凡斯所居社區等地所表現出的挫敗感。「假新聞」一詞也就應運而生，它最初是用來描述不正確或不公平的替代新聞來源，造成大選對川普有利，但後來，川普也用這個詞來攻擊來自他認為不公平或有偏見的可靠媒體的報導。

BuzzFeed對川普競選期間「假新聞」的受歡迎程度作了研究，發現「來自惡作劇網站和支持特定候選人部落格二十則最熱門的虛假選舉報導在臉書上共有八百七十一萬一千次分享、回覆和留言」，而「在十九個主要新聞網站上最熱門的二十則選舉報導，在臉書共有七百三十六萬七千次分享、回覆和留言。」[4]換句話說，最熱門的假新聞在臉書上比最熱門的真新聞受到更多的關注。在這些假新聞中，最熱門的報導之一就是希拉蕊．柯林頓與ＩＳＩＳ有聯繫。

在川普當選之後，科技公司發誓要反擊假新聞。Google宣布拒絕接受假新聞網站利潤豐厚的廣告。[5]臉書推出了複雜的政策，可藉第三方事實查核人員之助，監控用戶發布的資料，有爭議的報導會附上免責聲明。[6]儘管這些努力設法解決假新聞的問題，但對於解決真實新聞媒體所面臨的信譽問題，它們並沒有採取任何行動，而媒體的信譽問題正是造成人們對假新聞需求的最初原因。《時事》（*Current Affairs*）雜誌的奈森．羅賓森（Nathan J. Robinson）認為，只靠Google或臉書的政策無法解決媒體所面對的問題。他斷言：「對抗假新聞唯一的方法就是真新聞，而不是偽造的真新聞，也不是看起來像新聞，實際上卻是意見或指控。它必須是實實在在的真新聞，是嚴肅認真的報告，是避免影射和匿名來源的承諾，透明，和願意彌補錯誤。」[7]

阿布德斯蘭被捕幾週後，我參加了由美國國務院主辦，在比利時舉行的研討會。研討會的目的是協助歐洲穆斯林社群領導人學習一些加強民間社會組織的技巧和策略，但研討會很快就針對媒體和記者的偏見展開了激烈的討論。

主辦單位這方的十幾個人全都是為美國政府、福特基金會（Ford Foundation）或美國媒體事務（Media Matters for America）等組織工作的美國人，而參加研討會的二十多位穆斯林社群領袖則是來自各種民間社會組織的歐洲人，包括童軍和嚮導（Scouts and Guides）、當地藝術劇團、青年團體和促進宗教自由的組織。

在整個研討會中，我都察覺美國主辦者和歐洲與會者之間的差距。大家討論的某些問題並未引起雙方的共鳴，比如，主辦者提出由私人基金會籌募資金的想法，但社群領袖似乎認為這在歐洲不可能辦到。他們說，企業不會給穆斯林經費。或者當我們談論遊說各級政府時，與會代表對歐洲政府是否會對此有興趣，表示深切的懷疑。

但是當我們談論媒體和負面刻板印象時，卻有了突破。研討會的報告者之一，是華盛頓全美移民論壇（National Immigration Forum，簡稱ＮＩＦ）的總監阿里・諾拉尼（Ali Noorani），他談到了他的組織為協助人們了解美國人對非法移民和西裔社群政治辯論的含義而辦的一些活動。其中一項活動播放了一部影片《喬斯的故事》（*Jose's Story*），敘述一名年輕非法移民優異的學業成績，以及他對北卡羅來納州夏洛特皇后大學同儕的正面影響。ＮＩＦ的另一段影片《瑪麗亞的故事》（Maria's Story）則描述了一個年輕非法移民的毅力，和幫助她發揮自己潛力的成人。

ＮＩＦ活動的故事鼓舞了一些出席會議的穆斯林領導人，讓他們也談起自己與媒體的對抗。其中一位領導人是「我的頭我決定」運動的代表。先前她一直都很安靜，但現在她開始熱情地談論在歐洲電視上只要一談到恐怖主義，就可以看到穆斯林，但如果是其他的政治問題，就不會有這種情況。她說：「他們在電視上大談頭巾，但在場的卻沒有穆斯林婦女。我們（在電視上）看不到任何好的一面，他們對於我們社群裡的美好事物一無所知。」另一位社群領袖也呼應這個看法，他具體指出報紙忽略了穆斯林學生學習成績的正面報導。

來自美國公民自由聯盟（American Civil Liberties Union，ＡＣＬＵ）的研討會主辦人則把麥可．布朗遭警察殺害後，他在密蘇里州佛格森市觀察到的情況，與他在會中才聽到「我的頭我決定」代表所述的消息聯結起來。當時佛格森警局禁止新聞工作者在公共街道和人行道上記錄警員行為時，ＡＣＬＵ的密蘇里辦公室曾經介入對談，討論具有代表性的可信媒體報導的重要性。[8]佛格森市警局的禁令使人更難講述自己的故事和挑戰媒體與和政府機構的敘述。

對媒體的挫敗感使這些歐洲人和美國人有一致的思維，但並不是因為他們對新聞業特別感興趣。他們的熱情是因為看到在新聞缺乏它應有的可信度時，會岌岌可危的事物。

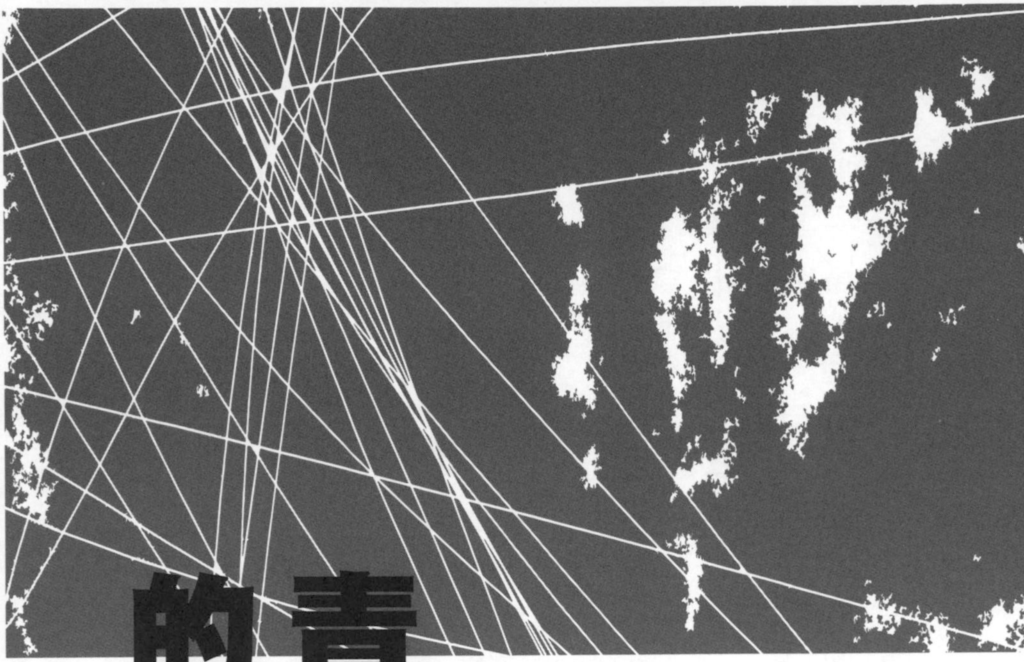

青年工作者的反擊

Chapter 14

二〇一六年三月二十二日，就在阿布德斯蘭被捕幾天後，我一早醒來就聽到三名自殺炸彈客攻擊布魯塞爾機場和一個地鐵站的消息。我離開了我在莫倫貝克所租的閣樓公寓，漫無目的地在街頭走了幾個小時。我想去那裡看看究竟怎麼回事，也不想獨自一人，但街頭巷尾都空蕩蕩的。原本熙來攘往都是觀光客和本地人的熱鬧市中心，現在成了空城，警車、消防車和救護車的警報器響徹雲霄，士兵和警察在每一個街角巡邏。旁觀者因所發生的事情而麻木，他們顯得害怕，甚至更加憂慮。

布魯塞爾感覺起來就像一座正在舉哀的城市。我們全都是一個大型送葬隊伍的一部分，但在這場喪禮上卻有各式各樣的反應。和我交談的人許多都非常擔心即將發生另一起恐怖襲擊。我還聽到人們擔心這類的事件對穆斯林和移民會造成什麼樣的政治後果，例如，更多的「種族定性」和警察突襲。

爆炸是由ＩＳＩＳ在莫倫貝克的恐怖小組成員所策畫，也就是負責巴黎恐襲的同一小組。這些年輕人這次針對自己的家園，造成三十二人死亡，三百多人受傷。三名自殺炸彈客都是二十多歲將近三十歲。不到三週後，另有五名嫌犯因涉嫌參與爆炸被捕。

我來比利時並沒料到自己會陷入恐怖攻擊行動。我本來以為會看到的是在巴黎恐襲造成破壞後，試圖復原的國家。對布魯塞爾了解較多的人則不像我這麼意外，他們明白地告訴我，他們擔心會發生最糟糕的情況，因為在巴黎恐襲事件發生後，他們的社群並沒有做出足夠的改變。顯然，他們是正確的。

在布魯塞爾連環爆炸案之後的日子裡，我不知道自己該怎麼辦，所以我就到我在莫倫貝克感覺最像家的地方——AJM去，那裡的工作人員和年輕人張開雙臂歡迎我。在那段時期，需要社群的年輕人不只是我，一樓的交誼廳擠滿了數十名感受可能就像我一樣的人：害怕，但不確定該如何面對這種感受。大家都在思索這些攻擊以及世界對它們的反應，但很奇怪，我們之中沒有任何人對彼此談到這些，我們只是看電視、打乒乓球，像平常一樣開玩笑。

AJM中較年長的男性知道需要打破緊張的關係，或許該要克服一堵男性的沉默之牆。他們決定在布魯塞爾攻擊案發生後的週四，我們要對比利時的局勢以及大家對此的看法作一番討論。

討論的主持人畢拉爾三十多歲，在莫倫貝克長大。他在念完大學，取得工程學位後，曾在舉世最大的企業工作了幾年，升遷數次，但後來辭職了。他說他在大學和企業界看到穆斯林面臨太多的障礙。他說有太多的種族歧視，比如經常有人問他為什麼留鬍子，或者同事總是要他解釋有關穆斯林的新聞報導。

畢拉爾離開了輕鬆多金的企業工作，回到了他在ＡＪＭ的根，他成長時期曾在這裡花了很多時間，他想幫助其他年輕人獲得他未能得到的支持。他希望他能幫助他們在學校和工作中成功，像他一樣，但也希望他們為身為穆斯林可能遇到的挑戰做好準備。畢拉爾曾經告訴我，他認為自己在ＡＪＭ的任務是與孩子們一起找出他們喜歡做什麼，然後支持他們去做那些事情。他對他所屬社群的熱情在任何認識他的人看來，都顯而易見。

布魯塞爾攻擊案發生後的週四晚上，畢拉爾把所有的人都聚集在一樓的交誼廳。我們總共約有五十人，由青少年到三十多歲的人都有，這是開放式的群組對話，要讓所有參與者都有機會談論自己的想法和感受。對話持續了大約一小時，我無法完全參與，因為我很難用法語敘述複雜的意思，但我幾乎可以理解所有的發言。我的語言限制是因禍得福，因為這表示我得安靜聆聽。

談話的第一部分集中在誰是真正的穆斯林這個問題上，在場的許多人都譴責恐怖分子鼓吹扭曲了伊斯蘭教的觀點，少數人承認這些悲劇發生在許多其他國家，每個悲劇都應被視為同樣可怕。「當它發生在其他國家時，我們（西方人）並不在乎，」一小組中一位年紀較長的男子說，並且解釋這種悲劇發生在其他國家的頻率更高。一名少年舉手說，由於布魯塞爾的襲擊，他預料人們對他自己的社群會有更多的伊斯蘭恐懼感、種族主義和歧視。他是第一個說話的少年，他的發言也鼓勵了其他人說話。又有一些青少年發言，感嘆莫倫貝克有越來越多的駐警增加以及因此產生警察與年輕人之間的緊張關係。

一名穿著灰色連帽衫和藍色羽絨背心的二十來歲年輕人舉手發言，後來我得知他的名字叫納比，是AJM較受歡迎的人物之一。納比向畢拉爾詢問是否可以問我一個問題，畢拉爾點點頭，並幫忙翻譯，納比問我加拿大的穆斯林過的是什麼樣的生活。我盡力由非穆斯林的角度解釋，我說我所居的地方對伊斯蘭教的政治態度並不那麼極端。我們沒有同樣的聖戰分子影響力，政治人物也沒有同樣的反穆斯林言論。我還解釋說，多倫多是非常多元文化的城市，有許多少數群體，媒體對他們有不同的關注；相較之下，布魯塞爾具有多樣性，但媒體對穆斯林的關注卻異常尖銳。但我也承認加拿大對反穆斯林政治的影響並未免疫。我指出二〇一五年聯邦大選時，我的許多穆斯林朋友覺得自己遭受政治言論的抨擊，這些言論的重點是禁戴尼卡布（niqabs，頭巾加面罩，只露出眼睛），或鼓勵加拿大人舉報他們鄰居進行的所謂野蠻文化習俗。

畢拉爾隨後決定讓對話更個人化。他請小組中的每個人談談自己想到這種攻擊行動對於自己身為莫倫貝克年輕穆斯林男子的意義。每個人的肢體語言和語調就發生了變化。大家的對話不再像先前對宗教和政治的熱烈討論，而是放慢了腳步，明顯地表現出陰鬱的氣氛。畢拉爾建議我們大家輪流用一個字說出答案，這樣比較輕鬆。

大家由房間的一頭到另一頭，輪流用一個字說出自己的感受。大家最常有的答案是foncé（暗），morne（陰沉）和noir（黑色）。後來畢拉爾把我帶到一旁，確定我了解大家所說的內容。他希望我能看到那些人的個人感受，我的確了解。我不僅了解他們使用的法語單字，也明白他們努力表達的感覺，他們擔心布魯塞爾的襲擊將使他們更難感到歸屬自己的國家。

那天晚上我離開聚會之時感到樂觀，因為我看到一群年輕人以比我所知任何做法都要健康得多的方式，面對布魯塞爾恐襲的創傷。我從未見過年輕人在恐懼和悲傷的時刻如此公開揭露他們的感受，我也忍不住想到比利時和其他地方在脆弱時刻沒有AJM這樣的社群機構可以依靠的許多年輕人。我知道那些人必須自行找出方法向前邁進。

儘管AJM在年輕人的生活中發揮了重要作用，但我注意到很少有人感謝這個組織為國家做出的貢獻。AJM希望擴大推廣工作和教育計畫，但卻缺乏聘用新員工的財務資源。在布魯塞爾恐襲之後，我希望人們能了解支持聯繫青年與正面社群機構團體的急迫性。徵募AJM的員工是非常忙碌的組織計畫，我自願尋求資金機會，希望能把這個組織擴展到美好生活公園。他們警告我這會是死胡同，但我還是滿懷樂觀地做了嘗試。

一連數週，我和許多組織會面，以了解AJM可以申請哪些資金。我以為我會接觸各種不同的計畫，然後回到AJM考量該選擇哪一種計畫。但我錯了，市政府和聯邦政府的人都告訴我沒有可用的資金。因布魯塞爾恐襲而分配的所有資金都配給警察和軍隊。歐盟的資助也無濟於事，因為這些資金不是針對地方計畫，而是針對國家和國際項目。原本應該在資金上有最大靈活度的私人基金會，也認為AJM的擴張規模「太小」，因而不感興趣。

即使在恐襲已引起了全世界的關注之後，控制資源的人們仍認為地方社群服務是理所當然的。爭取資金的挑戰顯示了實際面對年輕人的社群領袖與坐在辦公室開支票的人之間有溝通的鴻溝。

布魯塞爾襲擊發生幾週後，在與莫倫貝克市長的一次會晤中，我更清楚地看到了這種溝通差距。當時有包括政府官員、社群領導人和畢拉爾在內大約十人聚集在市政廳，參加歡迎「預防激進化導致暴力中心」（Centre for the Prevention of Radicalization Leading to Violence，CPRLV）代表的活動。CPRLV的代表正在全歐洲巡迴，和打擊聖戰激進主義的人會面，並對最佳做法交換意見。

莫倫貝克市長把CPRLV的代表介紹給該地區反激進主義辦事處的負責人，一名三、四十歲的比利時白人男子，他的任務是運用政府資源，阻止聖戰組織在莫倫貝克招募青年。這個人熱情洋溢地談起他的工作，現場湧現一股緊張感。非政府組織的工作人不同意官員所描繪的樂觀前景，因此場面尷尬。我試圖遞眼色給畢拉爾，希望他能大聲說出自己的觀點，但他保持沉默。我甚至發簡訊給他：「你應該說說你的看法，」但他沒有回應。

歡迎會大約一小時後結束，我走到畢拉爾身旁表示對他的失望。我問他：「你為什麼不說話？」

「如果我講話，我們（他和莫倫貝克市政府官員）只會爭論，」畢拉爾答道：「他們不想聽。」

「但如果你什麼都不說，會發生什麼？什麼都不會發生。」

「我認識他們。我知道那些人，相信我。」

一名市府人員打斷我們，帶我們走上個精心製作的樓梯和大家合影。畢拉爾說他要打個電話，走下樓梯，不見蹤影。一起擺姿勢照相讓人感覺不真誠，照片可能會讓人覺得這是個多元而包容的會議，但事實上，最接近聖戰激進主義問題的人——每天直接面對弱勢青年的人——卻在整個會議中都保持沉默。那張照片是個謊言，我知道這就是畢拉爾為什麼不想成為其中一員的原因。

這種溝通鴻溝是因為對青少年輔導員的地方社群領袖角色缺乏認識，而且也進一步加劇了這種無知的情況。青少年輔導之所以能成功地接觸弱勢青年的層面——它非正式的本質和靈活的彈性，也使標準化和專業化變得困難。有些青少年輔導員受過正式青年工作的教育，但其他人則是根據實際經驗和在職訓練獲得資格。此外，許多組織僱用（或應該僱用）青少年輔導員的人未必能了解怎麼才能配合年輕人，這些組織努力接受自己作為的局限性，它們往往不明白它們必須依靠非正式和靈活的策略來填補空白。政府和其他出資單位也並未充分支持可持續的青少年輔導工作，因為他們並未適當地重視年輕人可以提供的貢獻。

歐盟委員會指出：「青少年輔導員希望能為個人發展創造安全、支持和彈性的環境，並提供非正規教育和非正式的學習機會、個人建議、指導和支持。」[1]《什麼是青少年輔導工作？》（*What Is Youth Work?*）共同編者伯納德・戴維斯（Bernard Davies）說，青少年輔導父親員和老師或社會工作者不同，因為他們出現在許多不同的環境，與友誼團體（不僅是個人）互動，並鼓勵年輕人追求新的體驗。[2]

青年工作者可以成為所有年輕人的有用指導人，但在接觸不屬於主流機構的年輕人方面，他們更能發揮獨特的作用。公園、籃球場、足球場、街角和巷弄之中（亦即可以找到情況最嚴重「失聯青年」（disconnected youth）的地方）是青年工作者應該去的地方。老師不在那裡，家長也不在那裡，而如果警察去那裡，其他所有的人都會離開。青年工作者積極尋找可能沒有上學或工作，可能與警察有負面關係，及可能沒有家人支持的年輕人。對於試圖擺脫不良生活方式的年輕人，青年工作者可以帶來改變生活方式的新機會。

霍華德・塞科姆（Howard Sercombe），格拉斯哥史翠斯克萊大學（the University of Strathclyde in Glasgow）前社群教育教授觀察到青年工作者在對抗破壞性影響方面的獨特價值：「青年工作者確實是針對問題工作，但首先，這問題並不是年輕人。問題是排斥他們的制度使他們難以參與共同體……青年工作者也要承擔年輕人被排斥在外的後果，包括暴力、吸毒、貧窮、孤立與疏離，以及健康不良等這些可以預期在社會疏離之後會發生的結果。」[3]

我在比利時期間所學的一切幾乎都是拜JES和AJM的青年工作者所賜，他們讓我與社群中的年輕人聯繫，並與我分享了對自覺沒有國家的年輕人生活的深刻見解。我在安特衛普市觀察到一個令人印象特別深刻的青年工作傳統。

二〇一六年四月，我和數千人一起參加了第十一屆年度SHOOT! 街頭足球錦標賽，這是由比利時最大的兩個青年服務組織JES和Kras Jeugdwerk合辦的活動。由五名少年和年輕人組成的隊伍展現令人難以置信的速度和技巧，爭奪冠軍。與賽者來自安特衛普各區，甚至有人由布魯塞爾乘火車前來參賽。

比賽地點在安特衛普的波格豪特區（Borgerhout），這裡與莫倫貝克有一些重要的相似之處。當地人稱這一區為「波格洛哥」（Borgerokko），結合了Borgerhout（波格豪特）和Morokko（摩洛哥的荷蘭語）兩字，因為這裡擁有大量的摩洛哥和穆斯林家庭。波格豪特人口稠密，是安特衛普迅速成長的地區，輟學率和失業率都很高。ISIS和Sharia4Belgium（意為追求比利時由伊斯蘭教法統治）等聖戰組織都以波格豪特為目標，進行政治宣傳，招募當地的年輕人。

街頭足球比賽的觀眾非常活潑，但在波格豪特當地球隊與安特衛普另一區凱爾－霍伯肯（Kiel-Hoboken）的球隊舉行準決賽時，緊張的氣氛達到了新高點。觀眾中幾乎每一個人都來自比賽對手的兩區，所有人都在尖叫，支持他們的團隊，彷彿這一場比賽攸關他們的驕傲似的。比賽時間即將結束，雙方似乎將以平手告終，我感覺到大家的情緒都快要沸騰了。裁判吹響了哨子，幾乎全由年輕人組成的觀眾都湧到球場兩邊，一邊是波格豪特，另一側為凱爾－霍伯肯的年輕人。雙方各自為自己的隊伍高呼，期待接下來即將舉行的罰球。

但有一個小問題，因為人群擠滿了整個球場，所以裁判無法吹哨開始踢罰球。雄性激素在空中洋溢，觀眾都幾乎瘋狂。我聽說幾年前同樣這兩區在類似的足球比賽中發生打架的事件，不免擔心會再度發生同樣的情況。我已經聽到雙方咒罵，甚至連小孩也不例外，他們以鄰里的驕傲為藉口，大喊各種汙言穢語。

在像我這樣的局外人眼裡，混亂的情況似乎正在加劇，但我很幸運有朋友告訴我青年工作者的精彩表現。他們自己正是來自兩個競爭社群的年輕人，但其中有一些是比賽的主辦者、教練和裁判。他們以眼神提醒球場邊的年輕人他們的身分，並以權威的語氣講話，直喊最吵鬧者的名字，並建立他們領導者的身分。群眾慢慢但穩定地平靜下來，重新把焦點放在比賽上。輔導員在球場上闢出足夠的空間，讓球員能夠進入罰球位置開始罰球。球一入網，觀眾就再度發狂，大家又湧入球場並尖叫。但是輔導員再度恢復秩序。第二次罰球之後，同樣的情況再度發生。接著重複同一循環，直到宣布獲勝隊伍為止。原本可能混亂的場面被控制得井井有條。最後，每個人都和平離場。

阿齊茲是維持比賽秩序的青年工作者之一。他是來自波格豪特的年輕人，也是室內足球明星球員。運動員的身分讓他和年輕人建立了信任的關係。在比賽休息時間，阿齊茲總是被想要與他一起踢球的年輕人包圍。他們告訴我，他就像大哥哥一樣照顧他們。

卡里姆是年輕的父親，他在波格豪特長大，但後來搬到附近的城市結婚生子，他也是 SHOOT! 的觀眾，我們一起在足球場上觀看了這場比賽。卡里姆稱讚像阿齊茲這樣的青年工作者為社區帶來了積極正面的轉變。他說，他曾經認為波格豪特充滿破壞的影響力，但現在他可以很自在地帶孩子回到他長大的地方。在卡里姆看來，足球比賽等活動是這種轉變的一部分，因為它們給年輕人帶來正面的事可做，也讓他們對自己的社區有良好的感受。

邀請參加 SHOOT! 活動的，是安特衛普的資深青年工作者菲利普・巴索（Filip Balthau）。五十多歲的菲利普現與妻兒住在波格豪特，他是附近社區青少年輔導工作傳統的核心。菲利普在法蘭德斯地區的一個小城長大，因為渴望冒險，因此來到安特衛普展開社工生涯，先是支持人們對抗毒癮，之後踏進波格豪特輔導年輕人的領域，由於十分喜愛這份工作，因此搬到這一區來。

在菲利普上下班的路上，常有年輕人及其父母和他打招呼，並談論即將舉行的社群活動。對他來說，青年工作者更像是一種身分，而不僅是工作而已。他已經晉升到經理階級，他在那樣的角色中，他要監督其他青年工作者，並把他們帶入他所實踐的傳統，創造對組織的知識和傳承。

菲利普的專業知識也意味著他擁有創新所需的信心和技能。例如他監督的一些青年工作者正在擬訂網路推廣策略，以便接觸雖然不參加社群活動，但在社交媒體上花費許多時間的人。這個策略表示青年工作者不斷地與年輕人在網上互動，並密切注意破壞性影響，如聖戰組織招募人員的政治宣傳。

菲利普的成功，主要是因為他努力確保青年工作的價值得到每一個願意學習者的認可和理解。他必須爭取這種理解，並不是唾手可得。他定期到比利時各地巡迴，向地方社群團體、政府部門和國際組織演講，談青年工作者的寶貴貢獻。

在演講中，菲利普向觀眾介紹了他所謂「以能力為基礎」的青年工作方法。這種方法強調年輕人的優點而非缺點。菲利普和他的同僚列出這種方法的目標為(1)幫助年輕人「更了解自己的能力，因此能更熟悉勞動市場，並選擇他們的教育途徑和休閒時的活動，以及(2)把「年輕人的經驗轉化為能力，並讓這些能力得到衡量，讓這些能力在教育和勞動市場上得到驗證。」為了達到這些目標，菲利普希望與年輕人建立共同的願景（例如：我想要什麼以及為什麼想要），然後制定實現這個願景的計畫（例如：我必須採取哪些步驟才能實現自己的目標）。

菲利普傳達的訊息優點在於幫助大家了解年輕人的能力。越了解他們的能力，我們就越欣賞和珍惜與年輕人合作，讓他們發揮潛力的人。

易卜拉欣的例子就是安特衛普青年工作者成功故事的一例，他是特別有力的見證，協助人們了解在為年輕人未來的奮戰中，青年工作者如何與負面的影響力競爭。我們認識易卜拉欣時，他是高三學生，對行動主義充滿熱忱，社群組織視他為地方領導人和好榜樣。巴黎恐襲事件發生後，他被警察用槍攔下並逮捕，結果成了當地名人。警察為什麼攔他？顯然，他符合與ＩＳＩＳ有關者的描述。

由於易卜拉欣善於公開演講，因此他所述遭種族定性，被不公正逮捕和受到嚴厲對待的故事在網路上廣為流傳，並引起了媒體的廣泛關注。易卜拉欣能夠把他的創傷經歷轉化為機會，向其他人說明穆斯林遭警方調查的情況，使他在社群中獲得了極大的尊重，他現在被視為穆斯林青年經驗的權威。他經常在採訪和演講中表示，警察種族定性的做法是年輕穆斯林在比利時感覺像異鄉人，因此容易受聖戰分子影響的原因。

我很榮幸見到易卜拉欣，並感謝他在百忙中和我晤談。我們一起參加了一些社群活動，也共餐多次。在我們彼此了解較深後，我們的談話就不僅局限於警察的種族定性，我也了解了他個人的經歷。易卜拉欣說，他十四歲時，覺得自己並不屬於比利時，並且因為體驗到種族主義和仇視伊斯蘭的情緒，而對自己在比利時的前景感到沮喪。他認為，如果當時能夠有赴敘利亞加入ＩＳＩＳ的選擇，他可能會接受。因為他已經起念想到從未去過的遠方——一個他認為不會有任何種族主義或仇視伊斯蘭情緒的地方。

在易卜拉欣念高中期間，聖戰分子與他接觸，歡迎他加入他們。他說，這些招募人員談的「十％有關宗教，九十％有關比利時」。他們大部分時間都花在談論困擾西方少數族裔社群的問題，並強調易卜拉欣對於他在比利時慘淡未來的想法：高失業率、禁止在學校使用宗教符號、對移民企業家徵收特別稅和警察的種族定性——這些全都是易卜拉欣等年輕人的異鄉人經歷。這些招募人員鼓勵易卜拉欣放棄西方，並向他提議加入該組織作為出路。

ＩＳＩＳ在歐洲的招募人員所用的論據，和我所知法拉罕與ＮＯＩ成員溝通時的許多觀點一樣。英國聖戰士安傑·喬杜里（Anjem Choudary）因為積極支持ＩＳＩＳ，被判處五年半監禁，據說他在歐洲已協助至少上百人參與恐怖主義。他在接受ＣＮＮ訪問時，表示ＩＳＩＳ的領土遭到誤解，就像法拉罕說海珊的伊拉克遭誤解了一樣。[4]「有和平，沒有腐敗，沒有賄賂，沒有高利貸，沒有酗酒和賭博……順帶一提，我們有所有基督徒的影片，回到摩蘇爾（Mosul，伊拉克北部城市），你可以看到這個影片，接納伊斯蘭教。你不會顯示這些內容，因為它不適合你的議程。」[5]

喬杜里也像法拉罕一樣，把美國的外交政策而非恐怖分子視為穆斯林真正的敵人。「關在關塔那摩灣（Guantanamo Bay，位於古巴的美國軍事基地及恐怖分子及戰俘拘留營）的人宗教和言論自由在哪裡？在巴格達的阿布格萊布（Abu Ghraib）監獄遭受酷刑的人呢？——那是自由的做法嗎？……你是否以那作為自由和民主的例子，是美國人的方式、美國人的生活？你知道，小布希把那些東西沖下馬桶。他說，你知道，我們可以把它們沖走，因為我們談的是恐怖主義。」[6]

易卜拉欣讓我想起了當年的我，但他領先我，因為他很年輕就了解教育的重要性。就在我們見面不久之前，他才讀了麥爾坎．X的自傳，因此他以個人的轉變為當務之急。麥爾坎是他的偶像，易卜拉欣希望自己為他的社群發聲，一如麥爾坎．X為美國黑人發聲一樣有力。他的計畫是擔任民權律師，也希望高中畢業後就可以進入法學院就讀。

我問易卜拉欣，由絕望的十四歲，考慮赴敘利亞，到渴望進入法學院的明星學生，怎麼會有這樣的轉變。他把這一切歸功於他家附近的青年工作者。他說他們找到方法，給他成長和成熟所需的領導機會。比如他們授權給他主辦孩子們的體育活動，並協助在他成長的大樓附近興建遊戲場。青年工作者鼓勵他更積極地參與學校的學生社群，他在那裡發現了更多的榜樣，也看到了比利時人接納多樣性的例子。一旦他的腦海敞開了大門，接納青年工作者向他展示的可能性，他便不會再回頭，以為他不屬於他自己的國家。

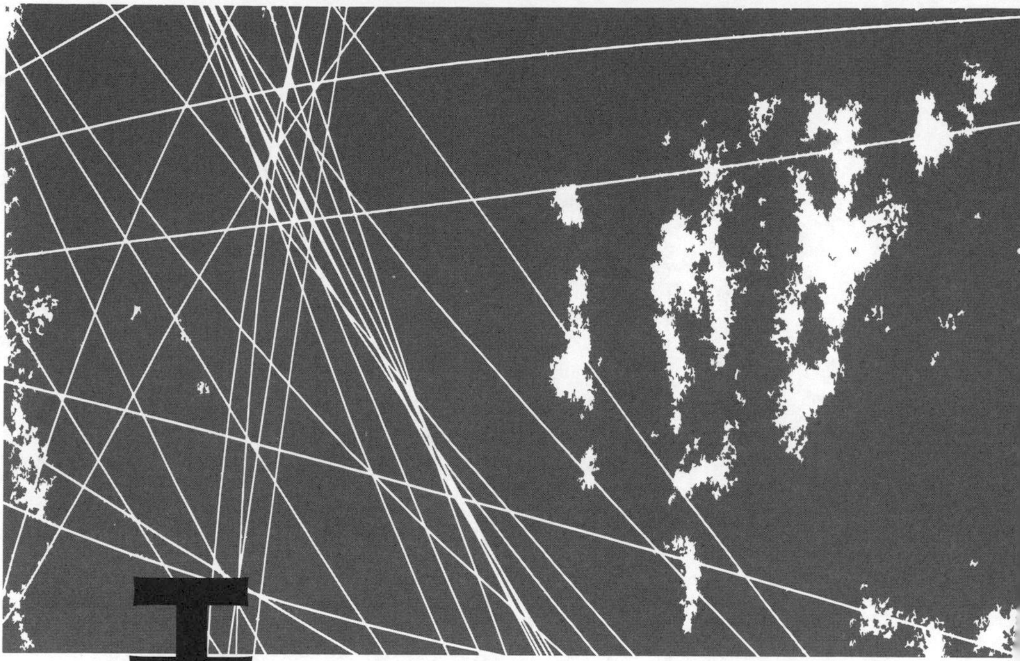

工作

Chapter 15

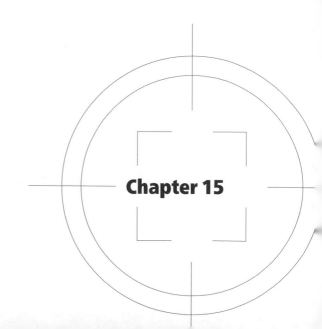

大多數北美社區的傳統觀念是，要讓年輕人過積極、健康的生活，工作極其重要。我參加了很多社區會議，聽到年輕人和父母尋求工作機會，以解決犯罪、上癮、家庭破裂和其他各種社會問題。來自社區的這些聲音說，只要有正經的工作，年輕人就會放棄負面行為，成為社會的積極貢獻者。

在面對危機時，北美國家的政府也對工作抱持相同的想法。比如二〇一六年整個北美的槍枝暴力事件增加，在全美三十個最大的城市，幫派暴力凶殺案數量（較二〇一五年）激增了十四%。[1]芝加哥增加了十七．七%，居各城市之首，幾乎占全美增長總額的一半。在加拿大最大的城市多倫多，也增加了五十四%。[2]芝加哥和多倫多的政壇人物都做出了相同的回應：我們需要更多的工作。

多倫多市長約翰．托瑞（John Tory）宣布為工作計畫提供更多資金，並聲稱：「這將使『年輕人』積極參與活動，使他們遠離會使他們參與負面活動的人。有很多時候，遊手好閒會使人惹上麻煩，不論是孩子還是成人。」[3]這項新資金計畫是對社區領導人呼籲市府做更多的努力的回應。[4]在芝加哥，芝加哥公立學校前總監，也是前美國教育部長阿恩．鄧肯（Arne Duncan）也認為，缺乏工作是芝城槍枝暴力問題的根源。他說：「如果我們能加強社區工作，並提供真正的培訓，讓人們學到真正技能，得到真正的工作，那麼我相信這些人就會做出不同的選擇。」[5]

在巴黎和布魯塞爾恐襲之後，我在比利時也見到了類似的想法。在二〇一六年三月與安特衛普的穆斯林青年領袖舉行的烤肉餐會上，我向大家提出比利時政府應採取什麼措施來處理歐洲穆斯林和摩洛哥社區的關切。這些青年領袖代表的是政治領域各種不同的範圍，由具有強烈反美和反西方觀點的人，到對西方民主抱持堅定信定的溫和漸進改革派人士。出乎我意料的是，儘管來自政治頻譜兩端的人有截然不同的政治傾向，但他們卻有相同的答案：停止在勞動市場中對歐洲穆斯林的歧視。比利時國家銀行發表的研究表示，比利時在這方面可能有些獨特的問題。這項研究顯示，第二代比利時移民在融入勞動市場方面，也面臨和第一代新移民同樣的挑戰。[6]

在比利時，聽到人們說工作是使年輕人遠離毀滅性道路的答案時，我點頭表示同意，就像我在芝加哥、多倫多和我去過或工作過的其他北美城市所做的那樣，我從沒有質疑過這樣的想法，直到我到埃及認識一個名為「就業教育」（Education for Employment，EFE）的組織。在那裡，我看到人們對關於工作的想法有完全不同的反應，有些人甚至因為沒有工作的人比有工作的人更容易受到破壞性影響的說法而被得罪。

二〇一六年五月十九日埃及航空八〇四航班墜毀在地中海前幾天，我抵達了埃及。這個墜機事件最初被人懷疑是ＩＳＩＳ策畫的恐怖主義攻擊（至今在某些圈子中仍有這樣的懷疑）。這給了我另一個機會，可以看到恐怖主義給一個國家帶來的深深悲傷和恐懼。當時埃及軍方正與稱為「西奈省」（Sinai Province）的組織交戰，這個團體效忠ＩＳＩＳ，正為控制西奈半島而戰。由於埃及國人對此的憂慮，再加上舉世其他地方發生的事件，因此我在開羅時，恐怖主義和聖戰激進分子是常見的話題。

啟發我赴埃及的組織ＥＦＥ是為中東和北非的年輕人提供職業訓練的非營利組織，它贊助了埃及、約旦、巴勒斯坦、摩洛哥、突尼西亞、葉門和沙烏地阿拉伯的計畫。ＥＦＥ原本是回應九一一恐襲而發起的：其創始人紐約創業家羅恩・布魯德（Ron Bruder）注意到中東和北非的阿拉伯青年缺乏工作。[7]布魯德認為：「現有機構沒有為年輕人提供他們要保住工作和在職場上獲得成功所需的技巧和訓練。」[8]因此他自掏腰包，投入一千萬美元創立ＥＦＥ。布魯德把這個團隊的做法比喻為馬歇爾計畫（the Marshall Plan，二戰後美國對西歐受創各國的經援重建計畫）。他指出：「二次大戰後，我們（美國）向數個月前還與我們作戰的國家伸出援手，重建它們的經濟，並與它們結為長期盟友。我認為我們現在也應該在這個地區這麼做。」[9]

小布希和歐巴馬領導下的美國政府贊助ＥＦＥ經費，以支持布魯德的願景，在美國國務院二〇〇八和二〇〇九年的報告中，ＥＦＥ甚至被列為反恐組織。[10]這個組織受馬歇爾計畫啟發的方法與歐巴馬政府視工作為反恐努力的觀點非常吻合。二〇一五年，時任美國國務院發言人的瑪麗．哈夫（Marie Harf）把創造就業機會列為歐巴馬政府反恐策略的關鍵。政府的明確目標是要回答下面這個問題：「是什麼讓這些十七歲的孩子選擇拿槍械，而非嘗試創業？」[11]哈夫解釋說，「我們可以與世界各地的國家合作，改善他們的管理體系。我們可以幫助他們建立經濟，使他們能夠為這些人提供就業機會。」[12]

我想了解ＥＦＥ，因為它對抗恐怖主義的方法似乎與我在北美所了解的打擊犯罪策略一致。世界經濟論壇把ＥＦＥ描述為能夠同時處理下列兩個問題的組織：「因教育制度未能讓畢業生做好滿足私營部門需求的技術差距」，及「缺乏人脈或非技術技能因而難以進入就業市場的低收入、有才能的年輕人所面臨的機會差距。」[13]我認為或許可由ＥＦＥ的工作中學到一些教訓，可以應用在安特衛普、芝加哥和多倫多等地，在這些地方，人們認為工作可以為社群中的弱勢青年提供莫大的協助。

我聯繫ＥＦＥ公關團隊，表示我想進一步了解它們的組織，他們建議我訪問二〇〇八年開始運作的埃及辦事處。據說這是他們發展最快的辦事處之一，由於當地青年失業問題嚴重，因此這不足為奇。埃及比西方任何國家都要年輕得多，它的人口中有六成年齡都在三十歲以下。[14]三十歲以下但已屆工作年齡的青年則有三分之一失業。[15]

一連兩個月，我幾乎天天都由開羅阿布丁區（Abdeen）的公寓穿過解放廣場（Tahrir Square，因二〇一一年埃及革命以此為主要場地而聞名），越過尼羅河，到達ＥＦＥ辦公室所在的吉薩（Giza）杜吉（Dokki）區。在氣溫不那麼高，交通不那麼駭人的時候，這是美好的半小時步行。在齋月期間走回我的公寓也很有趣。原本忙碌而混亂的開羅在家人在家或在餐館裡開齋時，會變成靜謐無聲。接著人們會慢慢回到城市，共度時光直到深夜。

ＥＦＥ的埃及辦事處與來自包括開羅、吉薩、蓋勒尤卜省（Al Qalyubiyah）、亞歷山大港（Alexandria）、米努夫省（Al Minufiyah）、東部省（Al Sharqiyah）、基納（Qina）、塞得港（Port Said）、明亞（Al Minya）等不同地區經濟背景不佳的失業青年合作。進入ＥＦＥ大門的數千名年輕人大多數是公立大學的畢業生，他們需要更多的支持或訓練才能進入埃及的勞動力市場。EFE與雇主合作開發計畫，雇主認為EFE能確保他們想雇用的員工受過訓練並獲得所需要的支持。雇主包括各種行業，如零售、餐飲、製造業、資訊和通信科技，以及業務流程外包。

在了解EFE的計畫之際，我也有機會認識這項工作的幕後工作人員。這些滿懷熱忱的人都受過良好的教育，並且真心受到某種愛國心的驅使，希望看到自己的國家進步。與我談話的數十名參與者和已結業的年輕人幾乎全都是大學畢業生，他們從朋友那裡，或是由臉書上聽說了EFE，他們大都是因為希望能獲得技能，以及在大公司中找到第一份工作，而受到EFE計畫的吸引。

我參加了一堂以英語技能為重點的EFE課程後，決定問問參與者對以工作計畫為埃及反恐策略的看法。我和一位名叫塔雷克的EFE學員聊他在EFE的體驗。他比我小幾歲，最近剛從一所公立大學畢業。我問到工作和恐怖主義的關係時，他不可置信地看著我，然後半開玩笑半認真地以他自己的問題作答：「你認為如果我不在這裡就會成為恐怖分子嗎？」

塔雷克解釋說，他不同意失業青年比較容易受聖戰分子影響的想法，而且這個想法似乎觸怒了他，因此我暫時沒有再多談。不過當晚我們倆由吉薩的EFE辦公室一起走回開羅市中心時，又繼續談起這個話題。在越過尼羅河之前，我們坐在札馬雷克島（Zamalek）的一家披薩店聊天，我們聊起對嘻哈音樂的共同熱愛，克服了先前對話的尷尬。塔雷克在YouTube上觀看了許多我也看過的「終極饒舌聯盟」（Ultimate Rap League）和我故鄉多倫多的饒舌團體《點點之王》（*King of the Dot*）的饒舌大戰，我們甚至有一些共同喜歡的饒舌歌手。

塔雷克告訴我他自己也是饒舌歌手，曾經錄製一些作品。我問他在哪裡可以找到他的歌曲，但他說他已把它們全部下架，因為他的作品裡提到經濟不平等和民主等政治問題，擔心埃及政府會視之為威脅。雖然在我看來，這些作品完全無害，但我知道埃及政府對批評軍事獨裁的公眾人物十分嚴厲，而且政府的反自由言論議題也教許多人疑懼。塔雷克承認他一開始不太敢和我談話，因為他擔心我是政府特務。

吃完披薩後，我再度問他工作和恐怖主義的問題。他建議我把重點放在宗教極端主義。他斷言：「問題在於這些男孩是怎麼成長的，他們的父母怎麼灌輸他們宗教信仰。」。從他的角度來看，就業或失業不會改變人的宗教觀念。他對於把人當成物質生物，光憑經濟狀況就會改變其道德的想法感到不快。他告訴我，他認為個人的宗教觀點與他受恐怖主義影響的關係遠大於他收入的多寡。

塔雷克的說法與我在西方城市所聽到的明顯不同，在西方城市，我所認識的大部分人都把暴力犯罪歸因於經濟問題。我與塔雷克的談話使我疑惑：我們堅持工作可以使年輕人擺脫破壞之路，是否反而正如他們所擔憂的，把他們降為物質存在。我們是否在說，他們口袋裡的錢比他們的腦袋或心靈更可能決定他們怎麼面對人生嗎？我們告訴政府說，我們的孩子如果沒有工作，就會更容易受到破壞性影響，這究竟是什麼意思？我們容許政府對我們這麼說，又是什麼意思？

我問更多在開羅的人，創造就業機會是否有助於打擊埃及的恐怖主義，結果發現塔雷克的觀點並不獨特。朋友的朋友瑪麗亞姆聽到我說美國國務院要用提供工作打擊恐怖主義的計畫時忍俊不禁，彷彿我是白痴一樣。她把這事告訴她先生，他的反應也和她一樣。在當地的咖啡店，我結識的一位咖啡師稱這是政治宣傳。幾個帶我參觀開羅市，與我同齡的同伴聽到我所提關於工作的問題，不由得藉此分享他們對美國外交政策弊端的看法。他們痛批提供更多工作會使人不再憎恨西方，以及它對中東影響的想法。

就連ＥＦＥ辦事處的一些年輕人和員工，似乎也多多少少同意塔雷克的觀點。在ＥＦＥ

的源起故事中，我並沒有看到反恐和該組織的運作方式或甚至對自己的看法有關。我所接觸的對話中從未聽到關於恐怖主義的說法，ＥＦＥ也並沒有以這樣的角度向捐贈人或雇主呈現自己，它的重點是放在需要機會的埃及青年未開發的潛力上，以及這些年輕人對埃及經濟可能造成的積極影響。說ＥＦＥ的參與者有受恐怖主義摧毀的危險毫無道理，他們只是需要工作的聰明孩子。

不過，我提出工作和恐怖主義的問題有助於讓我了解：聖戰激進化的問題見人見智。就像其他許多複雜的問題一樣，激進不是只有一個層面而已。比如在埃及，許多聖戰分子與世俗政府作戰鬥的目的，都是為了要把伊斯蘭教法確立為該國的法律。這種世俗或宗教統治之間的衝突就是二〇一一年埃及大選的重要議題（由穆斯林兄弟會（Muslim Brotherhood）贏得選舉），但自二〇一三年軍事政變以來，這個問題就一直未獲解決。

自二〇一三年政變以來，埃及總統阿卜杜勒．法塔赫．塞西將軍（Abdel Fattah al-Sisi）把聖戰激化視為宗教問題，努力讓國家擺脫穆斯林兄弟會，如今這個組織在埃及、俄羅斯及中東的一些國家都被視為恐怖組織。

塞西將軍在二〇一五年接受《華爾街日報》訪問時被稱為「痴心的伊斯蘭改革家」，他說明他打擊聖戰分子的策略是強調穆斯林兄弟會執政的失敗。「穆斯林兄弟會之所以能夠上台執政，是因為埃及人同情宗教的觀念，」他說，「埃及人認為穆斯林兄弟會擁護的是真正的伊斯蘭教。他們執政的過去三年對這些宣揚宗教觀念的人是嚴峻的考驗。埃及人徹底地體驗了這一點，並表示這些人不值得同情，我們不容許他們執政。」[16]

我還了解到，埃及的聖戰激進化是宗教不寬容和宗派暴力更廣泛領域的一部分。我在埃及逗留期間，曾發生多起基督教少數社群遭到穆斯林團體攻擊的事件。當時最受社會大眾矚目的是穆斯林團體襲擊了明亞省的一個村莊。一位七十歲的基督教婦女被剝光衣物，在街上遊行作為羞辱。造成這次襲擊是謠傳這名婦女的兒子和一個穆斯林家庭的女孩戀愛。[17]這是對埃及基督徒發動更大攻擊形式的一部分。

EFE的一位工作人員向我介紹了天主教救濟會（Catholic Relief Services，簡稱CRS），她曾在這個團體工作，試圖制止此類衝突。她說，如CRS之類的團體是直接面對恐怖主義問題，而如EFE之類的團體則專注在不同的問題上。二〇一三年，CRS在埃及啟動了名為「寬容態度和行動領導力」的計畫，為受宗派暴力困擾地區的部族和宗教領袖提供解決衝突和調解的訓練。負責監督這個計畫的羅傑・法米（Roger Fahmy）對建立和平措施的理論作了如下的說明：「如果有影響力的穆斯林和基督徒能主動合作解決衝突和促進寬容，如果社群能夠採取跨宗教的行動，那麼衝突就會減少，因為屬於溫和派的大多數人會有人脈、技巧和領導力，以非暴力方式回應局面。」[18]

塔雷克向我提出的問題以及其他許多埃及人對他觀點的支持，促使我重新評估了我長久以來的想法。在人們不同意我的意見時，我不太確定該怎麼回應，這或許是好事，我需要傾聽和反省。

在我離開埃及時，我的結論並不是說：支持工作打擊恐怖主義的西方社群是錯誤的，我也並不認為我在埃及遇到的人對於工作能和不能為他們的年輕人所做的事看法是錯的。相反地，我的結論是：我們必須要更進一步了解工作對不同地方的年輕人意味著什麼，而不是有一視同仁的回應。

在西方國家的城市，社群團體要求工作以保障人們更加安全，不僅是因為工作帶來的物質利益，而是就業也是賦予年輕人經濟地位，使他們與主流社會保持聯繫的一種方式。有了這種聯繫，就可以指導年輕人遠離破壞性影響，或至少可以使他們有機會找到積極的人生道路。對於在人生的其他部分都沒有正常事物的孩子來說，工作是保持人生常態的救生筏，這就是工作影響年輕人的思想和心靈的方式，而不僅僅是為他們的口袋帶來金錢。

這些實地的觀察也得到了學術研究的支持。二〇一四年，芝加哥大學犯罪實驗室的莎拉・海勒（Sara Heller）發表了一篇文章，顯示讓一六三四名芝加哥青年以最低工資兼職的最低工資暑期工作計畫在十六個月的期間把暴力犯罪減少了四十三%。雖然減少的原因尚不確定，但海勒指出，暑期工作計畫雖減少了暴力犯罪，但未必能減少其他類型的犯罪——這表示該計畫的優勢在於社會和文化影響，而不一定來自其經濟影響。「『暑期工作計畫』只減少暴力犯罪這一事實，可能與改善自我控制、社會資訊處理和決策的作用最一致……這些都是暴力行為而非其他類型犯罪的核心。藉由針對這些技巧的課程或指導等干預措施，也能在極短的時間內減少青少年的犯罪行為。」[19]

工作也會對男性的福祉和家庭生活產生重大影響，其方式不僅限於收入。達特茅斯學院（Dartmouth College）的大衛・布蘭奇弗勞爾（David G. Blanchflower）和華威大學（University of Warwick）的安德魯・奧斯華（Andrew J. Oswald）在美國和英國進行了關於幸福的研究，發現失業「對男性的打擊比對女性的打擊更大」。此外他們的研究還發現，「和削減收入的成本比起來，失業的成本是巨大的。」[20]換句話說，男性的幸福感與工作相關，而非與較高的薪酬相關。

哈佛大學社會學者亞歷山德拉．基爾瓦爾德（Alexandra Killewald）對六千多名美國異性戀夫婦的研究中發現，男性失業嚴重威脅婚姻，而女性失業卻沒有這種影響。她的研究顯示：失業或未充分就業的男性，離婚的可能性較全職工作的男性高三十三％。她結論說：「當今作丈夫的因未能全職工作而不能符合養家糊口的刻板印象時，面臨較高的離婚風險。」[21]所有收入的男性都有恆定的離婚可能，不僅是在較富裕或較貧窮的家庭中，這表示男性失業所造成的傷害並不在於所賺得的金錢，而是在於工作對男性及其家庭所象徵的尊嚴。

當社群要求以「工作」作為使年輕人積極向上的方式時，他們是在要求政治人物和商業領袖了解這些現實。它不只是關於金錢——也在於尋找歸屬之地。

隔離極端分子

Chapter 16

在訪問比利時和埃及時，我遇到了許多認為穆斯林遭到誤解的年輕穆斯林，他們認為西方世界因為他們的宗教身分而對他們產生負面的結論，並且聲稱西方人只因他們信仰的神就把他們與與極端主義者畫上等號，否定了他們的個別性。

我回到北美時，正好看到川普贏得了二〇一六年美國總統大選。川普採用的競選手法是以多種手法對穆斯林採取成見，讓我在比利時和埃及遇到的年輕人感到沮喪。然而諷刺的是，我發現川普的一些支持者和白人也有類似的挫敗感。他們也想表示不該因為他們與極端分子有共同的身分（在他們的情況，是白人種族身分），就把他們與暴力和仇恨聯繫在一起。

《經濟學人》稱幾位政壇人物為「新民族主義者」，川普就是其中之一[1]。在歐洲，許多這種民族主義者是異議分子，他們以分裂歐洲聯盟為目標。二〇一六年六月，英國舉辦脫歐公投，當時多數選民選擇脫離歐盟，啟發了歐洲其他許多民族主義者，並為當年稍後川普的選舉活動定下了基調。

這些新民族主義者反映了民粹主義在先前數十年的發展。二〇一六年八月，哈佛大學甘迺迪學院的羅納德・英格哈特（Ronald F. Inglehart）和皮帕・諾里斯（Pippa Norris）發表了一篇論文，追蹤西方民粹主義自一九六〇年代以來的增長。根據這份調查結果，民粹政黨的平均選票比例由五．一％增加到十三．二％，而這些政黨擁有的席次數量也成長了三倍多，由三．八％增為十二．八％。[2]英格哈特和諾里斯認為民粹主義政壇人物的影響力之所以增長，部分原因在自覺是國家局外人的變化。他們找出了一些可以解釋局外人體驗變化的因素，包括把傳統價值觀標記為政治不正確、經濟不平等現象加劇、進步主義政治運動的成功、移民增加和人口結構變化。[3]

聖約翰大學法學教授馬克．莫夫西斯安（Mark L. Movsesian）在對二〇一六年新民族主義者的分析中指出，民族主義可以是正面，也可以是負面。他聲稱：「尤其是與種族主張連繫在一起時，『民族主義』就導致了巨大的恐怖。另一方面，它在對抗並最終擊敗二十世紀的法西斯主義和共產主義中，扮演了重要的角色。而且像美國這樣的文化民族主義在其歷史上已有悠久的歷史，歡迎來自世界各地的移民，只要他們同化、遵循當地傳統，就可以起很大的作用，促進社會和平與寬容。」[4]

從表面上看，川普的三大競選支柱——「主權、法治移民和促進社會穩定的經濟政策」可以與莫夫西斯安所描述的正面民族主義相同。[5]但川普惡意地把這些想法與分裂的身分認同政治混為一談。他詆毀墨西哥人，發誓要禁止穆斯林進入美國，並對婦女和美國黑人發表煽動性的評論。因此，對於許多觀察者來說，川普對國家主權和法治移民的討論就成為反移民情緒，並嚮往更同質的過去的代名詞。許多人也認為，川普民族主義的經濟政策與一種零和賽局有關，種族和宗教團體必須爭取經濟大餅。

在美國總統大選的那個晚上，我在多倫多的一家愛爾蘭酒吧觀看了開票現場，那裡至少有一百人聚集，參加由年輕專業人士網主辦的聚會。大家在開票之初表現得樂觀積極，因為大多數人都以為希拉蕊・柯林頓會勝選。當時的感覺好像主場球隊參加冠軍賽，人人都認定他們會獲勝一樣。

但我們高興得太早。在計票結果陸續開出之後，酒吧裡的氣氛丕變。俄亥俄、佛羅里達、賓州、密西根州和威斯康辛州等關鍵州的票數開出，共和黨領先，川普突然可能成為美國總統。大家早早就離開了聚會，就像足球迷在第四節勝負已定，他們的球隊確定會輸之後，馬上離開以免交通阻塞一樣。

在川普正式宣布勝選時，酒吧裡的人數只剩不到十五人，幾個人對選舉被動了手腳發表評論，並借酒澆愁，希望澆熄他們的挫敗感。一對由美國來多倫多遊覽的年輕男女哭了起來，並對著電視機尖叫；其他人則譴責美國，並指川普勝選意味著美國出了問題。

八年內歐巴馬兩次勝選使我的朋友們認為在小布希時代之後，世界正朝著正確的方向發展。我們成年後的大部分時間裡，歐巴馬總統一直是自由世界的領袖。他第一次當選讓我們確認了種族和宗教的多元化是優先事項，也是美德的事實，標識了美國政治的新里程碑。他再度當選也讓我們明白，他第一次的當選並非僥倖。

川普的勝利，就像英國脫歐公投一樣，顯示我們對世界發展的方向並不如我們想像的那樣了解。選舉之夜在酒吧裡的大多數人把選舉結果視為各種主義和恐懼症的勝利，例如種族主義、性別歧視、仇外心理和伊斯蘭恐懼症。美國有線電視新聞網（CNN）的范．瓊斯（Van Jones）把這個結果描述為「白人種族主義對這個不斷改變的國家的反撲（Whitelash）」，意即白人選民投票給川普，是因為他答應對抗美國社會的改變。[6]

這場選舉發生在西方人口變化特別激烈的時候。這為瓊斯「白人反撲」的評論提供了一定的可信度。二〇一五至二〇一六年間，逾百萬人向歐洲各國申請庇護，使歐洲數國的移民人口占總人口比例增加了一%。[7]由二〇一〇至二〇一四年，美國人口中的移民比例增為十三．三%。二〇一四年，逾百萬移民的到來驅動了移民比例增長，比前一年增加了十一%。[8]在二〇一五年七月至二〇一六年七月間，加拿大也迎接了三十二萬新移民，是至少自一九七一年以來移民人數最多的一年。[9]英國在二〇一五年接納了三十三萬名新移民，是英國史上第二高的移民人數。[10]

川普的選戰針對西方國家兩個增長最快的移民社群：西語裔和穆斯林，這並非偶然。二〇一四年，西語裔占美國移民的最大比例，達四十六%。[11]數十年來歐洲的穆斯林人口一直穩定增長，到二〇三〇年，穆斯林人數將占全歐洲大陸的八%，而且在某些國家（如德國和法國），他們所占的人口比例更是高得多。[12]

哈佛大學定量社會科學研究所（Institute for Quantitative Social Science）的萊恩・伊諾斯（Ryan Enos）記錄了群體間的敵視如何隨這種人口變化而發展。二〇一四年，伊諾斯對波士頓的火車通勤者做了一項實驗，讓講西班牙語的通勤者在火車站與白人通勤者互動。實驗前後的調查結果顯示，白人通勤者在實驗後，排斥態度增加，因為他們比實驗之前「更可能主張減少墨西哥來的移民」，並且「更不可能主張容許非法移民留在美國」。伊諾斯還觀察到，「外來者的偶然出現可能導致排斥反應，或許是由於負面刻板印象所致。」他總結說：「這裡的發現顯示，西方國家人口的持續變化會伴隨群體間排斥的衝動，而人口可能會更加多元化的地區應該預期會發生初始的衝突。」[13]

投票給川普的六千三百萬選民中，有多少是因這種排斥反應而選擇了川普？川普的勝利有多大程度上是「白人的反撲」？川普支持者中，有多少是因他的三個競選支柱，而非他的身分認同政治所驅動？

我的一些穆斯林朋友和親戚因為川普的旅行禁令，不確定他們或家人是否能夠往返美國，因此很難抗拒不責怪川粉。在最好的情況下，川普的支持者已經接受了他的身分政治，因此他們會選他，儘管他的競選承諾使穆斯林的處境更加困難。在最壞的情況下，川普的支持者是受到共同的欲望驅使，要使穆斯林的生活更加困難。

不過，我注意到我的一些白人朋友和親戚對於以「白人反撲」來解釋川普選舉獲勝感到不快，因為這把他們和種族主義者混為一談。在他們看來，投票支持川普有很多原因，並不僅僅是因為他的身分政治，而且即使某些川粉是種族主義者，也並不表示全部的人都如此。他們還指出了一個事實，大多數白人並沒有投票贊成川普，因為許多人根本沒有去投票。他們對新聞報導的不滿反映了在聖戰恐怖主義事件發生後，我在穆斯林社群中所看到對遭到醜化的反應。

選舉後兩天，加拿大記者道格．桑德斯（Doug Saunders）撰寫的一篇報導就是「白色反撲」敘事的實例。桑德斯對莫倫貝克的深刻見解正是啟發我在巴黎恐襲後訪問比利時的起因之一。在題為〈川普出線的真正原因？我們有白人極端主義問題〉這篇有關川粉的文章中，桑德斯把川普的平台標記為一種族裔的民族主義（ethnic nationalism），暗比與聖戰分子相似之處，他對白人社群寫道：「現在輪到我們感到震驚，發現我們的社群有很大一部分已經激進化，（有時是透過網際網路）激化為不容忍的極端主義形式，拒絕了傳統的西方價值觀，並威脅了整個國家的完整。」[14]

我與一些白人親友分享了桑德斯的文章，因為我想知道他們對這種新聞報導的感受。我預料他們會像我的穆斯林親友一樣，對把他們與極端主義廣泛連繫的新聞報導做出很大反應。果真如此，甚至沒有投票給川普的人也覺得受到「白人種族主義反撲」這種說法的連累，並拒斥這種說法。

我二十多歲的表妹對此很不滿，她解釋說：「我的意思是：有關聯並不表示就有因果關係。川普擁有大多數白人選民，但我認為因為有關連就認為他們有罪是不公平的……就像把所有的穆斯林都當成恐怖分子一樣。我自己就認識三名川普支持者，但他們並非種族主義者。」

我母親那方的另一位親人認為桑德斯錯失了目標，他說：「這篇文章我至少讀了三遍。桑德斯把白人和川普選民描述為極端主義者，激進而悲觀，我不以為然。我認為這些話並沒有公正地描述這個群體。」

在美國南部長大並投票支持川普的一位律師挖苦這篇文章說：「我本來以為文中會全方位討論貿易、傳統能源生產和其他關鍵的藍領相關問題，不是嗎？嗯，奇怪，卻沒有看到。只說所有未受過教育的白人天生就是極端主義者。」

另一位投票支持川普的朋友是美國中西部學術圈人，他認為啟發他的民族主義遭到曲解。他說：「用『族裔民族主義』一詞來描述我心目中的民族主義，真的讓我感到困擾，因為它喚起了種族的基礎架構。」

川普的支持者和美國白人是大到可以決定美國總統職位命運的群體。由表面上來看，很難相信他們能感受到西方少數群體的挫敗感。但正如我親友所述，沒有人樂於被定型。無論你是多數還是少數群體的一員，被貶抑和抹煞自己的個別性都會產生一樣的感受。如果我的白人親友能以此為契機，更進一步了解我的穆斯林親友在像川普這樣的人以他們為目標時的感受，我相信他們很難再次投票支持川普，或為任何這樣做的人找藉口。

無論我們討論的是將近二十億的穆斯林，超過兩億的白人，或六千三百萬的川普選民，把大群人口和極端主義者聯結在一起都誇大了實際的極端分子影響力，因而很難隔離他們與他們的思想。誇大極端分子的影響也使我們很難區分可能受更好的政治思想說服的人，與主要受極端觀點所吸引的人。

有相當數量的極端分子支持川普，並慶祝他的勝利。認同川普的極端主義團體中，最主要的是「另類右翼」（alternative right）。在二〇一六年美國總統大選期間，這些非主流右翼人士的網路活動引起了廣泛注意，他們的活動通常採取社交媒體騷擾的形式。這個群體主要是由白人青年組成。反誹謗聯盟（Anti-Defamation League）提出了一個有用的定義：「儘管並非每個認同另類右翼的人都是白人至上主義者，但大多數都是，而且『白人身分』對在這個背景的人十分重要。實際上，另類右翼明確排拒現代保守主義，因為他們認為主流保守派並沒有主張白人整個群體的利益。」[15]另類右翼領導人物理查．史賓塞（Richard Spencer）提倡「和平種族清洗」和「一個新社會，一個白人民族國家，是所有歐洲人的聚集點。」[16]川普當選後不久，史賓塞在華府的一次會議上大喊：「向川普致敬，向我們的人民致敬，向勝利致敬！」而觀眾也以納粹式的敬禮回應。[17]

就像川普的一些批評者一樣，川普未能在他的支持者中隔離另類右翼成員。例如在他擔任總統的頭一年，另類右翼團體在維吉尼亞州的夏洛特維爾市（Charlottesville）籌辦了一次白人至上主義的集會，結果因一輛汽車衝撞反白人至上主義的抗議民眾，使集會走向暴力。二十歲的小詹姆斯·亞歷克斯·菲爾茲（James Alex Fields Jr.）遭控罪，後來被判處無期徒刑。攻擊發生後，川普拒絕使用他的白宮講台譴責另類右翼團體，而是試圖把夏洛特維爾事件的責任平分給白人民族主義者和反對他們的抗議者，為企圖躲避公眾監督的極端主義分子提供庇護。《國家評論》（*National Review*）的大衛·法蘭奇（David French）描述了川普未能適當提供的道德是非標準（moral clarity）需求。法蘭奇警告：「在政治極端上有嗜血的暴力欲望，現在是提出道德是非標準，具體譴責可恥美國運動〔無論其成員戴了多少頂MAGA帽子（川普首次參選總統的競選口號「讓美國恢復偉大榮耀」的首字母縮寫）〕及支持那些強烈言辭行動的時候了。」[18]

澳洲天主教大學（Australian Catholic University）宗教、政治與社會研究所的約書亞·羅斯（Joshua M. Roose）提供了一些見解，可以幫助實現諸如夏洛特維爾市攻擊之類的時刻所需的道德是非。羅斯在對澳洲伊斯蘭教和男子氣概的研究中指出：「對於某些西方的年輕穆斯林，『奪取國家政權』無疑是一種理想，而且他們可能會想要對此做出貢獻。」他補充說，相較之下，「對許多其他人而言，在他們依照他們的指導原則，尋求塑造周圍的世界時，伊斯蘭教指導他們的日常生活和行動。然而這與奪取國家政權的立場相去甚遠，而且實際上可以對社會做出實質的貢獻。」[19]羅斯認為，這兩類人之間的區別——藉由強迫他人接受他們的意識形態來徹底改變我們社會的極端分子，和不這樣做的非極端主義者，對於讓西方的年輕穆斯林男子參與政治極其重要。我認為這種區別對於我們社會的其他部分參與政治活動也同樣重要。藉由這樣的區分，我們更能精確地在道德上譴責極端分子，而非譴責或牽扯更廣泛的群體。在了解可以激發和組織暴力攻擊的白人至上主義網，以及這些群體為何對年輕人產生影響時，這樣的區分尤其重要。如果我們不能在大批人群中隔離出極端分子，就無法提出正確的問題，因此也就無法制定正確的解決方案。

白人至上主義網用網際網路來組織的歷史悠久，早在創造「另類右翼」一詞或川普擔任總統之前就已出現。一九九〇年代初期，由三K黨恐怖集團一名前成員創立的白人民族主義和否認納粹大屠殺的網路留言板 Stormfront，就已是全球白人至上主義者相互連結的一種方式。Stormfront 自稱為「網際網路上的第一個白人民族主義網站」，並維持了數十年的用戶基礎，由二〇一二至二〇一五年，該網站每年新增七萬個新的論壇話題這一事實，即可證明這一點。[20] Stormfront 是一扇窗戶，讓我們了解網際網路的白人至上主義網站如何歪曲時事，以加強種族衝突。例如網站上的「政治與持續危機」部分充斥著標題為「猶太人是危險分子」、「伊斯蘭疾病」、「停止白人種族滅絕」和「反種族主義者就是反白的代號」之類的貼文，並以聖戰恐怖主義或黑人對白人的犯罪新聞作為證據。

這些白人至上主義網路的成員自認為是為他們的種族、宗教和國家的未來而戰。他們的世界觀認定西方和伊斯蘭教、白人與非白人、種族民族主義者和種族叛徒之間存在著文明衝突。而且他們必須藉助網際網路來傳達他們認為世上真正發生的事情，因為主流新聞媒體並沒有站在他們那一邊。Stormfront 或其他白人至上主義媒體的消息強化了這種世界觀，並破壞了了解這個世界的其他方法。

另類右翼藉著擺出男子氣概權威的姿態，在接觸年輕人方面特別有效，其成員用「綠帽」（cuck）一詞（「cuckold」的縮寫，通常指妻子出軌的男子）來形容對其他種族和文化不持白人民族主義團結觀點的男人，他們對不認同白人至上主義者的白人年輕男子嗤之以鼻，並將其稱為弱β男性。受到另類右翼吸引的年輕男子就像ＩＳＩＳ所招募的新人一樣，感到與本國失去連結，但更特別的是一種衰落感。在他們的世界觀中，西方原本是他們的，但現在卻因「綠帽」允許歐洲和北美被各種少數民族所取代，因此不再屬於他們。

與預期相反的是，白人民族主義意識形態在白人男性中培養了一種少數族裔的身分。是的，白人至上主義者認同西方，聲稱歐洲和北美證明了白人社群的至高無上。但為了建立追隨群眾，白人至上主義者傳播了「我們與世界對抗」的訊息，向對自己生活不滿意的灰心白人提供受害者的身分。為了使他們的暴力訊息合理，因此必須操縱世界和他們作對。

自在二〇一六年美國總統競選期間，另類右翼廣為人知以來，白人至上主義網已和一連串凶殺案連結在一起。比如二〇一七年五月二十六日，三十五歲的傑里米・約瑟夫・克里斯蒂安（Jeremy Joseph Christian）被控進入俄勒岡州波特蘭的一列火車，對兩名年輕的女乘客發表反穆斯林言辭，接著殺死了另外兩名協助她們的乘客。另一個例子是二〇一七年一月二十九日發生的魁北克市清真寺槍擊事件。一名槍手在晚禱時間進入清真寺開火，造成六人死亡，多人受傷。二十七歲的大學生亞歷山大・比索內特（Alexandre Bissonnette）對這起殺人案認罪。自另類右派惡名遠揚以來，其他與白人至上主義網有關的攻擊包括在紐約市和馬里蘭州殺害黑人，以及在堪薩斯州謀殺了一名由印度工程師移民的事件。聯邦調查局探員洛倫・坎農（Loren Cannon）把波特蘭火車襲擊和類似事件歸因於白人民族主義者，他說：「這些是政治暴行，白人民族主義者應該負責……我們談的是一個不穩定的人，被引導進入暴力革命的心態，並一直受到煽動，直到爆發。」[21]

這些凶殺是白人至上主義網在他們的網路活動和離線暴力之間架起橋梁的例子。建立這樣的橋梁有時可能純粹是意識形態：一個孤立的、精神不健康的年輕人吸收了太多衝突導向的政治宣傳，使他的思想和內心充滿仇恨、恐懼和憤怒。有時候，搭建橋梁是更刻意、更有組織的過程，招募年輕人加入可能在很遠或附近的暴力團體。

如今在蒙特婁「激進化導致暴力預防中心」擔任研究員的馬克辛・費塞特（Maxime Fiset）親眼目睹了網上活動和離線活動之間的橋梁。他曾經被視為加拿大新納粹光頭黨組織Sainte-Foy Krew的未來成員，甚至剃光了頭，為該組織的雜誌寫宣傳文章，並協助分發。他於二〇〇七年成立了自己的白人民族主義者團體——魁北克老居民聯盟（the Federation of Old Stock Quebecers）。二〇〇八年，他因煽動仇恨而被捕。他還是Stormfront的活躍成員，甚至被提升為網站法語部門的主持人。這一切都發生在他二十五歲生日之前。如今馬克辛已三十多歲，他改變了自己的做法，致力於終結年輕人的激進主義。他表示自己的轉變是因為自己當上了父親。

我是在二〇一七年魁北克市清真寺槍擊事件後一篇探討白人至上恐怖主義根源的新聞報導中，得知馬克辛的故事。後來我們一起出席一個加拿大廣播電台有關掙扎的年輕人節目後，有了交談的機會。

馬克辛告訴我，在 Stormfront 上，同一城市中的白人至上主義分子可以彼此聯繫，並可能安排會面。他澄清說：「這不一定會導致暴力，反而可以防止暴力。如果你加入的團體雖然會分享政治宣傳，但卻堅決反暴力，那麼你就會受到保護（不會變得暴力）。但是如果這個團體主張暴力，或者你精神問題嚴重，無法適應這個團體，你就會變得暴力。」馬克辛還解釋說，即使是非暴力的白人至上主義團體也可能會夾帶暴力的觀念，因此必須對抗種族主義觀念，以及使這種觀念吸引年輕人的個人疏離感。「疏離感會讓你感到與世界其他地方格格不入，在它使你不適時，（你）會切斷與它的聯繫，而轉向使自己感覺較好的事物。這些（網路和離線的群體）讓你有個地方做你自己，感覺自在。」

馬克辛還告訴我他如何幫助其他年輕人避免重蹈他覆轍的故事。他在臉書上很活躍，有一名參與另類右翼團體的年輕人在魁北克市清真寺槍擊事件後，向他尋求建議。這名年輕的臉書用戶對這場悲劇感到震驚，他問馬克辛：「我們（另類右翼）的想法是否助長了這場屠殺？」渴望改變的他還問道：「你怎麼不再有伊斯蘭恐懼症了？」馬克辛和他建立了關係，他帶這個年輕人去見一位教授，說明伊斯蘭教並不像另類右翼人士所想的那麼簡單。現在，這名受馬克辛指導的年輕人再次回到學校求學。據馬克辛說，這個年輕人覺得人生更加輕鬆，「如今他不必應付這種激進化的心理負擔。」

如果我們無法隔離極端分子，就不會有馬克辛這樣的故事以及他所做的工作。在西方，有些危險團體正想要對年輕人產生影響，如果我們不能或不肯把它們和它們號稱要捍衛的群體區分開來，這些團體就不會被擊敗。

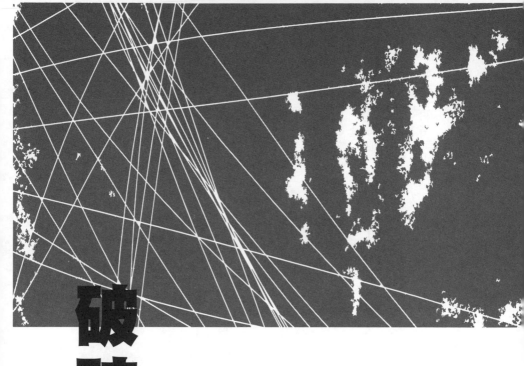

破碎的民主

Chapter 17

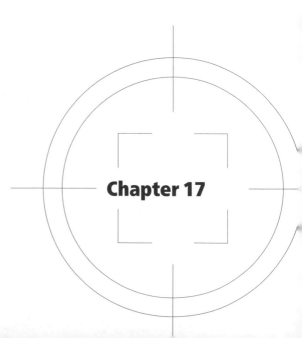

在將近四年的時間裡，我一直擔任多倫多兒童援助協會（Children's Aid Society of Toronto，簡稱CAST）的董事。CAST是一個非營利組織，主要由安大略省政府贊助，提供兒童福利服務，包括照顧不能與父母同住的兒童。CAST監督寄養和收養，並回應有關兒童安全的電話，這些電話主要是來自教師和警察。

我由法學院畢業起，就加入了CAST董事會，因為它的員工協助我故鄉最脆弱的年輕人。我的人生（以及我父親的人生）讓我明白擁有強大社會服務對兒童和父母的重要性。此外我也擔心在兒童福利體系中為數過多的黑人家庭。CAST照顧的黑人青少年占全體比例達令人咋舌的四十一％，是多倫多人口中黑人居民比例的五倍，這不僅代表很多孩子，還有很多父母。

身為CAST董事會和管理小組的成員，我想要了解這個系統中為什麼有這麼多黑人家庭，並嘗試在可行的情況下改變這種比例過高的情況。我們採取了一些改善服務的步驟，並確保組織密切檢討自己的業務，包括聘請多元化和反壓迫總監，委託研究報告，並成立利益相關者的諮詢小組。

我們一方面引進這些措施，我一方面也希望CAST能夠盡一份心力，創造變革。但在我內心深處，我始終覺得綁手綁腳。在許多情況下，我們只是對超出我們控制範圍的情況做出反應。

例如我們無力幫助家庭擺脫貧困，也無法以家庭所需的方式支持它們，以免它們陷入崩潰的危險。但是我們知道，我們試圖改變的種族差異在兒童福利制度參與之前就已經扎根。比如多倫多有三分之一的黑人家庭有挨餓之虞，[1]黑人青年失業的可能性是其他年輕人的兩倍，[2]多倫多郊區的黑人家庭貧困的可能性較平均高出二十％。[3]與其他人一樣，我們期望支付CAST帳單的省政府解決其中許多問題。

我努力在CAST控制範圍之外尋求解決問題的辦法，也因此獲得突破，了解為什麼黑人家庭在這個系統中占如此高的比例。我們的多元化和反壓迫總監和她的團隊對一年來致電CAST的資料作了詳盡的分析，要了解黑人兒童何時以及為什麼會被轉給兒童援助人員的模式。在公開的董事會議上，我們討論了這些資料分析的結果。我們發現，在了解種族差異時，當地的社區十分重要。下列三個地區有大量黑人兒童被轉介給CAST：士嘉堡（Scarborough）的吉爾伍德Guildwood/Morningside/West Hill，士嘉堡的 Malvern/Rouge 和北約克（North York）的Downsview/Jane 和 Finch 地區。這些區域是由被轉介兒童住處的郵遞區號中識別出來的。

毫不意外地，這些地區都是多倫多地區面臨一連串複雜挑戰的社區，這裡的人較容易陷入貧困，較可能依賴公共住房，然而公共政策失利，當地經濟發展有限，新移民服務不足和交通轉運不足。在我由當地社區的角度來看這個問題時，就很清楚地看出兒童福利系統中的黑人家庭比例過高，必須與困擾這些社區的其他不平等現象一併考慮。

在CAST志願服務四年後，我認為該是離開的時候了。我所屬的團隊明確說明了多倫多的弱勢社區需要大規模轉型，但這種轉型遠遠超出了一個個別的兒童福利組織可以做的範圍。繼續留在CAST只會讓我綁手綁腳，無法說或做我認為最該做的事，因為就某個方式來看，我是與政府（因此與現狀）綁在一起。

監督這些社區問題的政府官員儘管立意良好，但現實的情況是，整個省政府是行動緩慢的巨人，無法總是以改善當地條件所需的速度或精確度行事。同一批人處理弱勢社區所面對的每一個問題，使人很難就需要改變的內容以及該來負責這些改變的人員作坦誠、公開的對話。

我不想要以政府為中心的角度來看我的城市，而希望能增強本地人的能力，與民間社會和企業分享力量，把決策權下放給地方組織，並支持家庭讓它們盡可能解決自己的問題。總部位於多倫多的衛斯理研究所（Wellesley Institute）稱之為「共同責任」的觀點，它是基於如下的信念：「要建立一個健全的社會需要個人、社區、私人機構和公共服務部門的投資。」[4]社會上沒有任何一個部門能夠單獨解決這些棘手的問題，而容許任何團體壟斷影響力，對弱勢社區反而有害。

離開CAST董事會之後不久，我赴俄亥俄州哥倫布市作有關兒童福利問題的研究。說得具體一點，我協助領導一個計畫，研究親屬監護人照顧俄亥俄州弱勢兒童的角色。親屬監護人是負責照顧親族兒童的親戚。這些安排有時是非正式的（也就是說，孩子可能與親戚住在一起，並沒有更改在法律上的監護權），有時則是正式的（兒童保護服務時讓孩子由親戚合法監護）。

由於非正式安排通常沒有文件紀錄，因此很難確切知道有多少孩子由親戚照料。美國人口普查局的資料顯示，二〇一五年有五％的俄亥俄兒童由親屬撫養，而全國的數字是三％。[5]近年來由親屬照顧的兒童人數大幅增長，這方面的專家認為，由於俄亥俄州陷入鴉片類藥物危機，因此這一數字應遠超過五％。俄亥俄州衛生部門在二〇一五年報告說，自二〇〇七年以來，「非故意用藥過量一直是俄亥俄州因傷害而致死案件的主要原因。」二〇一五年用藥過量導致三〇五〇人死亡，當時創下歷史最高紀錄。[6]這個危機對兒童服務帶來了更大的壓力，並使州政府監護的兒童人數增加了十一%。[7]為了滿足由祖父母和其他親戚作為監護人日益增長的需求，俄亥俄州眾議院在二〇一七年抗鴉片類藥物濫用的一億七〇六〇萬美元計畫中，預留了兩千萬美元作為補助親屬照顧者的經費。[8]

我參與的研究項目目標是要找出方法，使依賴親屬監護人的家庭生活能較輕鬆，例如增加對支持服務的資助，或者對法規進行現代化的改造，以便親屬監護人可以取得醫療和教育紀錄。見到受這種危機影響的人，使人很快速且激動地看到鴉片類藥物成癮而導致的跨世代創傷。

在俄亥俄州的朴茨茅斯〔Portsmouth，哥倫布電訊報（Columbus Dispatch）〕描述這個城市為「醞釀俄亥俄州鴉片類藥物流行的藥丸工廠中心」，社區領袖齊聚一堂，討論鴉片類藥物對鄰近社區造成的危害。[9]一位二十五歲的復健諮商員本人就曾上癮過，他回憶起多年前自己失去酗酒嗑藥的父親時的感受。另一個人告訴我們她正在協助一個有藥癮的八歲男孩。這個孩子的父母要他運毒，並給他服藥作為獎勵。

俄亥俄州羅斯縣（Ross County）的社區行動機構也向我們說明鴉片類藥物危機的深度。擁有七萬七千人的羅斯縣在二〇一六年有四十四個居民因吸毒過量而死亡。[10]許多人告訴我們，這個數字到二〇一七年有上升趨勢。我很快就發現，在一個小社區中的人很難不對這些死亡有個人的感觸。每一個和上癮問題掙扎的人都和數十個親戚朋友息息相關。

鴉片類藥物危機的改變性影響是羅斯縣的主要課題。市法院法官有力地說明：「我們沒有一個人在做我們受過訓練的工作。」他說，這十年來，法官、警察和緩刑官、老師、驗屍官、社會工作者和其他實地工作人員都發現他們的工作產生了巨大的變化。一名警官呼應說：「以前不在一起工作的小組現在被迫成為夥伴。我們需要能夠獲得的所有幫助。」

從好的方面來看，我在俄亥俄州蘭開斯特（Lancaster）與一位社工人員談話，他分享了當地教會正面因應鴉片類藥物危機的故事。這些教會組織了一系列的鴉片類藥物論壇，參加人數眾多。這位社工人員提到，在這些論壇中，許多身為祖父母的人會向她尋求撫養孫子的建議。

俄亥俄州的鴉片類藥物危機造成了重大的苦難，並增加生活的困難。危機也造成社區、民間組織和家庭的急迫感，由親屬監護人帶領加緊改善自己的處境。這種情況很類似我在受聖戰分子或幫派威脅的社區所見。人們必須以比政府更快的速度採取行動。而在這個例子中，他們需要在政府把鴉片類藥物危機列為當務之急許久以前，就獲得官員支持。

在我的生活和工作中經常會碰到對政府不滿的態度，所以我一直都渴望在政府官僚機構之外，尋找機會改變。我見過人們以民主程序的各種層面來表達他們的不滿，尤其是投票和加入政黨。

在許多人看來，投票是沒有贏面的情況，他們必須由同樣都未能優先考慮他們需求的候選人之中作選擇。引起爭議的舊金山饒舌歌手巴利斯（Paris）談到自己的社區在競選活動中的情況時，表達了這種感覺。巴利斯稱投票為「被迫在兩害中取其輕」，因此對政治選擇「很少」感到滿意。他認為，這是投票率低的原因。「在許多人看來，兩害取其輕並不是去投票的好理由，不會讓人想參與已遭操縱，或表面上雖有選擇的假象，其實卻維持現狀的民主程序。」[11]

英國的「英國大選調查」（British Election Survey）政治分析師瑪麗亞·索博洛斯卡（Maria Sobolewska）主張，左翼政黨把某些少數群體視為理所當然，而右翼政黨則完全無視他們的存在，結果許多選民在行使其民主權利時，沒有考慮他們的選擇。[12]此外，政黨把選民視為靜態和可預測的群體，而非有各種各樣意見的個人，也就會創造自我應驗的預言。加州拉丁裔民選官員教育基金會（National Association of Latino Elected and Appointed Officials [NALEO] Educational Fund）的執行董事亞瑟洛・瓦格斯（Arthro Vargas），描述這種自我實現的預言在他的社區如何發揮作用：「除了不聯繫造成的傷害之外，他們（組織和候選人）還嘆息我們拉丁裔在選舉中表現不佳，以此侮辱我們，儘管他們既沒有花時間也沒有花資源吸引我們參與。」[13]

許多人也對加入政黨不滿意。例如，儘管在英國穆斯林和美國黑人社區有相當數量的社會保守派，但這些人因為身分認同政治，很少與右翼政黨接觸。市調公司 ICM Unlimited 在二〇一六年對十萬名英國穆斯林的調查發現，有五十二%的受訪者認為同性婚姻應屬非法，而非穆斯林只有二十二%有相同的看法。[14]二〇一六年皮尤研究中心調查美國人對同性婚姻的看法，結果發現只有四十二%的黑人表示支持這種做法，而白人支持同婚的比例達五十七%。[15]右翼政黨可能是穆斯林和黑人社會保守派參與西方民主的工具，就如它們也是基督教徒和白人社會保守派參與西方民主的工具一樣。但是因為種族和宗教身分政治的影響，疏遠或忽視了穆斯林和黑人社區，因此這些政黨並沒有成為這樣的工具。

在向少數民族、宗教少數派及婦女提出呼籲，追求選舉優勢的左翼政黨中，白人男性經常成為分裂性政治修辭的目標。二〇一六年美國總統大選之後，民主黨飽受困擾，因為有望成為總統候選人伯尼・桑德斯（Bernie Sanders）的支持者（他們通常比一般黨員更白、更年輕）與其他潛在領導者的支持者暗鬥。國家護士聯合會（National Nurses United）的執行董事羅絲・安・德莫羅（RoseAnn DeMoro）把黨內反桑德派描述為想要「把所有人都當成『伯尼兄弟』，憤怒的白人。」[16]

我在大學裡遇到的兩位朋友就在這種讓人不滿的環境中，努力尋覓在政治上的發言權。馬可斯長期以來一直都在思索他是否該認為自己是保守派。他是自由市場經濟的堅定信徒，認為這是他為由黑人、移民和低收入家庭組成的鄰里創造更佳機會的方式。馬可斯的對自由市場力量的樂觀信念來自他的經驗，他親眼目睹依靠政府計畫和政府出資的非營利組織幾乎無法帶來社會流動性。他半開玩笑地把他家附近的情況描述為「非營利性工業園區」，因為在政治和經濟具有影響力地位的人寧可設立服務類似他鄰里地區的慈善機構，而不願為需要工作的人們創造任何形式的經濟發展，這教他很震驚。

馬可斯希望自由市場經濟對他社區的作為也反映了麥爾坎・X在他著名的一九六四年演

講《選票還是子彈》（*The Ballot or the Bullet*）中所提的「黑人民族主義的經濟哲學」。他說：「當你把錢花在社區之外時，你花錢的社區就變得越來越富裕，而你取走錢的社區就變得越來越窮……在你掏出自己的錢，讓自己的社區破敗之時，你竟敢抱怨破敗社區中的惡劣住房狀況。」[17]

保守派政治人物通常最大力倡導自由市場能解決社會問題，因此馬可斯偏向右翼政治思想。然而保守派圈子從沒有歡迎他。馬可斯是黑人，比我大幾歲，因此他在成長過程中接受的許多政治假設與我所接受的相同，尤其是認定進步主義者關心黑人和窮人，而保守派則不然。保守派政壇人物從沒有採取什麼行動以改變這種常見的看法，地方政治人物更是如此，馬可斯說，他們從沒有在他家附近露面。

我認為就算馬可斯可以在保守派圈子中達到自在的程度，要公開表明他的保守派身分也很困難。他仍得面對社群中許多人的負面反應，並冒著在政治上與他最關心的人不那麼有關聯的風險。免不了有人會因為他在政治立場上不符合對弱勢社區黑人的期望，而稱他為「叛徒」，他會覺得自己必須由他要改善社區念頭和社區本身中作抉擇。

我大學的另一個好朋友薩利姆則向我表達了對北美政治現狀的沮喪。我是透過馬可斯認識薩利姆的，他們兩個有很多共同之處，但也有一些重要的區別。薩利姆和馬可斯一樣，是來自非洲的移民，他特別關懷低收入城市社區黑人家庭所經歷的困難。與馬可斯不同的是，他在經濟問題上持非常前進的立場，贊成社會主義經濟改革。薩利姆也是虔誠的穆斯林，他希望持進步立場的政黨能為公開堅持信仰，並持社會保守觀點的人提供更多的空間。

要是薩利姆感到穆斯林受到所有政黨的歡迎，我相信他在選舉中一定會支持任何他認為最理想的候選人。然而，他覺得自己不受保守派歡迎，因此他傾向左翼政黨。薩利姆跟馬可斯一樣，認為右翼政黨敵視多元化是對他西方公民身分的攻擊。他曾告訴我：「我甚至都不想談論稅收。我只希望能感到自己受這裡歡迎。在我不必擔心別人厭恨我時，我才會擔心稅收問題。」

把像馬可斯和薩利姆這樣的人放在這種立場的後果是他們的聲音被扼殺，他們的貢獻遭到埋沒。他們沒有得到提倡他們認為對自己家人和鄰居最有利事物的力量。他們對自己社群政治可能性的信念受到了限制。

我們三個人對於在無能政治機構之外，能獨立改善弱勢鄰里的想法都躍躍欲試。我們每個人都看到過才華橫溢的地方領導人因遠離權力中心，而削弱了他們的正面影響。我們也看到政府官僚主義、政治操弄或無能減緩或扼殺了創新。

多年來我們一直對一個想法感到樂觀，那就是特許學校，這是半自治的公立學校，在州政府、地方學校董事會或其他特許單位的批准下運作。我們經常談到特許學校是賦予地方領導人權力，並提供他們社區所需教育服務的機構。不過加拿大只有一個省分——亞伯達省把特許學校合法化，因此，這個想法一直未能在我們的家鄉多倫多作充分的研究。

特許學校在美國更為常見。美國特許學校運動於一九九一年在明尼蘇達州展開，當時第一批特許學校法在包括民主和共和兩黨的同意下通過。[18]特許學校運動跨兩黨的起源反映出它對尋求創新方式以解決教育不平等問題的人有廣泛吸引力。二〇一五年，共有兩百五十萬公立學校的學生參加了近六千四百間特許學校。[19]

特許學校的規定因州而異，但他們獨立於學區之外，使他們可以靈活地打造自己的學術課程，建立獨特的學校文化，雇用非工會員工和教師，並制定非正規的課程表。特許學校的管理方式通常和私立學校一樣，但它們使用由傳統學校轉撥的公共資金。

特許學校運動的成長在很大程度上是由於它在低收入城市社區中的流行，這些社區有許多年輕人都脫離了學校或教育不足。這些社區中的教育工作者認為特許學校是一種連繫學生的方式，能夠聯繫傳統地方公立學校所無法接觸的學生。在政府政策無法改變弱勢青年的生活時，特許學校也是地方基層團體行使控制權的機會。

哈林兒童之家（Harlem Children's Zone）的創辦人傑佛瑞·卡納達（Geoffrey Canada）於一九九〇年以特許學校作為改善與他成長時所處類似社區的方法。他說：「我看到一代又一代的黑人和拉丁裔學生被我們的公立學校系統糟蹋，接著淪入失業、毒品、犯罪、早死，教我感到非常痛心。這樣的情況自我一九六〇年代在南布朗克斯（South Bronx，紐約市行政區）上公立學校以來，一直持續發生。」[20]卡納達把特許學校視為改善美國教育的關鍵。

南卡羅來納大學法學院的德瑞克·布萊克（Derek W. Black）藉由兩種特定的價值觀說明了特許學校在黑人社區中的吸引力：「個人選擇的重要性」，和「產生有益結果的市場力量」。[21]布萊克認為，這些價值觀與某些低收入區居民的經驗產生了獨特的共鳴。「許多低收入城市社區已經脫離教育體系一段時間，因為從未發生有意義且穩定的反學校隔離（school desegregation，即教育機會均等的黑白合校），而教育資源、教師、課程和教學法總是匱乏。此外，有些低收入城市社區認為公立學校只是更大體系中的一小部分，目標是讓貧困的少數族裔學生順利入獄。」[22]

克萊蒙特研究大學（Claremont Graduate University）的莫妮卡・艾蒙德（Monica Almond）於二〇一三年進行了一項研究，以了解為什麼有高比例的黑人學生就讀特許學校，結果顯示大家對美國城市的傳統學校系統普遍不滿。她指出特許學校具有吸引力的因素如下：較安全的學習環境、對學生的期望較高、個別的關注，以及鼓勵上大學的氛圍。[23]

在黑人社區，無疑有些人堅決反對特許學校。這些對手的聲音很重要，因為在同一種族或宗教社區中的人都應該像其他人群一樣，能自由表達各種意見。比如在密西西比州，社區成員爭論說，特許學校是「被外人強加給當地社區」。[24]此外，二〇一六年，NAACP同意了一項要求禁止私人經營特許學校的決議，因為有人擔心「擁有私人任命董事會的特許學校雖不代表社會大眾，但卻可以決定如何使用公共經費。」[25]

特許學校的評論者還正確地指出了這些學校的學業表現並不一致。各校之間難以維持品質控制，因為特許學校沒有像傳統教育局那種有中央管轄機構。此外，在某些州，對特許學校的監督並沒有效力，使特許學校無法維持傳統公立學校的平均成績水準，比如在密西西根州，二〇一二至二〇一三學年有三十八％的特許學校表現不如全州公立學校的倒數四分之一。在二〇一三至二〇一四年度，密西根州特許學校的閱讀能力水準也低於傳統的公立學校。[26]

這些批評並沒有減緩特許學校的普及，主要是因為它們的平均表現比傳統公立學校優異。史丹福大學教育研究中心（Center for Research on Education Outcomes，簡稱CREDO）二〇一五年的研究發現，平均而言，低收入城市社區的特許學校表現確實比傳統的公立學校要好。[27] CREDO還發現，都市特許學校的學生每年在數學上額外增加了相當於四十天的學習時間，在閱讀方面增加了二十八天。非裔、西語裔、低收入者和特殊教育學生的學習成果較好，至少部分原因是特許學校的靈活性，使它們能夠滿足學生的特殊需求。

特許學校不斷增長的原因，也是因為他們有令人鼓舞的成功故事。例如名為「城市預科學院」（Urban Prep Academies）的男生特許學校網絡這十年來畢業生幾乎百分之百進了大學。「城市預科學院」在芝加哥經營三所學校，其中包括美國第一所專收男生的特許學校。他們的學生大多來自芝加哥的低收入社區，數十年來這些社區的年輕人以驚人的比例成為槍枝暴力的受害者或者入獄。這些學生在進城市預科學院之前，諸多學科的學習成績都落後。學院讓這些學生畢業後都能上大學的關鍵是向他們灌輸一種信念：「我們是城市預科學院的學生……我們之所以傑出，並不是因為我們這麼說，而是因為我們努力這麼做……我們對我們的家庭、社區和世界都有責任，我們是我們兄弟的守護者……我們相信。」[28]

並非所有的特許學校都像城市預科學院一樣成功，但是賦予社區權力，讓它們能夠在政府機構之外獨立採取行動當然有可能使兒童有機會過更好的生活。那種潛力就是為什麼改善弱勢社區的責任應該大家共同分攤，而不是集中在少數人的手中。

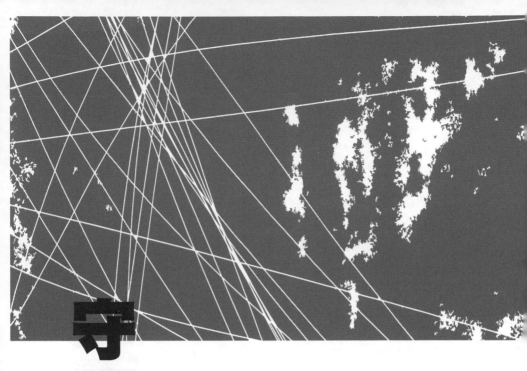

守護兄弟

Chapter 18

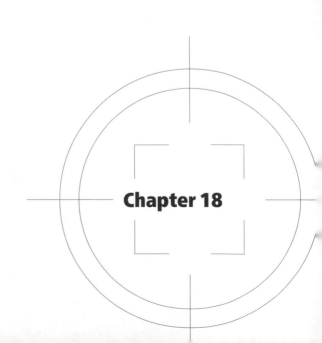

談論年輕男性的經歷和他們面臨的挑戰並非總是很容易。在這樣做的過程中，我遇到了來自多方面的阻力。

在年輕男性自己這方面，他們通常厭惡表達自己的感受，也不願分享自己的奮鬥經歷。在我的人生和工作中，這一直是主要的課題。這就是為什麼在我八歲時，我的父親情緒失控，在我床邊哭泣的原因，這也是為什麼「父親ＮＯＷ」的金恩．皮凱茲描述自己戴著面具，為什麼我在十幾歲的時候上網尋找榜樣，以及為什麼畢拉爾和ＡＪＭ在布魯塞爾襲擊事件後，在莫倫貝克創造了對話的機會。

《進階護理雜誌》（*Journal of Advanced Nursing*）上有一篇評論點明了一些趨勢，顯示男性對男性氣概的看法對他們求助的意願產生莫大的影響，即使他們生病亦然。男性崇尚陽剛之氣，排斥缺點或軟弱，因此男性較不願意尋求幫助。「事實上，國際男性健康論述中常見的理論主張：男性不得表現出疾病或『沒出息』，因為傳統男子氣概的想法或社會指定的男性角色總認為軟弱無助的男性沒有陽剛之氣。」[1]

另一個年輕人退出社會的原因是為了要有更多的閒暇時間，因而在過程中讓自己的聲音脫離了公共的對話。在最需要改善生活的社區中，我看到數百名年輕人寧可選擇用大麻、鴉片類藥物、酒精或其他藥物消磨時光，而不做一些建設性的事物，打電玩也已成了年輕人打發時間的常見方法。芝加哥大學的經濟學家艾瑞克・赫斯特（Erik Hurst）認為，電玩的普及說明了為什麼如今許多年輕男人的工作量少於前幾個世代的男人。[2]

心理學家菲利普・津巴多（Philip Zimbardo）和妮基塔・庫隆布（Nikita Coulombe）對兩萬名年輕人作了網路調查，他們指出受訪者因為願意「在與父母、或者婚姻或共同生活的伴侶關係中尋求長期的庇護」，因此有他們稱為「應得權利」（entitlement）的心態，他們不願「從事可以賺錢的工作，甚至也不願協助家務，保持生活空間的整潔。」[3]這種「應得權利」的想法意味著在世上發聲的男性減少，而待在家裡，或者到其他地方找樂子的男性增多。

抗拒談論年輕男性的原因，也源自有些人在討論男子氣概時會做出防衛反應。儘管女權主義者開發出可以討論性別問題的寶貴工具，但如果把男性氣概視為對男性的攻擊，這些工具就無用武之地。某些男性維權人士和反對女權主義者把有關性別的對話視為壓抑男性聲音和否定男性體驗的作為。

《沙龍》（*Salon*）雜誌的阿曼達・馬可特（Amanda Marcotte）曾寫過一些文章，談到有些男性使人難以公開談論男性氣概，尤其是「有害的男性氣質」，她對「有害的男性氣質」定義為「一種特定的男子氣概模型，以支配和控制為重。」她說，每當她談起「有害的男性氣質」，就總會碰上「抱怨不停的哥們，他們會立刻認定或假裝認定：女權主義者是在聲討所有的男性氣概，儘管『有害』一詞意味著某些形式的男性氣概無害。」[4]

有的人也把與男性氣概相關的討論認為是攻擊女性和女權主義，因此排斥這個話題。在西方國家，自古以來男性身分認同一直都排斥女性，並賦予男性特權和利益，因此男性獲得「心理工資」（psychological wage）之利。W．E．B．杜波伊斯創造了「公共和心理工資」一詞來描述十九世紀後期美國白人勞工超越黑人勞工的福利。身為白人的好處不只是在工作的物質報酬，還包括諸如「社會大眾的尊重和禮貌」、可以接觸警察和法院、擁有投票權、更好的教育，以及迎合其利益的新聞媒體。[5]歷史上許多基於性別的類似好處都賦予男性權力，剝奪女性權力。因此現在有些人就把僅僅是談論男性需求之舉認定是攻擊婦女和女權主義，認定這樣的做法是為了保障男性所獲得的「心理工資」，讓社會回到男性在學校和工作上都享有巨大優勢的時代，或者抵制創造女性平等機會方面所獲的進步。

把談論男性視為攻擊他人，表示談論男性氣概的負面影響比談它的正面影響安全，因為這樣比較不致於造成爭論的場面。但是對於我們希望男孩和年輕男性長大成人後的抱負，以及我們如何賦予年輕人力量，讓他們有光明的前途，卻缺乏討論。

我有位朋友是代表公校退學學生的律師，她對這股排拒男子氣概的力量收集了一些寶貴的見解。她所代表的大多數學生都是男生，他們經常因打架、不當觸摸女生、反駁老師，以及不遵守權威人物的指示而惹上麻煩。這位朋友建議學校和其他與男生合作的組織應嘗試制訂鼓勵健康陽剛之氣的計畫和措施。她相信和更多男孩談論男性氣質的對話可以幫助他們變得更成熟，對於如何對待彼此和女同學，考慮更周到。但她得到的回應是，對方告訴她這類的做法會「提倡父權制」，包容性不足。

歐巴馬提出了一個創新的方法，以「守護兄弟」（My Brother's Keeper，簡稱ＭＢＫ）來協助年輕男性所面臨的挑戰。ＭＢＫ於二〇一四年推出，目標是「為我們的年輕人擴大眼界，並為他們提供成功所需的工具。」這個計畫被描述為「對經歷特別困難的有色族裔男孩和年輕男性所做的重點工作。」[6] ＭＢＫ的策略是為基金會、企業、州及地方政府、信仰領袖和致力於相同目標的非營利組織等結合的聯盟提供管理服務。

促成ＭＢＫ的白宮專案小組報告強調影響年輕人的獨特不平等和比例失調現象，並提出了針對年輕男人的全國計畫。這份報告特別提到黑人、西裔、美洲印地安人、阿拉斯加原住民、東南亞和太平洋島民社區的貧困、缺乏父親、高中輟學、失業和坐牢的比例。[7]

為了引導更多的年輕男性積極向上，這個專案小組建議強調放在他們人生中的六個里程碑：

1. 進入學校準備學習。
2. 到小學三年級時可以跟上三年級生的閱讀平均水準。
3. 高中畢業，準備上大學和就職。
4. 完成專上教育或訓練。
5. 成功進入勞動市場。
6. 減少暴力並提供第二次機會。[8]

這些里程碑被稱為「由搖籃到大學到職涯的方法」，因為協助年輕男性進步在理論上可帶領他們由嬰兒期一路來到成年工作者的人生。

在某種程度上，MBK是受到歐巴馬總統故鄉芝加哥一項以學校為基礎的成功計畫所啟發，這個計畫稱為「成為男人」（Becoming a Man，簡稱BAM）。由非營利組織青年指引（Youth Guidance）啟發的這項計畫在三十週的週期中為學校和社區中心的近兩千名年輕男性提供課程。[9]這個群體提倡六種核心價值觀：誠信、負責、自主、正面的憤怒表達、有遠見的目標設定，和對女性的尊重。

BAM計畫的特色包括頻繁且誠實的群體對話，以揭開虛張聲勢的勇者面紗，同時對男女關係的自我反省。已由BAM結業的十九歲青年馬林對群體對話給予高度評價。「有些男性不尊重女性……男人把女人當作征服對象或物品，或是取樂工具，而非有思想、感情、計畫的人。（在BAM群體討論後，）他們承認犯錯的情況比在其他情況下更多。」[10]

BAM與類似計畫的區別在於評估其成效的學術評量。美國經濟研究局（National Bureau of Economic Research）公布的研究發現，在二〇〇九至二〇一〇和二〇一三至二〇一五年度，參與該計畫「使這段期間的總被捕人數減少了二十八至三十五%，因暴力犯罪而被捕的人數減少了四十五%至五十%，參與學校的比例提高。在第一個有後續資料的研究中，學生畢業率上升了十二%至十九%。」[11]包括芝加哥大學犯罪實驗室的莎拉・海勒

（Sara Heller）在內的研究作者，都把這些成果歸功於BAM「直接幫助年輕人識別出他們認為理所當然的假設和回應，並在高風險情況下做出更好的決定」的能力。[12]這項研究得出的結論是，和只顧培養學術或職業技能和改變犯罪或求學的成本和收益相比，「幫助年輕人在高風險時刻做出更好的判斷和決定，投資報酬率似乎更有潛力」。[13]

二〇一六年，白宮的MBK兩年進度報告顯示，私營部門合作夥伴已為該組織投入了逾六億美元，基金會也提供了兩億美元的資金。MBK還協助在全美創立了指導計畫、工作計畫補助金、資助在獄美國國民的教育和訓練試驗計畫，幫派防制計畫，學前教育計畫以及創業和STEM（理工）計畫。此外還成立了一個新的非營利組織，名為「守護兄弟聯盟」（My Brother's Keeper Alliance），正式確立MBK及其使命。[14]

像任何要解決複雜問題的組織一樣，MBK也有其限制和需要改進之處。評論者認為這項計畫做得還不夠。例如布魯金斯學會（Brookings Institution）發表了一項MBK的分析，認為該計畫未能充分解決美國社會與掙扎中的年輕人最相關的結構性問題，因為它太偏重文化事項，比如缺乏父親的問題，而把重心放在聯邦政府範圍之外的政治。[15]

在寫作本書時，我由MBK汲取了靈感，因為它對於為留住年輕人和國家連結所需要加強的工作提供了全面的思想、文化領導力和政治觀點。在我整個工作生涯中，我有機會向在歐洲和北美成千上萬的年輕人以及與他們合作的人學習。像MBK這樣的計畫如果能夠發揮其潛力，就可以為每一個人帶來積極的影響。

我經常想到我的朋友克里斯·布萊克伍德（Chris Blackwood），因為他在沒有MBK可提供支持的情況下，在第一線協助年輕人。克里斯比我大幾歲，來自多倫多西北區。他在他從小長大的珍街和芬治街（Jane and Finch）交口附近的「珍與芬治」社區中擔任青年工作者，這個社區裡有相當高比例的年輕人、黑人、移民和居住在公共住房中的低收入家庭，非常需要克里斯的協助。二〇一三年，這個社區被評為「對多倫多兒童最危險的社區」，因為有很多年輕人因槍枝暴力而死亡。[16]一年後，多倫多市又根據包括就業，教育程度和死亡率等多項生活品質指標，把這個地區列為一百四十個社區中「最不宜居」的社區。[17]克里斯在取得學士學位後，回到那個社區擔任青年工作者。他說：「我家裡有個一歲的女兒，我知道自己必須成為指導年輕人的社區領袖，尤其因為我已身為人父。」

如今克里斯是四個孩子的父親。你常會看到他的穿著打扮正反映出他所出身的社區，和他所輔導的年輕人一樣：一頂棒球帽和他弟弟的服飾公司 Grandslammer $ 所製的連帽衫或圓領衫。他的身材雖不高大，但在社區中卻是赫赫有名的籃球選手，在大學也是校隊。運動員的名聲讓他立刻受到社區年輕人的愛戴。

克里斯運用自己的聲譽和技能籌辦年度籃球錦標賽，以紀念他少年時代兩位因槍枝暴力而喪生的同學。他為參賽球隊報名，並安排合適的教練和裁判。他也為高中和中學學生籌畫全年籃球課程。他藉籃球接觸的許多年輕人都被認為「有風險」，籃球是他握住他們、協助引導他們走向正途的連結點。他所接觸的其他年輕人已經走上積極的大道，籃球協助他們接觸積極的人物，讓他們留在這些人身邊。

克里斯也是創新者，他把籃球計畫和指導與其他協助青年的機會相融合，我們就是在這種情況下一起工作的。例如，克里斯參與我在奧斯古德法學院的研討課，與學生一起設計了政治組織訓練模組，接著把它們整合到他的籃球課程中，讓球員練完球後做功課，並在練球休息間討論政府和政策。

克里斯努力吸引年輕人，和他們建立了改進年輕人生活所必需的信任關係。我曾和他一起參加一場社區活動，看到他在這方面的深耕。這項活動是關於多倫多交通運輸未來的討論，由牙買加裔加拿大協會在珍與芬治附近的辦事處舉行。在十一月一個寒冷的夜晚，共有六十人參與集會，聽取了多倫多最大的幾個運輸組織代表的報告，包括負責公車和地鐵營運的多倫多公共運輸管理局（Toronto Transit Commission，簡稱TTC）以及召車及送餐平台Uber。

聽眾為了聽取交通運輸專家的意見而前來集會，但克里斯卻讓人留下了最深刻的印象。他以珍與芬治社區年輕人使用交通服務時的經驗為題作了報告，一提到乘車安全問題，馬上吸引了所有聽眾的注意。他說放學後乘坐公車的學生經常因打架和欺凌而感到不安全。雖然在學校有人監督，但在公共運輸工具上卻沒有，因此社區中的一些孩子感到不安。

克里斯說，公車缺乏監管尤其影響男生，因為他們不像女生那樣，獲得有關安全的考慮。TTC有個有用的做法，即在天黑之後，可依乘客要求在兩站之間停車。克里斯說，他知道有些年輕人希望能採用這種做法，但公車通常只為女乘客提供這種服務。他談到他所輔導的年輕人時說「他們擔心下車時受到欺負，擔心被搶劫，他們感到不安全。」克里斯舉了一個實例，一名高中男生在天黑後要求公車司機讓他在兩站之間讓他下車，司機笑起來說：「我們只為女生提供這種服務。」

克里斯當晚的故事感動了我們所有的人。TTC的代表承認克里斯的擔憂有理，並解釋說，雖然所有乘客都有權在天黑後要求在兩站中停車，但並非所有的司機都遵守這樣的規定。他們答應要把克里斯的訊息帶回去。這是基層的經歷傳達給決策者的重要時刻。出席這場會議的珍與芬治社區居民為克里斯面對有力的人物講出真話而感到自豪。看到了解他們的人與來自市區其他地方有影響力的人物分享焦點，對他們有很大的意義。

對克里斯所輔導的年輕人而言，談論回家途中的不安焦慮是一種忌諱。人們期望他們堅韌、強硬、無懼，而且往往認為他們沒有感情。他們中有許多人都像我一樣，在成長過程中以饒舌歌手和心狠手辣好萊塢黑幫等硬漢為榜樣。在這些年輕人生活中的大多數人永遠都無法得到他們交心，但克里斯對他們來說是可以傾訴的安全對象，他花時間在學校、社區中心、籃球場、街頭和他們的家裡，因而在社區中建立了信譽。

克里斯是年輕人採取行動為他的社區發聲的例子。他在說明會場留下的印象說明了為什麼更多男性應該考慮擔任青年工作者。佛羅里達大學社會學教授威廉·馬西格里奧（William Marsiglio）鼓吹讓更多男性選擇像克里斯一樣的職業。在對男性青年工作者的研究中，馬西格里奧列出他的期待：「如果更多男性能受到啟發，協助並自願輔導年輕人，那麼男性更常參與青年工作就會促進正面的文化改變，促使男性更常為孩子們發聲……當今離婚率、單親和雙職工作的比例都很高，因此該是鼓勵更多的男性分擔女性指導、教導、養育、監督和支持自己和他人孩子的責任。」[18]

遺憾的是，克里斯對社區的貢獻並沒有得到充分的認可和支持。他在職涯中一直都沒有穩定的職務，找不到願意雇用他並有能力支付他養家所需的薪酬。他每天都得花一兩個小時開車到不同的社區做不同的工作，累積起來每個月都得花很多時間在路程上。他在社區中領導的計畫規模永遠達不到他們能力所及的程度，因為他沒有時間和資源發揮自己的想法。克里斯所做的工作在制度上也缺乏永續性。如果他搬出社區或換了職業，就沒有人能接續傳承。

如果克里斯可以運用如ＭＢＫ之類的計畫，就能獲得支持網絡，藉以改變世界。ＭＢＫ可以確保他社區的組織擁有雇用他所需要的資源，也可以協助他把所學到的東西制度化，並與同市其他地區的青年工作者交流最佳的做法。最重要的是將他所做的工作得到認可，讓不了解為什麼賦予年輕人力量的專業技巧有其價值和需要。

歐巴馬總統二〇一七年一月卸任前不久，把ＭＢＫ重新命名為「改善有色人種兒童及青少年和缺乏服務年輕人生活的專案小組」（the Task Force on Improving the Lives of Boys and

Young Men of Color and Underserved Youth）。顧名思義，這個組織的目的是「幫助確保聯邦工作會持續，而且對白宮依然是當務之急。」[19]歐巴馬把白宮的鑰匙交給川普總統，雖然還無法確定改名的意義，但這個名字強調了在塑造MBK時所作的一些決定。

由一開始，歐巴馬總統就把MBK的重點放在有色人種的年輕人。新名稱擴大了這個群體，把白人也納入其中，不過只是作為附加的對象「缺乏服務的年輕人」。我無法推測白宮這麼做的原因，但對成立MBK所要解決的問題顯示，有些白人社區面臨的困境與MBK中包括的少數群體一樣多。

貧窮和失業尤其加劇了白人工人階級越來越嚴重的絕望。艾克朗大學（University of Akron）心理學教授羅納德．F．黎凡特（Ronald F. Levant）對這種絕望發表了評論：「隨著全球化、自動化、製造業的發展、收入和財富差距的增加，各種正在發生的事情都對白人工人階級造成毀滅性的影響。」養育當今年輕白人的這一世代經歷了重大的掙扎。由於酗酒、濫用藥物以及自殺，沒有大學學歷的美國中年白人死亡率一直在上升，而少數族裔群體的死亡率卻在下降。[20]

根據我的經驗，在對許多觀眾談論種族或宗教少數群體時，比較容易談論年輕男性的問題。藉著在對話中添加其他身分，更容易讓人同情因歷史或現代性別歧視而忽視、恐懼或與認為與特權有關的群體。

本書大部分內容都設在種族或宗教少數群體社區，因為這是我生活和工作的社區。我希望我講述這些故事的方式能夠幫助人們超越自身種族和宗教差異，了解一些年輕人共同的挑戰和經歷，以及他們可以更好地被包容、支持、問責和授權。

結語　盡在不言中

我剛過二十九歲生日後不久，終於向媽媽問起十一年前她從我們廚房桌上拿走的那本伊斯蘭國度的書。我們和我的兩個妹妹茉莉和珍寧一起在一家不錯的餐廳慶祝茉莉的生日。先前我一直在寫這本書，因此那天我找不到朋友那本《給美國黑人的訊息》的印象還很深刻。正如大家知道我偶爾會做的那樣，我提出了一些嚴肅的問題，把一個原本輕鬆的夜晚變得複雜起來。

媽媽終於頭一次承認她把書丟進垃圾桶。我問她為什麼，她說：「我不記得為什麼，但我確實把它扔了。」

接著我提起在我十來歲時，我們兩人很難溝通，比如我們從未談論過那本書中的內容，也從未談論過我生活中發生的其他許多事。

媽媽抱著雙臂，她的臉變紅了。她把眼光移開，轉向其他桌子。我本以為這個話題就到此為止，但她又回過頭來看著我，並談起她對當時我們生活的看法。

她說：「在你少年時代，我知道你正在經歷某件事，我也為你未來的去向非常擔心，不知道如何是好。」

我凝視她的眼睛，看出她多麼擔心自己受到評斷。接著她提醒我她為了更了解我而做的一些嘗試。

「有時你自己搭車，我開車送你去公車站，以便在路上問問你在做什麼。」她指的是我陪朋友布蘭登赴伊斯蘭國度清真寺的時候，或與盧卡斯在多倫多市另一頭廝混之時。

媽媽說她曾經問過，以她是基督徒和白人女性的身分，是否能和我一起參加伊斯蘭國度的會議。她也提到她曾問過能否見見我的朋友，包括那些惹上麻煩的人，可是我一點也不記得，這很有可能，因為她記得我從不關心或認真看待她的問題。

媽媽開車送我去公車站，是我回顧自己青少年時代時，很遺憾記不得的諸多事項之一。但是聽到她對我生命中那段時期的看法，讓我了解那些短暫的車程對她很重要，那是她擔心我會受到負面影響，而與我保持聯繫的方式。她也經常在她知道我可能會逃課時，開車送我去學校，讓我至少早上能現身。同車的這些時刻使我們彼此接近，要不是它們，我們的關係可能會徹底瓦解。

不過，我們在妹妹生日聚會上的交談，卻是成功交流的例子。我很樂觀地認為，經過多年的母子關係重建，我們可能已經度過了難關。我覺得我比以往都更了解我的母親。而且這是她頭一次自信且自在地要求我告訴她我對自己少年時生活的看法。她幾乎不知道我早已作好準備要這麼做！

在接下來的幾個月，當我寫完這本書時，我定期把一部分草稿寄給我媽媽，並和她通電話談論我寫的內容。對於我少年時代與誰共度時光和我當時的經歷，她都找到了答案。她讀到了和她競爭以影響年輕的我的人和想法。她還看到自己為人母所經歷的折磨，是西方世界所面臨更大更複雜挑戰的一部分，這表示並不是只有她一人如此。

在我們關於這本書的一次談話中，我母親提到我們兩個人都有多麼大的改變。「我總為你不能與我分享一些事物，讓我不能在旁支持你而感到難過。今天比較開放。我們其實進行了對話，使我了解到你正在尋找當時你人生中所缺少的東西。」

謝辭

神是我們的避難所，是我們的力量，是我們在患難中隨時的幫助。
所以，我們不害怕。

——詩篇第四十六篇第一至二節

我並非在沒有幫助的情況下，由十六歲的「文盲」高中生變成三十歲時著書立說的權威人物。許多來自各行各業的人們都該因我多年來所學以及看似微不足道的小事或重要的大事而居功，例如在我需要聆聽時給我幾句鼓勵，或是聘請工作。我首先要感謝任何曾經努力教我關於自己或周遭世界知識的人。我感謝你們。

謝謝多倫多北約克總醫院（North York General）和新寧醫院（Sunnybrook hospitals）、

Michael "Pinball" Clemons和安大略省賓頓市的王國之家基督徒中心（Kingdom House Christian Centre）的醫師和護士，你們救了我的性命。沒有你們，我可能還沒有完成這本書，或者無法看到它出版。

在我最需要樂觀和信心時，我母親潘姆、我的妹妹茉莉和珍寧是它們的來源。

在我寫作本書的期間，下列這些人教導、支持、考驗和啟發了我。

謝謝 Jim Gifford 編輯本書，並且早在我之前，就相信我會找到自己的聲音。

感謝 Adam Bellow，對本書更進一步的編輯，以及他對本書國際規模的視野。

我也感謝加拿大 HarperCollins 出版社和 All Points Books/St. Martin's Press 許多才華洋溢的員工分享了他們的專業技巧，出版本書。

Bruce Westwood 和 Meg Wheeler 的代理使這本書得以出版。

Kailyn 和 Christie 啟發我起而行。Kailyn，繼續做個好人。

感謝 Harvey Lam、Gavin Dia、Amina Farah Dia、Patrick Byam 和 Dionne Woodward 在我出門在外時照顧我和我的家人。我也感謝 MacFarlane、Spirling 和 Jardenico 這幾家人。

在整個寫作過程中，我有幸因為一些作家朋友而有了截然不同的成績。傑德・凡斯讓我了解在年輕人分享故事後會有什麼樣的可能，蔡美兒幫助我樹立了信心，Nahlah Ayed 鼓勵我寫作，James Forman Jr. 則為如何同時擔任作者和社運人士樹立了榜樣。

在 Torys LLP 律師事務所，Mitch Frazer、Frank Iacobucci、Les Viner、Konata Lake 和 Ebad Rahman 都是絕佳的導師。整個律師事務所是互相支持鼓勵的傑出律師社群，我非常感激。

在奧斯古德法學院，Michael Thorburn 在研究方面的協助，他的創意和貢獻，都極為寶貴。以創意為念的 Lorne Sossin 院長為我打開法學院之門，而我所開「社區組織和法律」研討課的學生也激勵我要竭盡所能，做最好的研究學者和作家。

我要感謝 Abdi Aidid、Sujoy Chatterjee、Esete Kabtamu、Sofia Nelson、Jamelia Morgan、Samson Mesele、Usha Chilukuri Vance、James Eimers、Kyle Walsh、Matthew Penny、Sam Kyung-Gun Lim、Renatta Austin、Corey Black 和 Sean Speer為我的想法提供各種正反兩面的回饋。

Wes Hall、Heather Gerken、Sharon Brooks、Mike Thompson 和 Jai Chabria 藉由各種挑戰和機會，為我提供了寶貴的指導。

多倫多兒童援助協會（Children's Aid Society of Toronto）的同事，尤其是 David Rivard 和 Nicole Bonnie，讓我在寫作過程中牢記最脆弱的年輕人。

我在多倫多的「珍與芬治」社區學習到如何傾聽年輕人並為他們負責。謝謝 Kwesi Opoku、Chris Blackwood、Harpreet Gill、Goulbourne 家族、萊爾紀念浸信會（Lisle Memorial Baptist Church）的會眾、Andrew Newsome，以及 Westview 百年中學的教職員工和學生。

在比利時，我無法一一感謝莫倫貝克和波格豪特區的諸位居民。摩洛哥青年協會（AJM）和JES的工作人員和青年不厭其煩告訴我他們社區中年輕人的一切，以及在嘗試解答複雜問題時謙虛的重要。這兩個組織的領導人都大方地向我敞開大門。在AJM，Ali Moustatine、Hazedin Dellah 和 Yann Conrath 待我如兄弟。在JES，Patrick Manghelinckx、Koen Hanssens、Liselotte Vanheukelom、Duchka Walraet 和 Bram De Ridder 親切地讓我與他們服務的社區建立聯繫。Filip Balthau、Joke Cortens 和 Luis Leon 給我莫大的支持，讓我賓至如歸。

在埃及，就業教育（Education for Employment）的工作人員和年輕人給予我學習的機會，就像對他們國家的許多年輕人一樣。Nouran Soliman 在開羅招待我。

我的肯亞朋友和親戚對年輕人的生活以及支持他們的努力提供了深刻的見解。他們鼓勵我在寫作本書時必須誠實反省。感謝 Rizz Jiwani、Glena Jiwani、Albanus Muindi、Peter Mulli Mweu、Joseph Kyalo 和 Mully Children's Family 慈善組織。

最後，我感謝所有我有幸向他們學習以及講述他們故事的年輕人。

註釋

第一章　男性角色模範

1. National Fatherhood Initiative, "The Proof Is In: Father Absence Harms Children," https://www.fatherhood.org/fatherhood-data-statistics.
2. Sara McLanahan, Laura Tach and Daniel Schneider, "The Causal Effects of Father Absence," *Annual Review of Sociology* 39 (July 2013): 422.
3. W. Bradford Wilcox, "The Distinct, Positive Impact of a Good Dad," *Atlantic*, June 14, 2013, https://www.theatlantic.com/sexes/archive/2013/06/the-distinct-positive-impact-of-a-good-dad/276874.
4. W. Bradford Wilcox, "Sons of Divorce, School Shooters," American Enterprise Institute, December 16, 2013, http://www.aei.org/publication/sons-of-divorce-school-shooters.
5. American Psychological Association, "Marriage and Divorce," http://www.apa.org/topics/divorce.
6. Centers for Disease Control and Prevention, "Unmarried Childbearing," http://www.cdc.gov/nchs/fastats/unmarried-childbearing.htm.
7. National Center for Fathering, "The Extent of Fatherlessness," http://www.fathers.com/statistics-and-research/the-extent-of-fatherlessness.

8. Statistics Canada, "Portrait of Families and Living Arrangements in Canada," December 22, 2015, http://www12.statcan.gc.ca/census-recensement/2011/as-sa/98-312-x/98-312-x2011001-eng.cfm.
9. Office for National Statistics, "Families and Households: 2015," November 5, 2015, https://www.ons.gov.uk/peoplepopulationandcommunity/birthsdeathsandmarriages/families/bulletins/familiesandhouseholds/2015-11-05.
10. Chloe E. Bird and Kai Ruggeri, "UK and Europe Are Behind the Times for Single Mothers and Their Children," RAND Corporation, March 11, 2015, http://www.rand.org/blog/2015/03/uk-and-europe-are-behind-the-times-for-single-mothers.html.
11. Michiko Kakutani, "Jay-Z Deconstructs Himself," *New York Times*, November 22, 2010, http://www.nytimes.com/2010/11/23/books/23book.html.
12. Ed Stourton, "The Decline of Religion in the West," BBC News, June 26, 2015, http://www.bbc.com/news/world-33256561.
13. Conrad Hackett and David McClendon, "Christians Remain World's Largest Religious Group, but They Are Declining in Europe," Pew Research Center, April 5, 2017, http://www.pewresearch.org/fact-tank/2017/04/05/christians-remain-worlds-largest-religious-group-but-they-are-declining-in-europe.
14. Pew Research Center, "America's Changing Religious Landscape," May 12, 2015, http://www.pewforum.org/2015/05/12/americas-changing-religious-landscape.
15. Sofie Vanlommel, "Jonge Vlaamse Moslims Schrijven Eigen Kinderboek," *De Morgen*, May 10, 2016, http://www.demorgen.be/boeken/jonge-vlaamse-moslims-schrijven-eigen-kinderboek-bc789c2a.
16. Richard Alexander Nielsen, "The Lonely Jihadist: Weak Networks and the Radicalization of Muslim

Clerics," PhD diss., Harvard University, 2013.

17. Stourton, "Decline of Religion."

18. US Department of Education Office for Civil Rights, "Gender Equity in Education," June 2012, https://www2.ed.gov/about/offices/list/ocr/docs/gender-equity-in-education.pdf.

19. Lehigh University, College of Education, "The Reverse Gender Gap," https://coe.lehigh.edu/content/reverse-gender-gap.

20. Richard Adams, "Young Men Miss Out as University Gender Gap Remains at Record Levels," *Guardian*, February 4, 2016, http://www.theguardian.com/education/2016/feb/04/young-men-miss-out-as-university-gender-gap-remains-at-record-levels.

21. Organisation for Economic Co-operation and Development, "Gender Gap in Education," March 2016, http://www.oecd.org/gender/data/gender-gap-in-education.htm.

22. Anne McDaniel, Thomas A. DiPrete, Claudia Buchmann and Uri Shwed, "The Black Gender Gap in Educational Attainment: Historical Trends and Racial Comparisons," *Demography* 48, no. 3 (August 2011): 889–914.

23. Jamie Doward, "Young Muslim Women Take Lead over Men in Race for Degrees," *Guardian*, April 2, 2016, http://www.theguardian.com/education/2016/apr/02/muslim-women-men-degrees-jobs-market-british-universities.

24. Raj Chetty, Nathaniel Hendren, Frina Lin, Jeremy Majerovitz and Benjamin Scuderi, "Childhood Environment and Gender Gaps in Adulthood," National Bureau of Economic Research, January 2016, http://www.nber.org/papers/w21936.

25. Anna Brown and Eileen Patten, "The Narrowing, but Persistent, Gender Gap in Pay," Pew Research Center, April 3, 2017, http://www.pewresearch.org/fact-tank/2017/04/03/gender-pay-gap-facts.
26. Eileen Pollack, "Why Are There Still So Few Women in Science?," *New York Times Magazine*, October 3, 2013, http://www.nytimes.com/2013/10/06/magazine/why-are-there-still-so-few-women-in-science.html.

第11章 菜鳥新移民

1. Statistics Canada, "Immigration and Ethnocultural Diversity in Canada," May 2013, http://www12.statcan.gc.ca/nhs-enm/2011/as-sa/99-010-x/99-010-x2011001-eng.cfm.
2. Orlando Patterson, "A Poverty of the Mind," *New York Times*, March 26, 2006, http://www.nytimes.com/2006/03/26/opinion/a-poverty-of-the-mind.html.
3. Akilah N. Folami, "From Habermas to 'Get Rich or Die Trying': Hip Hop, the Telecommunications Act of 1996, and the Black Public Sphere," *Michigan Journal of Race and Law* 12 (Spring 2007): 235.
4. Alex Ballingall, "Q and A with Toronto Raptors Superfan Nav Bhatia," *Toronto Star,* May 25, 2016, https://www.thestar.com/sports/raptors/2016/05/25/toronto-raptors-q-and-a-with-the-superfan.html.
5. Noreen Ahmed-Ullah, "Brampton, a.k.a. Browntown," in *Subdivided: City-Building in an Age of Hyper-Diversity*, ed. Jay Pitter and John Lorinc (Toronto: University of Toronto Press, 2016), 247.
6. Penguin Random House, "A Conversation with Thomas Chatterton Williams," http://www.penguinrandomhouse.com/authors/245784/thomas-chatterton-williams.
7. Canadian Press, "5 Things to Know About Surrey's Gang War," June 21, 2015, http://www.cbc.ca/news/

canada/british-columbia/5-things-to-know-about-surrey-s-gang-war-1.3122074.

第三章 不信任的危機

1. World Bank, Worldwide Governance Indicators 2016, http://info.worldbank.org/governance/wgi/index.aspx#home.
2. World Justice Project, "Rule of Law Index 2016," http://worldjusticeproject.org/rule-of-law-index; Transparency International, "Corruption Perceptions Index 2016," January 25, 2017, http://www.transparency.org/news/feature/corruption_perceptions_index_2016.
3. World Justice Project, "Rule of Law"; Transparency International, "Corruption Perceptions."
4. Al Jazeera, "Exclusive: Kenyan Counterterrorism Police Admit to Extrajudicial Killings," December 8, 2014, http://america.aljazeera.com/articles/2014/12/8/kenyan-counter-terrorismpoliceconfesstoextrajudicialkillings.html; Reuters, "Kenya: Halt Crackdown on Somalis," April 11, 2014, https://www.hrw.org/news/2014/04/11/kenya-halt-crackdown-somalis.
5. Anthony Langat and Jacob Kushner, "Kenya's Anti-Terror Police Are Inflicting Terror of Their Own," Public Radio International, July 29, 2015, http://www.pri.org/stories/2015-07-29/kenyas-anti-terror-police-are-inflicting-terror-their-own.
6. Barack Obama, "Remarks by President Obama and President Kenyatta of Kenya in a Press Conference," White House Office of the Press Secretary, July 25, 2015, https://www.whitehouse.gov/the-press-office/2015/07/25/remarks-president-obama-and-president-kenyatta-kenya-press-conference.
7. Ben Hayes, "A Failure to Regulate: Data Protection and Ethnic Profiling in the Police Sector in

Europe," *Justice Initiatives* (June 2005): 37, https://www.opensocietyfoundations.org/publications/justice-initiatives-ethnic-profiling-police-europe.

8. Nima Elbagir, Bharati Naik and Laila Ben Allal, "Why Belgium Is Europe's Front Line in the War on Terror," CNN, March 24, 2016, http://www.cnn.com/2016/03/21/europe/belgium-terror-fight-molenbeek.
9. Hugh Muir, "Metropolitan Police Still Institutionally Racist, Say Black and Asian Officers," *Guardian*, April 21, 2013, https://www.theguardian.com/uk/2013/apr/21/metropolitan-police-institutionally-racist-black.
10. New York Civil Liberties Union, "Stop-and-Frisk Data," May 23, 2017, https://www.nyclu.org/en/stop-and-frisk-data.
11. Jim Rankin and Patty Winsa, "Carding Drops but Proportion of Blacks Stopped by Toronto Police Rises," *Toronto Star*, July 26, 2014, https://www.thestar.com/news/insight/2014/07/26/carding _drops _but_proportion_of_blacks_stopped_by_toronto_police_rises.html.
12. Jessica Glenza, "'I Felt Like a Five-Year-Old Holding On to Hulk Hogan': Darren Wilson in His Own Words," *Guardian*, November 25, 2014, https://www.theguardian.com/us-news/2014/nov/25/darren-wilson-testimony-ferguson-michael-brown.
13. "Immortal Technique: Rock the Boat (Part I)," *XXL Magazine*, April 4, 2006, http://www.xxlmag.com/news/2006/04/immortal-technique-rock-the-boat-part-i.
14. W. E. B. Du Bois, *The Souls of Black Folk* (1903; repr., New York: Penguin Classics, 2002), 215.
15. Du Bois, *Souls of Black Folk*, 11.

16. Tom R. Tyler, "Procedural Justice, Legitimacy, and the Effective Rule of Law," *Crime and Justice* 30 (2003): 345.
17. Quoctrung Bui and Amanda Cox, "Surprising New Evidence Shows Bias in Police Use of Force but Not in Shootings," *New York Times*, July 11, 2016, http://www.nytimes.com/2016/07/12/upshot/surprising-new-evidence-shows-bias-in-police-use-of-force-but-not-in-shootings.html.

第四章　嚮往的能力

1. Arjun Appadurai, "The Capacity to Aspire," in *Culture and Public Action*, ed. Vijayendra Rao and Michael Walton (Stanford, CA: Stanford University Press, 2004), 59–84.
2. Barack Obama, preface to the 2004 edition of *Dreams from My Father: A Story of Race and Inheritance* (New York: Three Rivers Press, 2004), x–xi.
3. Ben Shapiro, "The 'Radical Islam' Shibboleth," *National Review*, June 15, 2016, http://www.nationalreview.com/article/436632/obama-trump-radical-islam-dispute-both-are-wrong.
4. Paul Sperry, "Obama Was as Clueless About 9/11 as He Is About ISIS," *New York Post*, February 28, 2015, http://nypost.com/2015/02/28/when-obama-refused-to-blame-islam-for-terrorism.
5. Clark McCauley and Sophia Moskalenko, *Friction: How Radicalization Happens to Them and Us* (Oxford: Oxford University Press, 2011), 68.

第五章　為未來競爭：第一部分

1. Samuel P. Huntington, "The Clash of Civilizations?," *Foreign Affairs* 72, no. 3 (Summer 1993): 24.

2. "Political Islam: The Power of Religion," *Economist*, July 13, 2013, http://www.economist.com/news/special-report/21580618-islamists-government-proving-harder-opposition-power-religion.
3. Amarnath Amarasingam and Jacob Davey, "What About the Terrorism of the Far Right?," *New York Times*, June 21, 2016, https://www.nytimes.com/2017/06/21/opinion/finsbury-park-terrorist-attack-far-right.html.
4. Neil MacFarquhar, "Nation of Islam at a Crossroad as Leader Exits," *New York Times*, February 26, 2007, http://www.nytimes.com/2007/02/26/us/26farrakhan.html.
5. Martha F. Lee, "The Nation of Islam and Violence," in *Violence and New Religious Movements*, ed. James R. Lewis (Oxford: Oxford University Press, 2011), 305.
6. "The Process of Radicalization Leading to Violence," Centre for the Prevention of Radicalization Leading to Violence, https://info-radical.org/en/prevention-en/tools.
7. Elijah Muhammad, *preface to Message to the Blackman in America* (Phoenix: Secretarius MEMPS Publications, 2007), v.
8. Michelle Shephard, "How Can We End Terrorism Without Feeding It?," *Toronto Star*, May 28, 2016, https://www.thestar.com/news/atkinsonseries/generation911/2016/05/28/how-can-we-end-terrorism-without-feeding-it.html.

第六章　為未來競爭：第二部分

1. Louis Farrakhan, "Saviours' Day Speech," C-SPAN, February 25, 2007, http://www.c-span.org/video/?196795-1/saviours-day-speech.

第七章　社會（不）流動

1. Joshua Hart and Christopher F. Chabris, “Does a ‘Triple Package’ of Traits Predict Success?,” *Personality and Individual Differences* 94 (2016): 221.
2. Heather Patrick, Clayton Neighbors and C. Raymond Knee, “AppearanceRelated Social Comparisons: The Role of Contingent Self-Esteem and Self-Perceptions of Attractiveness,” *Personality and Social Psychology Bulletin 30* (April 1, 2004): 503.
3. Office of Public Affairs and Communications, Yale University, “Investment Return of 3.4% Brings Yale Endowment Value to $25.4 Billion,” *Yale News*, September 23, 2016, http://news.yale.edu/2016/09/23/investment-return-34-brings-yale-endowment-value-254-billion.
4. Jed Finley and Finnegan Schick, “Faculty, Students Respond to High Admin Salaries,” *Yale Daily News*, November 7, 2014, http://yaledailynews.com/blog/2014/11/07/faculty-students-respond-to-high-admin-salaries.
5. DataHaven, “New Haven County: Key Facts,” 2015, http://www.ctdatahaven.org/profiles/new-haven.
6. City-Data.com, “Crime Rate in New Haven, Connecticut (CT),” http://www.city-data.com/crime/crime-New-Haven-Connecticut.html.
7. Macy Corica, “New Haven Crime Rate on Steady Decline,” WTNH.com, May 11, 2016, http://wtnh.com/2016/05/11/new-haven-crime-rate-on-steady-decline.
8. Nicholas Keung, “Jobseekers Resort to ‘Resumé Whitening’ to Get a Foot in the Door, Study Shows,” *Toronto Star*, March 17, 2016, https://www.thestar.com/news/immigration/2016/03/17/jobseekers-resort-to-resum-whitening-to-get-a-foot-in-the-door-study-shows.html.

9. Nicholas Eberstadt, *Men Without Work: America's Invisible Crisis* (West Conshohocken, PA: Templeton Press, 2016), 144.
10. James B. Jacobs, "European Employment Discrimination Based on Criminal Record II–Discretionary Bars," Collateral Consequences Resource Center, January 13, 2013, http://ccresourcecenter.org/2015/01/13/european-discretionary-employment-discrimination-based-criminal-record; Shannon Young and Julie Labrie, "I've Got a Criminal Record. How Can I Get a Job?," *Globe and Mail*, May 10, 2015, http://www.theglobeandmail.com/report-on-business/careers/career-advice/life-at-work/ive-got-a-criminal-record-how-can-i-get-a-job/article24331295.
11. Raj Chetty, David Grusky, Maximillian Hell, Nathaniel Hendren, Robert Manduca and Jimmy Narang, "The Fading American Dream: Trends in Absolute Income Mobility Since 1940," National Bureau of Economic Research, December 2016, http://www.nber.org/papers/w22910.
12. Brent Orrell, Harry J. Holzer and Robert Doar, "Getting Men Back to Work: Solutions from the Right and Left," American Enterprise Institute, April 20, 2017, 1, http://www.aei.org/publication/getting-men-back-to-work-solutions-from-the-right-and-left.
13. Orrell, Holzer and Doar, "Getting Men Back to Work," 3.
14. International Labour Organization, *World Employment Social Outlook: The Changing Nature of Jobs* (Geneva: ILO, 2015), http://www.ilo.org/wcmsp5/groups/public/---dgreports/---dcomm/---publ/documents/publication/wcms_368626.pdf.

第八章　更生

1. Joshua Wilwohl, "Report: Newarkers Among New Jersey's Poorest," *Patch Newark*, November 7, 2011, http://patch.com/new-jersey/newarknj/report-newarkers-among-new-jerseys-poorest.
2. Les Christie, "Most Dangerous U.S. Cities," CNN, January 23, 2013, http://money.cnn.com/gallery/real_estate/2013/01/23/dangerous-cities/6.html.
3. Meredith Kleykamp et al., "Wasting Money, Wasting Lives: Calculating the Hidden Costs of Incarceration in New Jersey," Drug Policy Alliance, 2012, http://www.drugpolicy.org/resource/wasting-money-wasting-lives-calculating-hidden-costs-incarceration-new-jersey.
4. Sharon Adarlo, "Newark Program Encourages Fathers to Get Involved in Children's Education," *Star Ledge*r, September 21, 2009, http://www.nj.com/news/index.ssf/2009/09/newark_program_encourages_fath.html.
5. Richard S. Grayson, "Localism the American Way," *Public Policy Research* 17, no. 2 (June–August 2010): 78.
6. Grayson, "Localism," 78.
7. Chanta L. Jackson, "Fatherhood Program Helps Men Grow One Day at a Time," NJ.com, June 18, 2009, http://www.nj.com/newark/index.ssf/2009/06/fatherhood_program_helps_men_g.html.
8. Jackson, "Fatherhood Program."
9. Alisa Hauser, "Chicago Gang Members Explain Why They're 'In for Life,'" *DNAinfo*, September 1, 2016, https://www.dnainfo.com/chicago/20160901/west-town/what-convicted-felons-will-tell-us-about-todays-chicago-gangs/.

10. National Public Radio, "Barbershop: Former Members Talk About What Led Them to Join Gangs in Chicago," January 7, 2017, https://www.npr.org/2017/01/07/508722513/barbershop-former-members-talk-about-what-led-them-to-join-gangs-in-chicago.
11. Jean Marie McGloin, "The Organizational Structure of Street Gangs in Newark, New Jersey: A Network Analysis Methodology," *Journal of Gang Research* 15, no. 1 (Fall 2007).
12. Mollie Shauger, "Bloomfield Man Admits He Used Twitter for Gang Recruitment," *Northjersey.com*, July 28, 2017, https://www.northjersey.com/story/news/crime/2017/07/28/bloomfield-man-admits-he-used-twitter-gang-recruitment/519906001.
13. Andrew V. Papachristos, "Social Networks Can Help Predict Gun Violence," *Washington Post*, November 3, 2013, https://www.washingtonpost.com/opinions/social-networks-can-help-predict-gun-violence/2013/12/03/a15b8244-5c46-11e3-be07-006c776266ed_story.html.

第九章　多元化：第1部分

1. Timothy Appleby, "His Rise up the Ranks Started with Policing at an All-Time Low," *Globe and Mail*, September 16, 2009, http://www.theglobeandmail.com/news/toronto/his-rise-up-the-ranks-started-with-policing-at-an-all-time-low/article4216054.
2. Malcolm Johnston, "Deputy Police Chief Peter Sloly on Running to Succeed Bill Blair, and the First Item on His Agenda If He Does: Race," *Toronto Life*, January 26, 2015, http://torontolife.com/city/deputy-police-chief-peter-sloly-qa.
3. Betsy Powell, "Deputy Chief Peter Sloly Slams Bloated Police Budget," *Toronto Star*, January 18,

2016, https://www.thestar.com/news/gta/2016/01/18/deputy-chief-peter-sloly-pushes-for-change-amid-low-point-and-looming-crisis.html.

4. Royson James, "Sloly Was Too Smart and Progressive for His Own Good," *Toronto Star*, February 11, 2016, https://www.thestar.com/news/gta/2016/02/11/sloly-was-too-smart-and-progressive-for-his-own-good-james.html.

第十章　多元化：第二部分

1. "About," Black Lives Matter, http://blacklivesmatter.com/about.
2. Deen Freelon, "The Measure of a Movement: Quantifying Black Lives Matter's Social Media Power," working paper, School of Arts and Sciences, University of Pennsylvania, 2016.
3. Monica Anderson and Paul Hitlin, "The Hashtag #BlackLivesMatter Emerges: Social Activism on Twitter," Pew Research Center, August 15, 2016, http://www.pewinternet.org/2016/08/15/the-hashtag-blacklivesmatter-emerges-social-activism-on-twitter.
4. Malcolm Gladwell, "Small Change: The Revolution Will Not Be Tweeted," *New Yorker*, October 4, 2010, http://www.newyorker.com/magazine/2010/10/04/small-change-malcolm-gladwell.
5. Biz Stone, "Exclusive: Biz Stone on Twitter and Activism," *Atlantic*, October 19, 2010, https://www.theatlantic.com/technology/archive/2010/10/exclusive-biz-stone-on-twitter-and-activism/64772.
6. Kimberly Ricci, "DeRay Mckesson on Black Lives Matter and Refusing to Be Silenced," *Uproxx*, August 24, 2016, http://uproxx.com/news/deray-mckesson-interview-black-lives-matter/2.
7. Munmun De Choudhury, Shagun Jhaver, Benjamin Sugar and Ingmar Weber, "Social Media

Participation in an Activist Movement for Racial Equality," in *Proceedings of the Tenth International AAAI Conference on Web and Social Media*, May 17–20, 2016 (Palo Alto, CA: AAAI Press, 2016), http://www.munmund.net/pubs/BLM_ICWSM16.pdf.
8. Bijan Stephen, "Get Up, Stand Up: Social Media Helps Black Lives Matter Fight the Power," *Wired*, November 2015, https://www.wired.com/2015/10/how-black-lives-matter-uses-social-media-to-fight-the-power.
9. Linsey Davis, Chris James and Alexa Valiente, "Rapper Lil Wayne Says He Doesn't Feel Connected to the Black Lives Matter Movement," ABC News, November 2, 2016, http://abcnews.go.com/Entertainment/rapper-lil-wayne-doesnt-feel-connected-black-lives/story?id=43247469.
10. "Lil Wayne Slammed on Twitter over Black Lives Matter Comments," CBS New York, November 2, 2016, http://newyork.cbslocal.com/2016/11/02/lil-wayne-black-lives-matter.
11. Max Weinstein, "T.I. Calls Out Lil Wayne for 'Unacceptable' Black Lives Matter Comments," *XXL*, November 5, 2016, http://www.xxlmag.com/news/2016/11/ti-responds-lil-wayne-black-lives-matter.
12. Craig Jenkins, "Lil Wayne's Black Lives Matter Comments Were a Betrayal of His Fans," *Vulture*, November 2, 2016, http://www.vulture.com/2016/11/lil-waynes-blm-comments-were-a-betrayal.html.
13. "Lil Wayne Sorry for BLM Rant," TMZ, November 2, 2016, http://www.tmz.com/2016/11/02/lil-wayne-nightline-black-lives-matter-apology.
14. "Platform," Movement for Black Lives, https://policy.m4bl.org/platform.
15. Amanda Alexander, "Those Who Focus on Police Reform Are Asking the Wrong Questions," *Globe and Mail*, July 29, 2016, https://www.theglobeandmail.com/opinion/police-reform-isnt-enough-for-

black-america/article31166356.
16. Benjamin Mullin, “Report: Journalists Are Largest, Most Active Verified Group on Twitter,” Poynter Institute, May 26, 2015, https://www.poynter.org/2015/report-journalists-are-largest-most-active-group-on-twitter/346957.
17. Septembre Anderson, “Why Black Lives Matter Doesn’t Speak for Me,” *NOW Magazine*, July 13, 2016, https://nowtoronto.com/news/why-black-lives-matter-toronto-doesnt-speak-for-me.
18. Saul Alinsky, *Rules for Radicals: A Practical Primer for Realistic Radicals* (New York: Random House, 1971), 130.
19. Alinsky, *Rules for Radicals*, 131.
20. Jessica Lussenhop, “How Black Lives Matter Was Blamed for Killing of US Police Officers,” BBC News, September 14, 2015, http://www.bbc.com/news/world-us-canada-34135267.

第十一章 赴布魯塞爾

1. Ron Johnson, “Threats to the Homeland,” opening statement to the US Senate Committee on Homeland Security and Governmental Affairs, Washington, DC, October 8, 2015, https://www.hsgac.senate.gov/media/majority-media/opening-statement-of-chairman-ron-johnson-threats-to-the-homeland.
2. Guilain P. Denoeux, “The Forgotten Swamp: Navigating Political Islam,” *Middle East Policy* 9, no. 2 (June 2002), http://www.mepc.org/journal/forgotten-swamp-navigating-political-islam.
3. Graeme Wood, “What ISIS Really Wants,” *Atlantic*, March 2015, https://www.theatlantic.com/magazine/archive/2015/03/what-isis-really-wants/384980.

4. Johan Leman, "Is Molenbeek Europe's Jihadi Central? It's Not That Simple," *Guardian*, November 17, 2015, https://www.theguardian.com/commentisfree/2015/nov/17/molenbeek-jihadi-isis-belgian-paris-attacks-belgium.
5. Rik Coolsaet, "Facing the Fourth Foreign Fighters Wave: What Drives Europeans to Syria, and to Islamic State? Insights from the Belgian Case," Royal Institute for International Relations, Egmont Paper 81, March 2016, http://www.egmontinstitute.be/facing-the-fourth-foreign-fighters-wave.
6. Open Society Foundations, "Restrictions on Muslim Women's Dress in the 28 EU Member States: Current Law, Recent Legal Developments, and the State of Play," April 1, 2018, https://www.opensocietyfoundations.org/sites/default/files/restrictions-on-women%27s-dress-in-the-28-eu-member-states-20180425.pdf.
7. Vicky Fouka, "Backlash: The Unintended Effects of Language Prohibition in US Schools After World War I," working paper, Center for International Development, Stanford University, Stanford, CA, December 2016, 26.
8. Sohrab Ahmari, "How Nationalism Can Solve the Crisis of Islam," *Wall Street Journal*, May 26, 2017, https://www.wsj.com/articles/how-nationalism-can-solve-the-crisis-of-islam-1495830440.
9. Derek Blyth, "Protest in Antwerp Against Mayor's Remarks About Berbers," *Flanders Today*, March 26, 2015, http://www.flanderstoday.eu/politics/protest-antwerp-against-mayors-remarks-about-berbers.
10. Laurens Cerelus, "How Jan Jambon Will 'Clean Up Molenbeek,'" *Politico*, December 28, 2015, http://www.politico.eu/article/jan-jambon-clean-up-molenbeek-plan-vtm-police.
11. Simon Cottee and Keith Hayward, "Terrorist (E)motives: The Existential Attractions of Terrorism,"

Studies in Conflict and Terrorism 34, no. 12 (November 2011): 963.
12. Lorne L. Dawson, Amarnath Amarasingam and Alexandra Bain, “Talking to Foreign Fighters: Socio-Economic Push versus Existential Pull Factors,” working paper, Canadian Network for Research on Terrorism, Security and Society, July 2016, http://tsas.ca/wp-content/uploads/2016/07/TSASWP16-14_Dawson-Amarasingam-Bain.pdf.
13. Mohammed Hafez and Creighton Mullins, “The Radicalization Puzzle: A Theoretical Synthesis of Empirical Approaches to Homegrown Extremism,” *Studies in Conflict and Terrorism* 38, no. 11 (September 2015): 970, http://hdl.handle.net/10945/47758.

第十二章　沒有信仰的激進分子

1. Aya Batrawy, Paisley Dodds and Lori Hinnant, “‘Islam for Dummies’: IS Recruits Have Poor Grasp of Faith,” Associated Press, August 15, 2016, http://bigstory.ap.org/article/9f94ff7f1e294118956b049a51548b33/islamic-state-gets-know-nothing-recruits-and-rejoices.
2. Nathalie Goulet, “We in France Must Face Terrorism Without Losing Our Soul,” *Guardian*, July 17, 2016, https://www.theguardian.com/commentisfree/2016/jul/17/france-terrorism-massacre-nice.
3. Lorenzo Vidino and Seamus Hughes, “ISIS in America: From Retweets to Raqqa,” Program on Extremism, George Washington University, December 2015, https://extremism.gwu.edu/isis-america.
4. Robin Simcox, “‘We Will Conquer Your Rome’: A Study of Islamic Terror Plots in the West,” Henry Jackson Society (London), September 29, 2015, http://henryjacksonsociety.org/2015/09/29/we-will-conquer-your-rome-a-study-of-islamic-state-terror-plots-in-the-west-2.

5. Scott Shane, Richard Pérez-Peña and Aurelien Breeden, "'In-Betweeners' Are Part of a Rich Recruiting Pool for Jihadists," *New York Times*, September 22, 2016, http://www.nytimes.com/2016/09/23/us/isis-al-qaeda-recruits-anwar-al-awlaki.html.
6. "Aaron Driver: Troubled Childhood, ISIS Supporter, Terror Threat Suspect," CBC News, August 11, 2016, http://www.cbc.ca/news/canada/manitoba/aaron-driver-troubled-childhood-isis-supporter-1.3716222.
7. Steven Mufson, "How Belgian Prisons Became a Breeding Ground for Islamic Extremism," *Washington Post*, March 27, 2016, https://www.washingtonpost.com/world/europe/how-belgian-prisons-became-a-breeding-ground-for-islamic-extremism/2016/03/27/ac437fd8-f39b-11e5-a2a3-d4e9697917d1_story.html.
8. "UNODC Tackles Radicalization to Violence in Prisons," United Nations Office on Drugs and Crime, January 7, 2016, https://www.unodc.org/unodc/en/frontpage/2016/January/unodc-tackles-radicalization-to-violence-in-prisons.html; Noemie Bisserbie, "European Prisons Fueling Spread of Islamic Radicalism," *Wall Street Journal*, July 31, 2016, http://www.wsj.com/articles/european-prisons-fueling-spread-of-islamic-radicalism-1470001491.
9. Mufson, "How Belgian Prisons Became a Breeding Ground."
10. Christopher de Bellaigue, "Are French Prisons Finishing Schools for Terrorism?," *Guardian*, March 17, 2016, https://www.theguardian.com/world/2016/mar/17/are-french-prisons-finishing-schools-for-terrorism.
11. Andrew Wiggins and Kimiko de Freytas-Tamura, "A Brussels Mentor Who Taught 'Gangster Islam' to

the Young and Angry," New York Times, April 11, 2016, http://www.nytimes.com/2016/04/12/world/europe/a-brussels-mentor-who-taught-gangster-islam-to-the-young-and-angry.html.

12. Anthony Faiola and Souad Mekhennet, "The Islamic State Creates a New Type of Jihadist: Part Terrorist, Part Gangster," *Washington Post*, December 20, 2015, https://www.washingtonpost.com/world/europe/the-islamic-state-creates-a-new-type-of-jihadist-part-terrorist-part-gangster/2015/12/20/1a3d65da-9bae-11e5-aca6-1ae3be6f06d2_story.html.

13. Kurt Eichenwald, "Belgium: Pop Goes the Jihad," *Newsweek Middle East*, April 6, 2016, http://newsweekme.com/belgium-pop-goes-the-jihad.

14. Reuters, "'Rambo' Appeal, Not the Mosque, Lures Brussels Youths to Islamic State," November 24, 2015, http://blogs.reuters.com/faithworld/2015/11/24/rambo-appeal-not-the-mosque-lures-brussels-youths-to-islamic-state.

15. Raffaello Pantucci, "*We Love Death as You Love Life*": Britain's Suburban Terrorists (London: Hurst, 2015), 11.

16. "Religion in Prisons: A 50-State Survey of Prison Chaplains," Pew Forum on Religion and Public Life, Pew Research Center, March 22, 2012, http://www.pewforum.org/2012/03/22/prison-chaplains-exec.

17. Mitch Prothero, "Chasing ISIS: Inside the World of ISIS Investigations in Europe," *BuzzFeed*, August 21, 2016, https://www.buzzfeed.com/mitchprothero/why-europe-cant-find-the-jihadis-in-its-midst.

第十三章　假新聞

1. "Korpschef Mechelen: 'Fouten Gemaakt Binnen het Korps,'" *Het Laatste Nieuws*, March 25, 2016,

http://www.hln.be/hln/nl/36484/Aanslagen-Brussel/article/detail/2657653/2016/03/25/Korpschef-Mechelen-Fouten-gemaakt-binnen-het-korps.dhtml.

2. Neil Johnson, "The Secret Behind Online ISIS Recruitment," *New Republic*, June 17, 2016, https://newrepublic.com/article/134393/secret-behind-online-isis-recruitment.
3. J. D. Vance, "How Donald Trump Seduced America's White Working Class," *Guardian*, September 11, 2016, https://www.theguardian.com/commentisfree/2016/sep/10/jd-vance-hillbilly-elegy-donald-trump-us-white-poor-working-class.
4. Craig Silverman, "This Analysis Shows How Fake Election News Stories Outperformed Real News on Facebook," *BuzzFeed*, November 16, 2016, https://www.buzzfeed.com/craigsilverman/viral-fake-election-news-outperformed-real-news-on-facebook.
5. Shanika Gunaratna, "Facebook, Google Announce New Policies to Fight Fake News," CBS News, November 15, 2016, http://www.cbsnews.com/news/facebook-google-try-to-fight-fake-news.
6. Davey Alba, "Facebook Finally Gets Real About Fighting Fake News," *Wired*, December 15, 2016, https://www.wired.com/2016/12/facebook-gets-real-fighting-fake-news.
7. Nathan J. Robinson, "The Necessity of Credibility," *Current Affairs*, December 6, 2016, https://www.currentaffairs.org/2016/12/the-necessity-of-credibility.
8. "Michael Brown Shooting in Ferguson," American Civil Liberties Union of Missouri, last updated January 28, 2016, https://www.aclu-mo.org/legal-docket/michael-brown-shooting-in-ferguson.

第十四章　青年工作者的反擊

1. "The Contribution of Youth Work to Address the Challenges Young People Are Facing, in Particular the Transition from Education to Employment," European Union Work Plan for Youth for 2014–15, European Commission, http://ec.europa.eu/assets/eac/youth/library/reports/contribution-youth-work_en.pdf, 5.
2. Bernard Davies, "What Do We Mean by Youth Work?," in *What Is Youth Work?*, ed. Janet Batsleer and Bernard Davies (Exeter, UK: Learning Matters, 2010).
3. Howard Sercombe, *Youth Work Ethics* (London: Sage Publications, 2010), 23–24.
4. Vikram Dodd, "Anjem Choudary Jailed for Five and a Half Years for Urging Support of Isis," *Guardian*, September 6, 2016, https://www.theguardian.com/uk-news/2016/sep/06/anjem-choudary-jailed-for-five-years-and-six-months-for-urging-support-of-isis.
5. Fareed Zakaria, "Why They Hate Us," CNN Live Event/Special, aired May 23, 2016, http://transcripts.cnn.com/TRANSCRIPTS/1605/23/se.01.html.
6. Zakaria, "Why They Hate Us."

第十五章　工作

1. Josh Sanburn, "Murders Up in U.S. Cities–But Crime Rate Still Near Record Lows," *Time*, December 20, 2016, http://time.com/4607059/murder-rate-increase-us-cities-2016.
2. Chris Doucette, "Sharp Rise in Murders in Toronto in 2016," *Toronto Sun*, December 27, 2016, http://www.torontosun.com/2016/12/27/sharp-rise-in-murders-in-toronto-in-2016.

3. Codi Wilson, "Additional $600K Invested in Youth Jobs to Help Curb Gun Violence in Toronto," CP24, June 20, 2016, http://www.cp24.com/news/additional-600k-invested-in-youth-jobs-to-help-curb-gun-violence-in-toronto-1.2953214.
4. Shawn Jeffords, "Black Leaders Say Jobs, Not Coupons, Needed to Stem Violence," *Toronto Sun*, June 8, 2016, http://www.torontosun.com/2016/06/08/black-leaders-say-jobs-not-coupons-needed-to-stem-violence.
5. Alexia Elejalde-Ruiz, "Arne Duncan Takes Aim at Chicago's Violence with Youth Jobs Initiative," *Chicago Tribune*, March 17, 2016, http://www.chicagotribune.com/business/ct-arne-duncan-youth-jobs-initiative-0318-biz-20160317-story.html.
6. Vincent Corluy, Joost Haemels, Ive Marx and Gerlinde Verbist, "The Labour Market Position of Second-Generation Immigrants in Belgium," working paper, National Bank of Belgium, Brussels, September 2015, https://www.nbb.be/doc/oc/repec/reswpp/wp285en.pdf.
7. Reed Karaim, "Helping Jobless Youth Develop 'Soft' Skills," in *Issues for Debate in American Public Policy: Selections from CQ Researcher* (Los Angeles: CQ Press, 2014), http://library.cqpress.com/cqresearcher/document.php?id=cqrglobal2012030600.
8. "Ron Bruder's Education for Employment Gets to Work on Middle East Unemployment," Synergos, Spring 2012, http://www.synergos.org/globalgivingmatters/features/1206bruder.htm.
9. "Enterprising Ideas: Jobs for Jordan," *NOW*, PBS, 2008, http://www.pbs.org/now/enterprisingideas/efe.html.
10. "Basic Education in Muslim Countries," chapter 5.8 in *Country Reports on Terrorism*, Office of the

Coordinator for Counterterrorism, US Department of State, April 30, 2008, https://www.state.gov/j/ct/rls/crt/2007/104117.htm.

11. Steve Benen, "We Cannot Kill Our Way out of This War," MSNBC, February 18, 2015, http://www.msnbc.com/rachel-maddow-show/we-cannot-kill-our-way-out-war.
12. Michael Tomasky, "Yes, I'll Say It: Marie Harf Had a Point," *Daily Beast*, February 18, 2015, http://www.thedailybeast.com/articles/2015/02/18/yes-i-ll-say-it-marie-harf-had-a-point.html.
13. "Breaking the Binary: Policy Guide to Scaling Social Innovation," Schwab Foundation for Social Entrepreneurship, World Economic Forum, 2013, http://reports.weforum.org/social-innovation-2013.
14. Patrick Kingsley, "Egyptian Population Explosion Worsens Social Unrest," *Guardian*, February 16, 2014, https://www.theguardian.com/world/2014/feb/16/egypt-population-explosion-social-unrest.
15. Adel Abdel Ghafar, "Youth Unemployment in Egypt: A Ticking Time Bomb," Brookings Institution, July 28, 2016, https://www.brookings.edu/blog/markaz/2016/07/29/youth-unemployment-in-egypt-a-ticking-time-bomb.
16. Bret Stephens, "Islam's Improbable Reformer," *Wall Street Journal*, March 20, 2015, http://www.wsj.com/articles/the-weekend-interview-islams-improbable-reformer-1426889862.
17. Associated Press, "Muslim Mob in Egypt Strips 70-Year-Old Christian Woman," *Guardian*, May 26, 2016, https://www.theguardian.com/world/2016/may/26/muslim-mob-in-egypt-strips-elderly-christian-woman-in-violent-attack.
18. Nikki Gamer, "Muslim, Christian Peacebuilding in Egypt," Catholic Relief Services, April 30, 2015, http://www.crs.org/stories/muslim-christian-peacebuilding-egypt.

19. Sara B. Heller, "Summer Jobs Reduce Violence Among Disadvantaged Youth," *Science* 346, no. 6214 (December 5, 2014): 1222.
20. David G. Blanchflower and Andrew J. Oswald, "Well-Being over Time in Britain and the USA," *Journal of Public Economics* 88 (2004): 1374–75.
21. Belinda Luscombe, "Men Without Full-Time Jobs Are 33% More Likely to Divorce," *Time*, July 27, 2016, http://time.com/4425061/unemployment-divorce-men-women.

第十六章　隔離極端分子

1. "League of Nationalists," *Economist*, November 19, 2016, http://www.economist.com/news/international/21710276-all-around-world-nationalists-are-gaining-ground-why-league-nationalists.
2. Ronald F. Inglehart and Pippa Norris, "Trump, Brexit, and the Rise of Populism: Economic Have-Nots and Cultural Backlash," working paper, John F. Kennedy School of Government, Harvard University, Cambridge, MA, August 2016, https://research.hks.harvard.edu/publications/getFile.aspx?Id=1401, 2.
3. Inglehart and Norris, "Trump, Brexit and the Rise of Populism," 29–31.
4. Mark L. Movsesian, "The New Nationalism," Online Library of Law and Liberty, December 8, 2016, http://www.libertylawsite.org/2016/12/08/the-new-nationalism.
5. Michael Dougherty, "Trumpism Without Trump in the U.K.," *National Review*, May 22, 2017, http://www.nationalreview.com/article/447837/theresa-may-practices-trumpism-better-trump-does.
6. Josiah Ryan, "'This Was a Whitelash': Van Jones' Take on the Election Results," CNN, November 9, 2016, http://www.cnn.com/2016/11/09/politics/van-jones-results-disappointment-cnntv/index.html.

7. Phillip Connor and Jens Manuel Krogstad, "Immigrant Share of Population Jumps in Some European Countries," Pew Research Center, June 15, 2016, http://www.pewresearch.org/fact-tank/2016/06/15/immigrant-share-of-population-jumps-in-some-european-countries.
8. Jie Zong and Jeanne Batalova, "Frequently Requested Statistics on Immigrants and Immigration in the United States," Migration Policy Institute, April 14, 2016, http://www.migrationpolicy.org/article/frequently-requested-statistics-immigrants-and-immigration-united-states.
9. Tavia Grant, "320,000 Newcomers Came to Canada in Past Year, Highest Number Since 1971," *Globe and Mail*, September 28, 2016, https://theglobeandmail.com/news/national/canada-welcomed-320000-immigrants-in-past-year-highest-number-since-1971/article32102991.
10. "Net Migration to UK Rises to 333,000–Second Highest on Record," BBC News, May 26, 2016, http://www.bbc.com/news/uk-politics-eu-referendum-36382199.
11. Zong and Batalova, "Frequently Requested Statistics."
12. Conrad Hackett, "5 Facts About the Muslim Population in Europe," Pew Research Center, July 19, 2016, http://www.pewresearch.org/fact-tank/2016/07/19/5-facts-about-the-muslim-population-in-europe.
13. Ryan D. Enos, "The Causal Effect of Prolonged Intergroup Contact on Exclusionary Attitudes: A Test Using Public Transportation in Homogenous Communities," *Proceedings of the National Academy of Sciences* 111, no. 10 (March 11, 2014): 3704, https://scholar.harvard.edu/files/renos/files/enostrains.pdf.
14. Doug Saunders, "The Real Reason Donald Trump Got Elected? We Have a White Extremism Problem," *Globe and Mail*, November 11, 2016, http://www.theglobeandmail.com/news/world/us-politics/the-real-

reason-donald-trump-got-elected-we-have-a-white-extremism-problem/article32817625.

15. "Alt Right: A Primer About the New White Supremacy," Anti-Defamation League, https://www.adl.org/education/resources/backgrounders/alt-right-a-primer-about-the-new-white-supremacy.

16. Chris Graham, "Nazi Salutes and White Supremacism: Who Is Richard Spencer, the 'Racist Academic' Behind the 'Alt Right' Movement?," *Telegraph*, November 22, 2016, http://www.telegraph.co.uk/news/0/richard-spencer-white-nationalist-leading-alt-right-movement.

17. Robinson Meyer, "YouTube Removes the 'Hail, Trump' Video from Search," *Atlantic*, March 20, 2019, https://www.theatlantic.com/technology/archive/2018/03/youtube-removes-the-atlantics-hail-trump-video-from-search/555941/.

18. Maura Conway, "Determining the Role of the Internet in Violent Extremism and Terrorism: Six Suggestions for Progressing Research," *Studies in Conflict & Terrorism 40*, no. 1 (2017): 84, https://doi.org/10.1080/1057610X.2016.1157408.

19. David French, "The Alt-Right's Chickens Come Home to Roost," *National Review*, August 12, 2017, http://www.nationalreview.com/corner/450433/alt-rights-chickens-come-home-roost.

20. Joshua M. Roose, *Political Islam and Masculinity: Muslim Men in Australia* (London: Palgrave Macmillan, 2016), 15.

21. Lizzy Acker, "Who Is Jeremy Christian? Facebook Shows a Man with Nebulous Political Affiliations Who Hated Circumcision and Hillary Clinton," *Oregonian/Oregon Live*, June 2, 2017, http://www.oregonlive.com/portland/index.ssf/2017/05/who_is_jeremy_christian_facebo.html.

第十七章　破碎的民主

1. Toronto Foundation, "Gap Between Rich and Poor," in *Toronto's Vital Signs 2016 Report*, http://torontosvitalsigns.ca/main-sections/gap-between-rich-and-poor.
2. Government of Ontario, "Ontario's Black Youth Action Plan," March 7, 2017, https://news.ontario.ca/mcys/en/2017/03/ontarios-black-youth-action-plan.html.
3. Social Planning Council of Peel, "The Black Community in Peel: Research Summary from Four Reports," United Way Peel Region, 2015, http://www.unitedwaypeel.org/faces/images/summary-sm.pdf, 6.
4. Nishi Kumar and Kwame McKenzie, "Thriving in the City: A Framework for Income and Health in the GTA," Wellesley Institute, September 13, 2017, http://www.wellesleyinstitute.com/publications/thriving-in-the-city-a-framework-for-income-and-health.
5. Generations United et al., "GrandFacts: State Fact Sheets for Grandparents and Other Relatives Raising Children," Grandfamilies.org, http://www.grandfamilies.org/State-Fact-Sheets.
6. Ohio Department of Health, "2015 Ohio Drug Overdose Data: General Findings," https://www.odh.ohio.gov/-/media/ODH/ASSETS/Files/health/injury-prevention/2015-Overdose-Data/2015-Ohio-Drug-Overdose-Data-Report-FINAL.pdf.
7. Public Children Services Association of Ohio, "Opiate Epidemic 2015," http://www.pcsao.org/programs/opiate-epidemic.
8. Jackie Borchardt, "House Republicans Propose $170.6 Million in Budget to Fight Ohio's Opioid Crisis," Cleveland.com, April 25, 2017, http://www.cleveland.com/metro/index.ssf/2017/04/house_

republicans_earmark_1706.html.
9. Marty Schladen, "Strapped for Funds, Ohio Coroners Likely Undercounting Opioid Epidemic," *Columbus Dispatch*, May 28, 2017, http://www.dispatch.com/news/20170528/strapped-for-funds-ohio-coroners-likely-undercounting-opioid-epidemic.
10. Jona Ison, "44 Dead from Overdoses Breaks Record, Again," *Chillicothe (OH) Gazette*, March 7, 2017, http://www.chillicothegazette.com/story/news/crime/high-in-ohio/2017/03/05/44-dead-drug-overdoses-ross-county-ohio-chillicothe-breaks-record-again/98663668.
11. Paris, "How the Democratic Party Takes Black Voters for Granted," *Vice*, July 8, 2016, https://www.vice.com/en_ca/article/how-the-democratic-party-takes-black-voters-for-granted.
12. Simon Hooper, "Could the Muslim Vote Sway the UK's General Election?," Al Jazeera, March 13, 2015, http://www.aljazeera.com/indepth/features/2015/03/muslim-vote-sway-uk-general-election-150311055142181.html.
13. Esther J. Cepeda, "Latino Voters Taken for Granted," My San Antonio, September 26, 2016, http://www.mysanantonio.com/opinion/commentary/article/Latino-voters-taken-for-granted-9289875.php.
14. Soeren Kern, "UK: What British Muslims Really Think," Gatestone Institute, April 17, 2016, https://www.gatestoneinstitute.org/7861/british-muslims-survey.
15. "Changing Attitudes on Gay Marriage," Pew Research Center, May 12, 2016, http://www.pewforum.org/2016/05/12/changing-attitudes-on-gay-marriage.
16. Eric Bradner and Gregory Krieg, "Inside the Fight That Could Derail the Democratic Party," CNN, August 11, 2017, http://www.cnn.com/2017/08/11/politics/democrats-bernie-sanders-feud/index.html.

17. Malcolm X, “The Ballot or the Bullet,” speech, King Solomon Baptist Church, Detroit, Michigan, April 12, 1964, http://americanradioworks.publicradio.org/features/blackspeech/mx.html.

18. Jon Schroeder, “Ripples of Innovation: Charter Schooling in Minnesota, the Nation’s First Charter School State,” Progressive Policy Institute, April 2004, https://eric.ed.gov/?id=ED491210.

19. Center for Research on Education Outcomes, “Urban Charter School Study: Report on 41 Regions,” Stanford University, 2015, http://urbancharters.stanford .edu/download/Urban%20Charter%20School%20Study%20Report%20on%2041%20Regions.pdf.

20. Geoffrey Canada, “Schools Are for Kids, Not Adults,” *New York Times*, March 14, 2010, http://roomfordebate.blogs.nytimes.com/2010/03/14/the-push-back-on-charter-schools.

21. Derek W. Black, “Civil Rights, Charter Schools, and Lessons to Be Learned,” *Florida Law Review 64*, no. 6 (December 2012): 1772, http://scholarship.law.ufl.edu/flr/vol64/iss6/6.

22. Black, “Civil Rights, Charter Schools,” 1773.

23. Monica R. Almond, “The Great Migration: Charter School Satisfaction Among African American Parents,” *LUX: A Journal of Transdisciplinary Writing and Research from Claremont Graduate University 2*, no. 1 (2013), http://scholarship.claremont.edu/lux/vol2/iss1/1.

24. Sarah Carr, “Mississippi Debate over Charters, School Reform Evokes Broader Racial Divide,” Hechinger Report, January 8, 2013, http://hechingerreport.org/content/mississippi-debate-over-charters-school-reform-evokes-broader-racial-divide_10786.

25. Valarie Strauss, “NAACP Members Call for Ban on Privately Managed Charter Schools,” *Washington Post*, August 7, 2016, https://www.washingtonpost.com/news/answer-sheet/wp/2016/08/07/naacp-

members-call-for-ban-on-privately-managed-charter-schools.
26. Lori Higgins, "Concerns over Charter School Performance Persist as More Open in Michigan," *Detroit Free Press*, June 26, 2014, http://www.freep.com/story/news/local/michigan/2014/06/26/concerns-over-charter-school-performance-persist-as-more-open-in/77155450.
27. Center for Research on Education Outcomes, "Urban Charter School Study."
28. Urban Prep Academies, "The Creed," http://www.urbanprep.org/about/creed.

第十八章　守護兄弟

1. Paul Galdas, Francine Cheater and Paul Marshall, "Men and Health Help-Seeking Behaviour: Literature Review," *Journal of Advanced Nursing* 49, no. 6 (2005): 621.
2. Quoctrung Bui, "Why Some Men Don't Work: Video Games Have Gotten Really Good," *New York Times*, July 3, 2017, https://www.nytimes.com/2017/07/03/upshot/why-some-men-dont-work-video-games-have-gotten-really-good.html.
3. Philip Zimbardo and Nikita Coulombe, *Man Interrupted: Why Young Men Are Struggling and What We Can Do About It* (Newburyport, MA: Conari Press, 2016), 8.
4. Amanda Marcotte, "Overcompensation Nation: It's Time to Admit That Toxic Masculinity Drives Gun Violence," Salon, June 13, 2016, http://www.salon.com/2016/06/13/overcompensation_nation_its_time_to_admit_that_toxic_masculinity_drives_gun_violence.
5. W. E. B. Du Bois, *Black Reconstruction in America, 1860–1880* (New York: Free Press, 1998), 700.
6. Barack Obama, "Remarks by the President on 'My Brother's Keeper' Initiative," White House Office

of the Press Secretary, February 27, 2014, https://www.whitehouse.gov/the-press-office/2014/02/27/remarks-president-my-brothers-keeper-initiative.

7. Broderick Johnson and Jim Shelton, "My Brother's Keeper Task Force Report to the President," May 2014, https://obamawhitehouse.archives.gov/sites/default/files/docs/053014_mbk_report.pdf, 5–6.
8. Johnson and Shelton, "Task Force Report to the President," 7.
9. Edna McConnell Clark Foundation, "Grantees in Action: Youth Guidance," http://www.emcf.org/grantees/youth-guidance.
10. Edna McConnell Clark Foundation, "Grantees in Action."
11. Sara B. Heller, Anuj K. Shah, Jonathan Guryan, Jens Ludwig, Sendhil Mullainathan and Harold A. Pollack, "Thinking, Fast and Slow? Some Field Experiments to Reduce Crime and Dropout in Chicago," National Bureau of Economic Research, May 2015, http://www.nber.org/papers/w21178.pdf, 2.
12. Heller et al., "Thinking, Fast and Slow?," 8.
13. Heller et al., "Thinking, Fast and Slow?," 41.
14. MBK Task Force, "My Brother's Keeper 2016 Progress Report: Two Years of Expanding Opportunity and Creating Pathways to Success," White House Office of the Press Secretary, April 22, 2016, https://www.whitehouse .gov/sites/whitehouse .gov/files/images/MBK-2016-Progress-Report.pdf.
15. Frederick C. Harris, "The Challenges of My Brother's Keeper," Brookings Institution, October 29, 2015, https://www.brookings.edu/wp-content/uploads/2016/07/my_brothers_keeper.pdf, 6–7.
16. Jennifer Pagliaro, "Jane and Finch: Toronto's Most Dangerous Place to Be a Kid?," *Toronto Star*,

August 31, 2013, https://www.thestar.com/news/crime/2013/08/31/jane_and_finch_torontos_most_dangerous_place_to_be_a_kid.html.

17. Zoey McKnight, "Black Creek Neighbourhood Deemed Toronto's Least Livable," Toronto Star, March 13, 2014, https://www.thestar.com/news/gta/2014/03/13/black_creek_neighbourhood_deemed_torontos_least_livable.html.

18. William Marsiglio, *Men on a Mission: Valuing Youth Work in Our Communities* (Baltimore: Johns Hopkins University Press, 2008), 311.

19. Darlene Superville, "Obama Gives My Brother's Keeper Initiative New Name," Associated Press, January 13, 2017, https://apnews.com/768d9b1c4ff34da9ae05c9fd82782b50/obama-gives-my-brothers-keeper-initiative-new-name.

20. Kirstin Weir, "The Men America Left Behind," *Monitor on Psychology* 48, no. 2 (February 2017): 34, http://www.apa.org/monitor/2017/02/men-left-behind.aspx.

next 296

年輕人為何憤怒

暴力組織的危險誘惑以及我們能做什麼

Why young men

the dangerous allure of violent movements and what we can do about it

作者　賈米爾・吉瓦尼（Jamil Jivani）
譯者　莊安祺
主編　王育涵
責任編輯　王育涵
責任企畫　林進韋
封面設計　吳郁嫻
內頁設計　張靜怡
總編輯　胡金倫
董事長　趙政岷
出版者　時報文化出版企業股份有限公司
108019 臺北市和平西路三段 240 號 7 樓
發行專線｜ 02-2306-6842
讀者服務專線｜ 0800-231-705 ｜ 02-2304-7103
讀者服務傳真｜ 02-2302-7844
郵撥｜ 1934-4724 時報文化出版公司
信箱｜ 10899 臺北華江郵政第 99 號信箱
時報悅讀網　www.readingtimes.com.tw
人文科學線臉書　http://www.facebook.com/jinbunkagaku
法律顧問　理律法律事務所｜陳長文律師、李念祖律師
印刷　紘億印刷有限公司
初版一刷　2021 年 9 月 10 日
定價　新臺幣 430 元

ISBN 978-957-13-9361-2 ｜ Printed in Taiwan

年輕人為何憤怒：暴力組織的危險誘惑以及我們能做什麼／賈米爾・吉瓦尼（Jamil Jivani）著；莊安祺譯.
-- 初版. -- 臺北市：時報文化, 2021.09 ｜ 336 面；14.8×21 公分.
譯自：Why young men: the dangerous allure of violent movements and what we can do about it
ISBN 978-957-13-9361-2（平裝）｜ 1. 心理社會學　2. 青年　3. 激進主義｜ 541.7 ｜ 110013747

時報文化出版公司成立於一九七五年，並於一九九九年股票上櫃公開發行，於二〇〇八年脫離中時集團非屬旺中，以「尊重智慧與創意的文化事業」為信念。

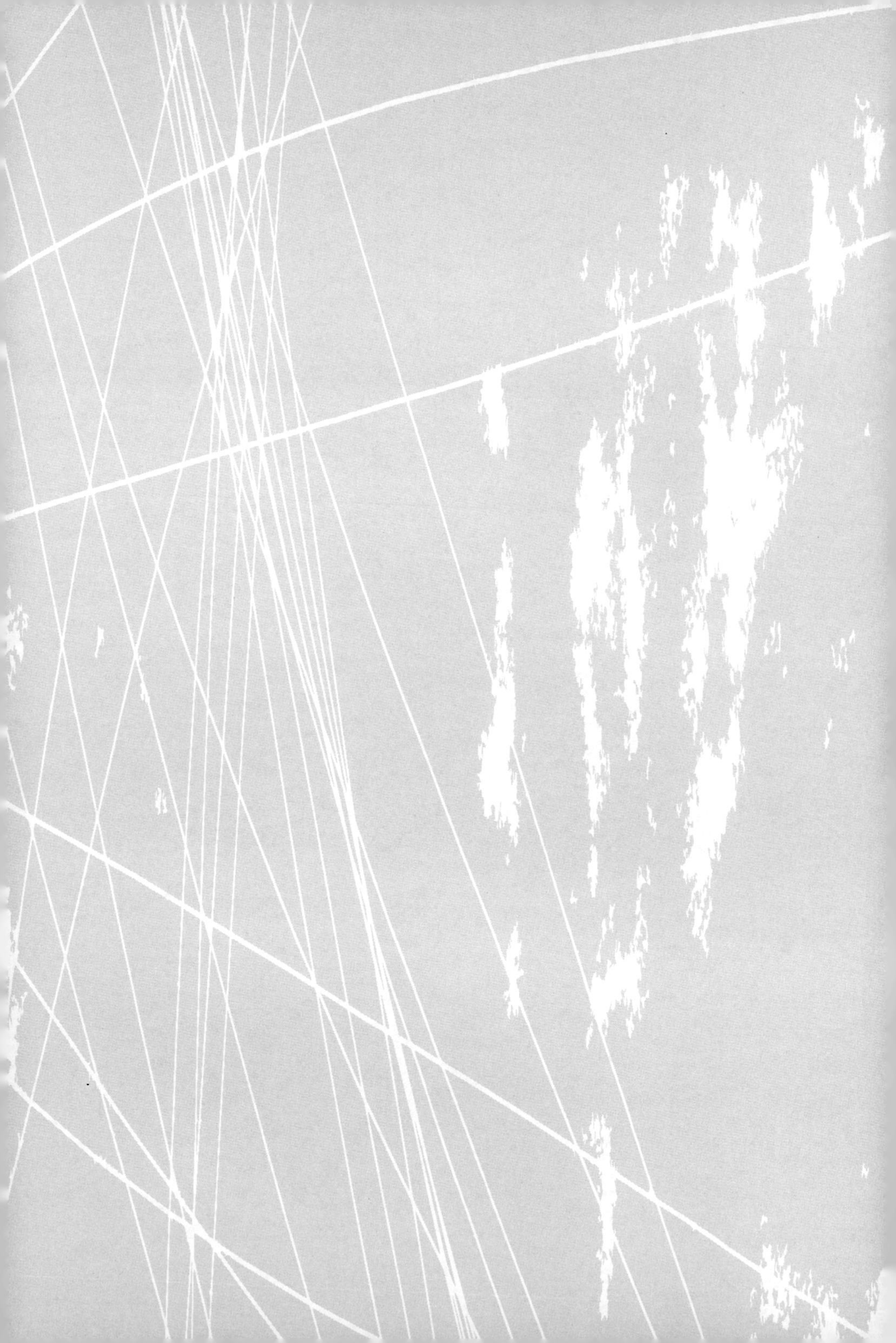

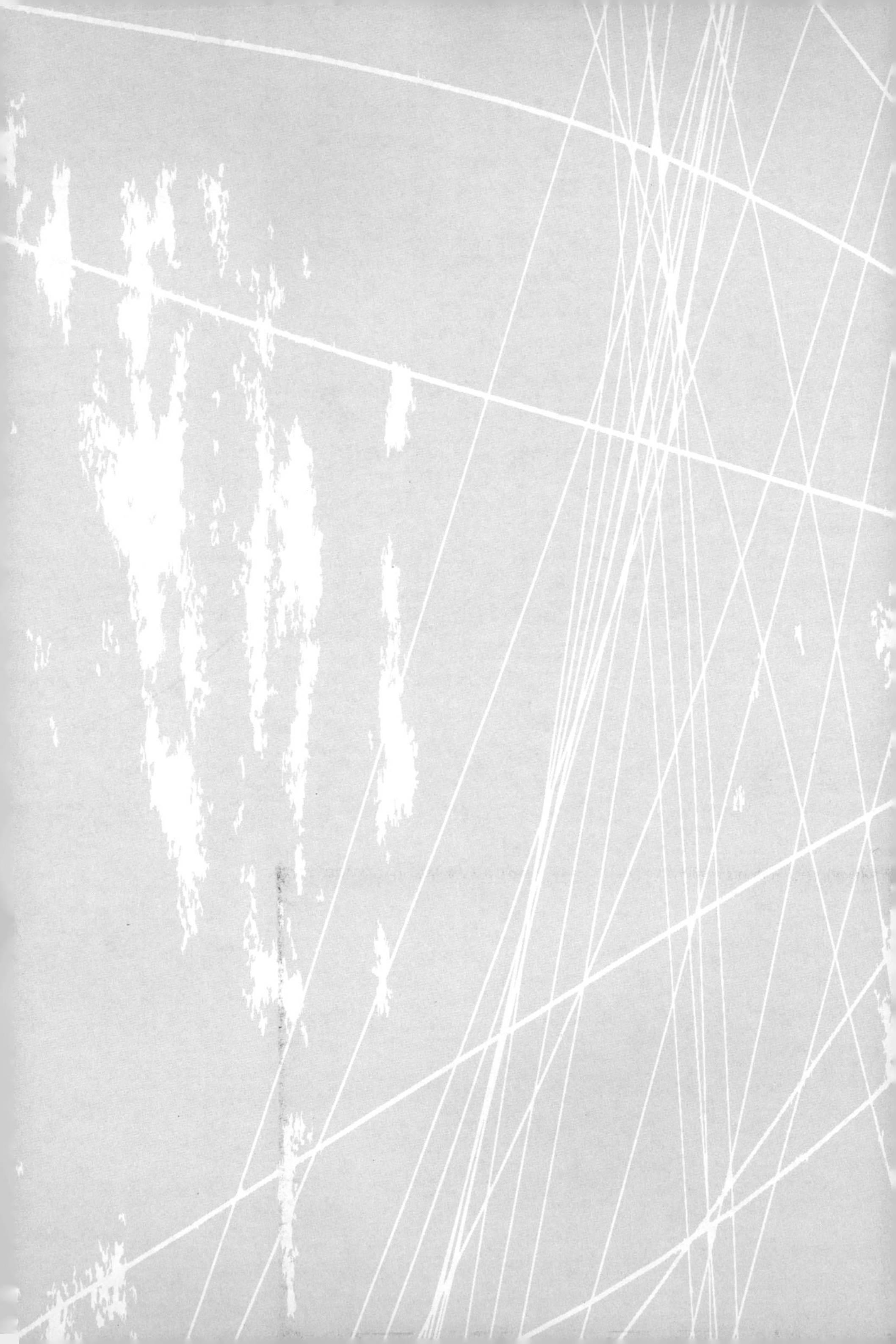